철학자 16인의
인생수업

철학자 16인의 인생수업

MBTI로 만나는 각양각색 인생 답안지

초 판 1쇄 2025년 06월 11일

지은이 이요철
펴낸이 류종렬

펴낸곳 미다스북스
본부장 임종익
편집장 이다경, 김가영
디자인 윤가희, 임인영
책임진행 김요섭, 이예나, 안채원, 김은진, 이예준

등록 2001년 3월 21일 제2001-000040호
주소 서울시 마포구 양화로 133 서교타워 711호
전화 02) 322-7802~3
팩스 02) 6007-1845
블로그 http://blog.naver.com/midasbooks
전자주소 midasbooks@hanmail.net
페이스북 https://www.facebook.com/midasbooks425
인스타그램 https://www.instagram.com/midasbooks

ⓒ 이요철, 미다스북스 2025, *Printed in Korea*.

ISBN 979-11-7355-263-2 03100

값 19,500원

미다스북스는 다음세대에게 필요한 지혜와 교양을 생각합니다.

MBTI로 만나는 각양각색 인생 답안지

철학자 16인의
인생수업

이요철 지음

미다스북스

16가지 성격유형을 대표하는
인물(철학자)과 표현

ISTJ 임마누엘 칸트	ISFJ 율곡 이이	INFJ 마르틴 부버	INTJ 마키아벨리
책임감과 도덕으로 사회를 이끄는 사람	겸손한 마음으로 사람을 보살피는 사람	'무리'를 '우리'로 변화시키는 사람	비전과 신념으로 산도 옮길 수 있는 사람
ISTP 프랜시스 베이컨	ISFP 퇴계 이황	INFP 소크라테스	INTP 한나 아렌트
현실을 직시하고 문제를 꿰뚫는 사람	따뜻한 마음으로 누군가의 부족함을 채우는 사람	가치를 위해 산다는 것, 그 불꽃 같은 삶을 사는 사람	조용히 앉아 가장 큰 질문을 던지는 사람
ESTP 장 자크 루소	ESFP 공자	ENFP 도산 안창호	ENTP 마르틴 하이데거
어려움 속에서도 사람을 행동하게 만드는 사람	공동묘지에서도 휘파람을 불 수 있는 사람	불같은 열정으로 마음을 움직이는 사람	틀을 깨고 새로운 가능성을 여는 사람
ESTJ 아리스토텔레스	ESFJ 다산 정약용	ENFJ 플라톤	ENTJ 관자
행복을 위한 변화를 이끄는 사람	사람 사이, 따뜻한 다리를 놓는 사람	성장의 잠재력을 끌어내는 사람	'리더의 리더'로서 진성 리더십을 발휘하는 사람

저의 MBTI는 INFJ입니다. 전문적인 용어로 설명하면, INFJ는 Ni(내향적 직관)을 주기능으로, Fe(외향적 감정)을 부기능으로 사용합니다. 여기에 T(사고)가 삼차 기능, Se(외향적 감각)가 열등 기능으로 작용합니다. 그런데 이런 용어는 독자들에게 다소 어렵게 느껴지기 때문에, 이 책에서는 더 쉽게 표현해 보겠습니다.

주기능은 '슈퍼파워'입니다. 가장 두드러진 능력이며, 우리가 가장 자주 사용하는 심리적 특성입니다.

부기능은 '서포터 능력'입니다. 슈퍼파워를 보완하며 균형을 잡아 주는 중요한 동반자입니다.

삼차 기능은 '사춘기 아이' 같아서 가끔 드러나지만 아직 미숙하고 들쑥날쑥한 특성입니다.

열등 기능은 '비뚤어진 악동'처럼 가장 덜 발달되고, 본능적이고 유치한 방식으로 상황을 복잡하게 만들거나 자기중심적으로 반응하게 합니다.

저는 2002년, 대학원 시절 처음 MBTI 검사를 받았고, 청소년기부터 지금까지 성격 유형이 거의 바뀌지 않았다는 것을 알게 되었습니다. 제 가족을 떠올려보면, 아버지와 어머니는 둘 다 ISFJ 유형이고, 여동생은 INTJ에 가까운 것 같습니다.

저희 부모님은 자영업을 하셨습니다. 두 분 다 고아로 자라며 힘든 삶을 겪으셨기에 분노를 잘 조절하지 못해 자주 다투셨습니다.

제 어린 시절에 가장 선명하게 기억나는 것은 부모님의 잦은 폭언과 폭력입니다. 두 분은 기분이 좋을 때는 친절했지만, 기분이 나쁘면 이유 없이 화를 내고 폭력을 행사하셔서 저는 항상 긴장하며 살았습니다. 전교에서 키가 제일 작은 저는 학교에서도 늘 폭력을 당했습니다. 그 때문인지 중학교 3학년 이전까지의 기억이 거의 없습니다.

부모님과의 갈등 속에서 생긴 상처는 저의 무의식 깊이 묻혀 있었습니다. 그러던 중, 2018년 한 교수님의 권유로 한국MBTI연구소의 전문강사 교육에 참여했고, 그 시간이 제 인생에 중요한 전환점이 되었습니다. INFJ로서의 제 자신을 처음으로 제대로 이해하기 시작했기 때문입니다.

그 과정에서 저의 '비뚤어진 악동', 즉 열등 기능이 드러났습니다. 왜 저는 그렇게 예민하고 쉽게 상처받는지, 왜 부모님과 친구들로부터 받은 상처와 분노를 내려놓지 못했는지를 조금씩 이해하게 되었습니다. 그리고 그 감정을 흘려보낼 용기를 얻었습니다.

저는 대학과 대학원 과정에서 서양 철학사를 공부했습니다. 철학을 공부하면서 축적된 지식과 MBTI가 만나자, 인간과 철학을 바라보는 새로운 해석이 열렸습니다.

예를 들어, 철학자 한나 아렌트(INTP)와 마르틴 부버(INFJ)의 예가 있습니다. 제2차 세계대전 후, 유대인 말살 정책을 총지휘한 아이히만이 붙잡혀 예루살렘에서 재판을 받게 되었습니다. 아렌트는 아이히만의 사형을 지지했지만, 부버는 그에게 한 번 더 기회를 주고 싶다며 탄원서를 냈습니다. 여러분은 누구의 입장에 더 공감하시나요?

이처럼 T(사고)와 F(감정)는 같은 상황에서도 전혀 다른 판단을 내릴 수 있습니다. INFJ는 누군가 명품을 사는 모습을 보며 "그 돈으로 제3세계 아이들을 도울 수 있지 않을까?"라고 생각할 수 있지만, 다양한 유형을 이해하고 나면 시야가 넓어집니다. 누군가 명품을 사는 소비 덕분에 수많은 사람들이 생계를 유지한다는 사실을 깨닫는 것이죠.

MBTI는 단순한 성격 분류 도구가 아닙니다. 인간의 성격은 훨씬 복잡하고 다면적이며, MBTI는 그 복잡함을 이해하는 데 유용합니다. T(사고)는 감정이 없고, F(감정)가 논리적이지 않다는 고정관념은 오해입니다. T(사고)도 따뜻한 마음을 지닐 수 있고, F(감정)도 이성적인 판단을 잘할 수 있습니다. 성격 유형은 각자의 장점과 약점을 포함하고 있으며, 이를 잘 이해하면 자신과 타인의 성장을 돕는 데 도움이 됩니다.

예를 들어, ISTJ와 INFJ 모두 역사 과목을 잘할 수 있지만 접근 방식이 다릅니다. ISTJ는 세부적인 정보와 체계를 중시하고, INFJ는 의미와 맥락, 그리고 깊은 통찰을 바탕으로 공부하는 경향이 있습니다.

영업직에서도 ESTJ와 INTJ, 모두 뛰어난 역량을 보일 수 있습니다. ESTJ는 즉각적인 관계 형성과 반응에 강하고, INTJ는 전략적 사고와 장기적인 계획 수립에 능합니다.

또한, 'P(인식)는 계획을 세우지 않는다'는 일반화도 오해입니다. P(인식)는 상황에 따라 유연하게 대처하는 힘이 있으며, 계획이 없다는 의미는 아닙니다. J(판단)도 항상 계획적이지만은 않습니다. 결국 두 유형 모두 상황에 따라 계획을 세우고 실행할 능력을 가집니다.

세상을 바라보는 방식에도 차이가 있습니다. S(감각)는 눈을 뜨고 구체적으로 보는 데 익숙하고, N(직관)은 눈을 감고 상상과 통찰로 전체를 보는 데 능합니다. 판단을 할 때도 T(사고)는 '맞다/틀리다'로 접근하고, F(감정)는 '좋다/싫다'로 반응합니다. 어느 쪽이 옳을까요?

누구나 자기만의 신념을 가지고 살아갑니다. 이 책에 등장하는 철학자들도 마찬가지입니다. 모두 존경받을 만한 인물이지만, 그들의 신념이 곧 '정답'일 수는 없습니다. 결국 신념은 개인의 것이며, 모두에게 동일한 진리가 될 수 없습니다.

우리는 종종 나의 가치관과 신념으로 타인을 판단합니다. 그래서 소통이 어렵습니다. MBTI는 사람을 16가지로 분류하려는 도구가 아니라 각자의 성향을 이해하고, 성장 가능성을 발견하며, 더 깊은 관계 형성과 소통을 돕기 위한 안내서입니다.

자신이 지닌 독특한 기능을 건강하게 사용할 수 있어야 상처를 주지 않습니다. 기능은 잘 사용하면 유능함과 따뜻함을 드러내지만, 잘못 사용하면 상대에게 불편을 끼칩니다. 그러므로 자기 이해와 조절, 그리고 타인을 이해하려는 노력이 중요합니다.

이 책에 담긴 16명의 철학자 이야기는 15년 동안 제가 철학을 강의하고 연구한 결실입니다.

성남 시민대학에서는 2년 6개월간 매주 약 100명의 시민과 함께 50명의 철학자에 대해 공부했습니다. 안산 평생학습관에서는 3년 동안, 광명 평생학습원에서는 1년 동안, 광명시 청소년수련관에서는 2년 동안 청소년과 시민을 대상으로 철학 강의를 했습니다. 또 클레멘트코스 '희망의 인문학'을 운영하며 중고생들에게 철학을 교육했습니다.

그리고 마지막으로, 저는 MBTI전문강사단체(MSG)의 회장으로서 지난 8년 동안 180여 명의 전문강사들과 융과 MBTI를 깊이 있게 탐구했으며, 이 책의 내용은 그 오랜 여정과 연구의 결과입니다.

이 책은 단순히 철학자의 MBTI를 분류하려는 시도가 아닙니다. 각 철학자의 사유와 생애를 심리 기능의 관점에서 다시 바라보고, 그들의 고뇌와 통찰, 그리고 인간적인 약점을 함께 이해해 보려는 시도입니다. 철학은 고상한 언어로만 존재하지 않습니다. 그 철학을 만들어 낸 사람의 성격과 생애, 심리적 기질과 갈등이 철학의 뿌리가 됩니다.

저뿐만 아니라 많은 사람들이 '어떻게 살아야 할까?'에 대한 답을 찾기 위해 끊임없이 고민합니다. 16가지 유형의 철학자는 이 질문에 대한 다양한 관점과 통찰을 선물할 것입니다. 그들은 마치 삶의 지침서처럼 언제든 꺼내볼 수 있는 존재입니다. 이 책을 읽으며 독자 여러분도 자신의 성격과 삶의 방향, 그리고 타인을 이해하는 방식을 새롭게 돌아보시기를 바랍니다. 철학자들의 MBTI를 통해 여러분의 내면을 탐색하고, 건강한 성장을 위한 단서를 발견하기를 바랍니다. 우리는 각자의 방식으로 세상을 보고 느끼고 해석합니다. 그 다양성이야말로 우리를 더 풍요롭게 만드는 자산입니다.

가수 황가람의 노래 〈나는 반딧불〉에는 이런 가사가 나옵니다.

"나는 내가 빛나는 별인 줄 알았어요 / 몰랐어요 난 내가 벌레라는 것을 / 그래도 괜찮아 난 눈부시니까"

이 노래처럼 누구나 별처럼 빛나고 싶은 마음을 품고 살아갑니다.

그러나 현실 속 우리는 어쩌면 작고 미약한 반딧불에 가까운 존재일지도 모릅니다.

그렇다고 해서 그 빛이 의미 없지는 않습니다. 비록 인생 전체를 환히 비추는 별은 아닐지라도, 반딧불의 작은 빛은 지금 한 걸음을 내디딜 용기를 줍니다.

이 책이 그런 반딧불 하나가 되어, 어두운 인생의 어느 밤 당신 곁에서 조용히 빛나길 바랍니다.

눈부시지 않아도 좋습니다.

그 빛을 따라 한 걸음, 또 한 걸음.

당신만의 길을 담대히 걸어가시기를 진심으로 응원합니다.

목차

ESTP

장 자크 루소

(1712~1778)

인간불평등
문제와 그 해법

슈퍼파워 Se, 서포터 능력 Ti,
사춘기 아이 F, 비뚤어진 악동 Ni

"모든 사회적 문제는 불평등에서 비롯되며,
권력은 폭력으로 변하기 전에 중단되어야 한다."

ISTJ	ISFJ	INFJ	INTJ
임마누엘 칸트	**율곡 이이**	**마르틴 부버**	**마키아벨리**
책임감과 도덕으로 사회를 이끄는 사람	겸손한 마음으로 사람을 보살피는 사람	'무리'를 '우리'로 변화시키는 사람	비전과 신념으로 산도 옮길 수 있는 사람
ISTP	ISFP	INFP	INTP
프랜시스 베이컨	**퇴계 이황**	**소크라테스**	**한나 아렌트**
현실을 직시하고 문제를 꿰뚫는 사람	따뜻한 마음으로 누군가의 부족함을 채우는 사람	가치를 위해 산다는 것, 그 불꽃 같은 삶을 사는 사람	조용히 앉아 가장 큰 질문을 던지는 사람
ESTP	ESFP	ENFP	ENTP
장 자크 루소	**공자**	**도산 안창호**	**마르틴 하이데거**
어려움 속에서도 사람을 행동하게 만드는 사람	공동묘지에서도 휘파람을 불 수 있는 사람	불같은 열정으로 마음을 움직이는 사람	틀을 깨고 새로운 가능성을 여는 사람
ESTJ	ESFJ	ENFJ	ENTJ
아리스토텔레스	**다산 정약용**	**플라톤**	**관자**
행복을 위한 변화를 이끄는 사람	사람 사이, 따뜻한 다리를 놓는 사람	성장의 잠재력을 끌어내는 사람	'리더의 리더'로서 진성 리더십을 발휘하는 사람

장 자크 루소, 그는 누구인가?

1712년~1745년

스위스 제네바에서 시계공의 아들로 태어난 장 자크 루소. 태어난 지 9일 만에 어머니가 세상을 떠나, 불행 속에 성장했다. 어머니의 빈자리를 느끼며 독서에 대한 열정을 품게 된 그는 고전 문학을 통해 현실을 이해하게 된다.

그는 진보적인 철학자 디드로와 교류하며 사상의 지평을 넓혔다.

호텔에서 일하는 하녀, 테레즈 르바쇠르와의 인연이 시작. 이들은 결혼하기 전 다섯 명의 자녀를 낳았지만, 모두 고아원에 맡겼다. 장 자크 루소는 테레즈에게 사랑의 충동을 느껴본 적이 없다고 고백했다.

1750년~1778년

그는 『학문 및 예술에 관한 논고』를 발표했다.

『인간불평등 기원론』(1755)을 통해 인간 사이의 불평등이 어디서 비롯되는지를 깊이 질문했다.

그의 대표작인 『사회계약론』(1762)을 발표했다. 5월, 『에밀』(1762)을 발표, 금서로 지정됐다. 그 후로 장 자크 루소는 도피생활을 시작했다.

그는 『대화-루소의 장 자크 심판』(1776)을 완성했다.

1778년 7월 2일, 장 자크 루소는 세상을 떠나고 그의 유해는 팡테옹(Panthéon)에 안치됐다.

장 자크 루소

− 장 자크 루소의 삶과 메시지, 요약하다

우리는 어떤 시대를 사는가?
정치는 누구를 위한 것인가? 공정과 정의는 살아 있는가?
부와 기회는 공평하게 주어지는가? 아니면 몇몇 사람의 손에 집중되는가?
왜 청년은 미래를 포기하고 노인은 불안 속에 하루를 사는가?
타인의 시선과 SNS에 갇힌 삶 속에서 우리는 정말 '나'로 살아가는가?

이런 질문이 오늘 우리의 마음을 무겁게 만든다.
바로 지금, 우리는 한 철학자에게 귀를 기울여야 한다.

"자유와 평등을 어떻게 이룰 것인가?"

이 질문에 깊이 있게 답할 수 있는 인물이 있다. 바로 장 자크 루소다.

장 자크 루소는 자유와 평등을 위해 삶 전체를 바친 사상가다. 그는 세상과 거리를 두고 방에 틀어박혀 글을 쓰며 오직 이 두 개념에 집중했다. 자유와 평등은 그가 추구한 삶의 나침반이며, 인간 존재의 본질을 향한 그의 탐구는 여기에서 출발했다.

그는 인간이 본래 자유롭게 태어났다고 믿었다. 그러나 현실의 인간은 어디서나 사슬에 묶여 있다. 자신이 남의 주인이라고 착각하는 사람도 더 큰 쇠사슬에 매인 노예에 불과하다는 게 장 자크 루소의 통찰이다. 자유와 평등은 떼려야 뗄 수 없는 관계이며 하나가 없으면 다른 하나도 존재할 수 없다. 장 자크 루소는 이 사상을 통해 프랑스 혁명의 씨앗을 심었다.

ESTP

그가 보기에 사회는 이기심과 탐욕으로 가득 차 있다. 타인의 시선에 얽매인 삶은 인간을 점점 소외시키고 경쟁에 치중하는 사회는 우리에게서 자유와 평등을 빼앗는다. 장 자크 루소는 정치와 교육의 개혁을 통해 인간이 인간답게 살아가는 길을 제시하고자 했다. 그가 말한 교육이란 본래의 선한 본성을 회복하는 여정이며, 정치는 국민이 주인이 되는 체계를 확립하는 것이다.

장 자크 루소의 삶은 단순하지 않았다. 미국의 직업심리학자 존 크럼볼츠는 『천 개의 성공을 만든 작은 행동의 힘』(2014)에서 '계획된 우연(planned happenstance)'을 이야기한다. 인생에서 일어나는 수많은 예기치 않은 사건들이 커리어를 형성한다는 이론이다. 장 자크 루소야말로 이러한 '계획된 우연'의 전형이다. 얼핏 갈피를 잡기 어려운 그의 여정은 장 자크 루소에게는 혼란이 아니었다. 모든 경험은 그에게 의미 있는 퍼즐 조각이었고 그 조각이 모여 그의 사상을 빚어냈다. 그는 인생에서 만나는 사건들을 성장의 자산으로 받아들였다.

오늘날에도 우리는 여전히 자유와 평등에 대한 질문 앞에 서 있다.
불의한 권력, 부와 특권의 세습, 타인의 시선에 갇힌 삶… 현실은 우리의 마음을 아프게 한다.
이럴 때 장 자크 루소처럼 물어야 한다.

자유인으로서 나는 어떻게 살아야 하는가?

우리는 세대를 이어 국민이 주인이 되는 나라, 자유와 평등이 공존하는 공동체를 꿈꾼다.
장 자크 루소는 지금도 말하고 있다.
그런 나라는 반드시 올 것이다. 희망을 버리지 마라.

장 자크 루소

장 자크 루소의 철학을 MBTI에 적용하면 그는 ESTP 유형에 속할 가능성이 크다. EP(외향 인식)들은 외부 세계와의 상호작용 속에 우연한 기회를 잘 포착하고, 유연하게 방향을 전환하며 성장을 도모한다. 장 자크 루소의 삶도 그러했다. 누군가에게는 불안정하고 불확실해 보일지 모르지만 그는 스스로의 흐름을 신뢰하며 자기 방식으로 삶을 풀어갔다.

또한 장 자크 루소는 TP(사고 인식)로서 중요한 개념에 몰입하고 현실을 날카롭게 분석하는 성향을 보인다. 그의 Se(외향적 감각)는 현실 사회의 부조리와 모순을 예리하게 포착하게 하고, Ti(내향적 사고)는 그것을 논리적으로 정리하고 사상의 체계를 구축하게 이끈다. 그는 복잡한 문제를 깊이 들여다보고 실행가능한 해결책을 고민한 철학자였다.

"당신은 스스로를 주인이라 여기지만, 사실은 더 큰 사슬에 묶여 있지 않은가?"

장 자크 루소라면 이렇게 묻고 싶었을 것이다.

어려움 속에서도
사람을 행동하게 만드는 사람

　인문학자인 김태형 작가는 『풍요중독사회』(2020)에서 한국 사회의 심화된 불평등 문제를 지적하며, 상위 10%가 국민소득의 절반을 차지하는 현실을 비판합니다. 그는 2013년의 통계를 인용하여 불평등한 구조가 사회적 불신과 공정성에 대한 갈망을 불러일으킨다고 말합니다.

　이는 한국만의 문제는 아니며, 세계적으로도 비슷한 현상이 나타나고 있습니다. 2011년 〈이코노미스트〉는 상위 1%가 전 세계 부의 43%를, 상위 10%는 83%를 차지한다고 밝혔습니다. 또한, 2019년 옥스팜(Oxfam) 보고서에 따르면 세계 최상위 2,000명의 부가 46억 명의 재산을 초과한다고 합니다. 이처럼 극단적인 부의 집중은 왜 소수가 대부분의 부를 독점하는지에 대해 의문을 불러일으킵니다.

　이처럼 불평등이 심화된 사회에서, 우리는 어떻게 살아가야 할까요? 해답은 장 자크 루소의 사상에서 찾을 수 있습니다.

　장 자크 루소는 권력과 사회적 갈등이 격화되던 시대에 인간이 되기 위한 조건을 모색하고 평등한 사회를 꿈꾸었습니다. 그는 로마 제국의 멸망 이후, 유럽에서 벌어지던 권력 싸움과 봉건 사회의 불평등을 목격하며, 부당한 권력에 저항할 수 없는 비인간적인 시대를 깊이 인지했습니다.

　18세기 유럽에서 절대 권력은 약화되고 백성들은 왕에게 복종할 이유를 잃었습니다. 장 자크 루소는 이러한 혼란 속에서 정치와 교육을 통해 자유롭고 평등한 사회를 만들어야 한다고 주장했습니다. 프랑스의 심리학자 블레즈 파스칼(Blaise Pascal, 1623~1662)이 '인간은 생각하는 갈대'라고 표현한 것처럼, 루소는 인간을 '생각할 수 있는 존재'로 보았고, 그 덕분에 존엄성을 지닌다고 강조했습니다.

장 자크 루소는 인간 본성을 세 가지로 나누었습니다. 첫째, '자기보존의 욕구', 둘째, '동정심', 셋째, '자아계발 능력'입니다. 자기보존의 욕구는 자연스러운 자기애로 나타나지만, 이기심으로 변할 경우 자유의지를 상실하게 된다고 장 자크 루소는 주장했습니다. 그는 "우리는 다른 사람에게 내가 누구인지 묻는다"며, 자유의지를 가진 사람은 "나는 누구인가"를 스스로 묻는다고 설명했습니다. 또한 그는 "행복하기를 원하는 사람은 결코 다른 사람 때문에 불행해지지 않는다"고 말하며, 외부의 영향에 흔들리지 않고 내면의 자유를 찾는 것이 행복의 길임을 강조했습니다.

장 자크 루소의 사상에서 중요한 두 기둥은 자유와 평등입니다. 그는 "모든 사회적 문제는 불평등에서 시작된다"고 믿었으며, 권력은 폭력으로 변하기 전에 멈춰야 한다고 했습니다. 또한, 경제적 문제에 대해서도 "어떤 사람도 다른 사람을 돈으로 살 만큼 부자가 되어서는 안 되고, 어떤 사람도 자신을 팔 만큼 가난해서도 안 된다"고 주장했습니다.

ESTP 유형인 장 자크 루소는 다른 사람을 행동하게 만드는 힘을 지닌 사람으로 그들을 격려하고 이끌며 공동체의 이익을 중요하게 여겼습니다. 그는 주변 사람들의 행복과 성공을 위해 끊임없이 노력하며 타인과 함께하는 일에 관심을 기울였습니다. 이러한 특성은 장 자크 루소가 사회적 변화를 이끌고자 했던 이유와도 맞닿아 있습니다.

그는 Se(외향적 감각)를 통해 현실에서 벌어지는 구체적이고 생생한 상황에 민감하게 반응하고, 직접 경험한 사건과 현장을 바탕으로 사회 문제를 직시했습니다. 장 자크 루소는 이상보다는 실제 눈앞에서 벌어지는 부조리한 현실에 주목했으며, 이를 있는 그대로 받아들이고 행동으로 연결하려 했습니다. 또한 Ti(내향적 사고)는 그의 통찰을 실천적인 판단으로 이끌어 감각적으로 파악한 문제들을 논리적이고 체계적으로 분석하여 실질적인 해결 방안을 모색하는 데 기여했습니다. 그는 실용적이고 현실적인 접근을 중시했기 때문에 이상을 외치는 데 그치지 않고 구체적인 행동으로 변화를 추구했습니다.

장 자크 루소의 중요한 사상은 '사회계약론'입니다. 그는 『사회계약론』(1762)에서 "인간은 자유롭게 태어났지만, 사슬에 묶여 있다"고 지적하며, 불평등과 억압의 현실을 갈파했습니다. 장 자크 루소는 '일반의지'라는 개념을 통해 개인의 이기심을 넘어 전체의 이익을 우선시하는 마음을 강조하면서, 이를 통해 자유롭고 평등한 사회를 이룰 수 있다고 믿었습니다.

장 자크 루소의 가르침은 오늘날에도 중요합니다. 흙수저와 금수저 사이의 불평등은 여전하지만, 우리는 변화를 위해 노력해야 합니다. 장 자크 루소는 가진 사람들이 내 것을 빼앗았다고 불평하기보다 내가 원하는 세상을 만들기 위해 행동해야 한다고 말했습니다. 이런 행동은 나 자신을 돌아보는 것에서 시작됩니다. 그리고 교육과 사회적 연대를 통해 더 강해질 수 있습니다.

우리는 정의롭고 공평한 사회를 만들기 위해 지금 무엇을 하고 있습니까? 장 자크 루소의 생각을 출발점으로 삼아 개인의 자유와 평등을 위해 계속 질문하고 답을 찾아야 합니다. 미래는 우리 손에 달려 있으며, 함께 힘을 모아 더 나은 사회를 만들어 나가야 합니다.

장 자크 루소

삶의 경험이 자라는
길 위의 도서관!

장 자크 루소의 『에밀』(1762)의 원제는 『에밀, 또는 교육에 대하여』입니다. 그는 교육을 통해 사람이 어떻게 살아야 하는지를 가르쳐야 한다고 강조하면서 18세기 프랑스의 교육제도에 대한 깊은 반성과 변화를 요구했습니다.

장 자크 루소는 『고백록』(1782)에서 "『에밀』이 완성되기까지 20년 동안 생각하고, 3년의 시간이 필요했다"고 회상합니다. 그는 다섯 자녀를 고아원에 보내고 제대로 교육시키지도 못하여 양심의 가책을 느꼈습니다. 이러한 개인적인 경험은 그가 교육의 중요성을 고민하게 만든 계기가 되었습니다. 그래서 『에밀』을 통해 이상적인 교육과 좋은 교사의 모습을 제시하고자 했던 것입니다.

장 자크 루소의 책 『에밀』은 고아 소년 '에밀'의 성장 과정을 따라 다섯 부분으로 나뉘며, 아이를 아이답게 대하는 게 중요하다고 강조합니다. 그는 어린이의 선한 본성을 지키고 발전시키는 교육이 필요하다고 주장하며, 이를 '자연에 순응하는 전인교육'이라고 부릅니다. 이러한 교육 방식은 당시로서는 무척 새로운 아이디어였습니다.

18세기 프랑스는 절대왕정 시대였습니다. 이 시기 상류층 여성들은 사회의 압력과 기대 때문에 자녀를 고아원이나 유모에게 맡겼습니다. 자녀가 국가에서 운영하는 고아원에서 교육받는 게 더 좋으며, 귀족의 자녀로 성공하기 위해서 전문적인 교육이 중요하다고 여겼습니다. 이런 사회적 배경 속에 상류층 여성들은 자녀의 성공이 올바른 사람으로 성장하는 것보다 중요하다고 믿고 있었습니다.

　이런 상황에서 장 자크 루소의『에밀』은 파격적인 교육 방법론으로 주목받았습니다. 그는 아이들이 자연스럽게 성장하도록 사랑과 관심을 기울여야 한다고 주장했습니다. 장 자크 루소는 전통적인 교육 방식에서 벗어나 아이와의 유대감을 중시해야 한다고 말했습니다. 그는 아이들의 순수함과 선함을 보호하고 발전시키기 위해 부모의 참여가 필요하다고 믿었습니다.

　장 자크 루소의 사상은 상류층 부인들에게 아이를 직접 양육해야 한다는 새로운 인식을 심어 주었습니다. 여성들은 아이에게 직접 젖을 먹이고 키우는 것이 단순한 사회적 의무가 아니라, 사랑과 관심을 통해 자녀와의 관계를 만드는 중요한 과정이라는 것을 깨닫게 되었습니다.

　이러한 변화는 장 자크 루소의 교육 철학이 긍정적인 영향을 미쳤기 때문입니다. 장 자크 루소는 ESTP로서 자신이 원하는 방향으로 타인을 이끌고, 신뢰를 얻는 능력이 뛰어난 인물입니다. 그는 다른 사람들을 설득하고, 자신의 아이디어에 동참하게 만드는 재능을 가졌습니다. 이러한 특성은 장 자크 루소의 교육 철학이 상류층 부인들의 자녀 양육 방식에 실질적인 변화를 가져오는 데 기여했습니다.

　장 자크 루소의『에밀』은 교육의 본래 의미를 되찾게 했습니다. 그는 교육이 '사람을 만드는 기술'이 아니라, 사람이 어떻게 살아야 하는지를 가르치는 것이어야 한다고 말했습니다.

　"나는 아이들을 공직자나 군인으로 만들기보다 그들에게 삶 자체를 가르치고 싶습니다."

　아이들을 잘 가르치기 위해 중요한 한 가지가 있습니다. 자유를 잘 조절하는

장 자크 루소

것입니다. 인간은 자신이 원하는 대로 행동할 수 있을 때, 비로소 진정한 자유를 느낄 수 있습니다. 최고의 행복은 힘이 아니라 자유에 있습니다. 자유로운 사람은 할 수 있는 일뿐 아니라, 하고 싶은 일도 할 수 있어야 합니다. 이것이 장 자크 루소가 강조한 원칙이며, 교육에서 지켜야 할 핵심입니다.

또한 아이가 무엇을 할 수 있고, 무엇을 하면 안 되는지를 정해 주는 규칙이 필요합니다. 이 규칙은 사회의 가치관과 도덕에 맞게 만들어야 합니다. 규칙을 정하지 않으면, 교육을 제대로 할 수 없습니다. 규칙을 통해 아이를 잘 이끌면, 아이는 불평하지 않을 것입니다. 규칙을 지키게 하면 나쁜 행동이 줄어들고, 아이는 무엇이 옳고 그른지를 알게 됩니다. 그래서 규칙이 있으면 문제를 일으킬 가능성이 줄어듭니다.

장 자크 루소의 교육 철학은 다음 세대에 인간답게 살아가는 가치를 가르치는 것이 입시 위주의 암기식 교육보다 우선되어야 함을 강조합니다. 장 자크 루소는 교육을 통해 아이들이 본래의 모습을 찾고, 스스로 올바른 선택을 할 수 있는 도덕적인 사람으로 성장하기를 원했습니다.

제도를 바꾸는 것보다 도덕성을 강화하는 것이 사회의 불평등과 폭력을 줄이는 데 효과적이라고 믿었던 장 자크 루소는 인간과 사회의 근본적인 변화는 교육으로만 이룰 수 있다고 주장했습니다.

교육을 통해 사람이나 사회를 바꾸는 것은 매우 어렵습니다. 개인의 작은 꿈이든, 사회 시스템의 큰 변화든 모든 희망은 결국 시간과의 싸움입니다. 정권이 여러 번 바뀌고, 전문가들이 새로운 교육 정책을 내놓아도, 입시 중심의 공교육과 조기 유학 열풍, 과도한 사교육 시장은 개선되지 않고 있습니다. 아이들은 성적에 낙담해 자살하고, 친구들에게 괴롭힘을 당해 상처 입은 어른이 됩니다. 이러한 현실을 종합하면, 대한민국 교육의 현주소는 매우 암담하다고 할 수 있습니다.

ESTP

하지만 장 자크 루소와 많은 사람들은 자유와 평등의 꿈을 위해 노력했습니다. 그들은 다음 세대에 인간답게 살아가는 가치를 가르쳤고 그들의 인내로 자유민주주의가 탄생했습니다. 우리도 현실의 벽이 언젠가 무너질 것이라는 희망을 잃지 말아야 합니다.

장 자크 루소의 사상은 ES(외향 감각)로서 다양한 상황에서의 직접 체험을 중시하는 사람들에게 큰 영향을 미쳤습니다. 장 자크 루소의 교육 철학은 교실에서 배우는 지식만이 아닌, 인생의 모든 경험이 길 위의 도서관이 되어야 한다는 것을 강조합니다. 이러한 접근은 아이들이 실제로 경험하며 배울 기회를 제공하여 그들의 전인적 성장을 돕습니다. 우리에게도 사람과 자연과의 만남은 소중한 지식이 됩니다. 이 경험들은 마치 도서관에서 책을 읽는 것처럼 삶의 지혜를 풍부하게 해 줍니다. 따라서 우리는 인생 여정에서 만나는 것들을 소중히 여기고, 그것이 삶의 자양분이 되도록 힘써야 합니다.

장 자크 루소로 본
ESTP의 천부적 재능

장 자크 루소의 슈퍼파워 Se(외향적 감각)는 그가 주변 세계를 직접 경험하고, 이를 통해 배우는 데 큰 역할을 했습니다. 그는 어린 시절부터 다양한 경험을 통해 인간의 본성과 사회 구조를 이해하려고 했습니다. 그의 생애에서 나타나는 여러 직업과 사회적 경험은 그의 외향적 감각이 얼마나 강하게 작용했는지를 보여 줍니다. 장 자크 루소는 현실을 직시하며, 사람들의 감정과 행동을 관찰하는 데 능숙했습니다.

EP(외향 인식)로서 그는 자유롭고 독창적인 생각을 중요하게 여겼고, 이러한 성향은 그의 교육 철학과 잘 맞아떨어집니다. 그는 아이들이 자연스럽게 성장하도록 사랑과 관심을 기울여야 한다고 주장했으며, 상류층 부인들이 자녀 양육에서 보다 창의적이고 유연한 접근을 취하도록 도왔습니다. 이러한 능력은 그가 "자연으로 돌아가자"는 주장을 통해 인간이 본래 가진 선한 본성을 회복하고 공동체의 이익을 우선시해야 한다고 강조하는 데 기여했습니다.

서포터 능력 Ti(내향적 사고)는 그가 자신의 경험을 분석하고 복잡한 문제를 해결하는 데 도움을 주었습니다. 그는 인간이 본래 선하다고 믿으며 문명이 발전하면서 발생하는 불평등이 개인의 이기심에서 비롯된다고 주장했습니다. 이러한 사고는 그의 저작에서 뚜렷이 드러나며 사회적 불평등과 부조리를 비판하는 데 있어 중요한 역할을 했습니다. 특히 『사회계약론』에서 일반의지라는 개념을 통해 공동체의 이익을 강조한 측면에서 기여했습니다.

사춘기 아이 F(감정)의 장 자크 루소는 사람들의 감정을 이해하고 공감하는 능력이 뛰어난 인물이었습니다. 그의 F(감정)는 다른 사람들과의 관계를 중요하게 여기고 사회적 조화를 추구하는 데 도움을 주었습니다. 그는 교육에서 아이들의 감정을 중시하며 사랑과 관심을 기울여야 한다고 주장했습니다. 이러한 접근은 그의 철학에서 인간의 본성과 공동체의 이익을 함께 고려하는 데 기여했습니다.

비뚤어진 악동 Ni(내향적 직관)가 개발되면 복잡한 정보를 통합하여 큰 그림을 명확하게 이해할 수 있습니다. 이는 장자크 루소의 사상이 더 깊이 있는 통찰로 발전하는 데 기여할 것입니다.
그러나 비뚤어진 악동이 개발되지 않으면 그는 여전히 혼란을 느끼고 복잡한 감정이나 사회 구조에 대한 예측이 어렵게 됩니다.

결론적으로 장 자크 루소의 생애와 사상은 ESTP의 천부적 재능을 잘 보여줍니다. 그의 슈퍼파워 Se(외향적 감각)와 서포터 능력 Ti(내향적 사고)는 그가 현실을 직시하고, 사회적 문제를 분석하는 데 도움을 주었습니다. 그리고 ESTP는 문제의 해결책을 글로 표현하는 강점이 있습니다. 실제로 장 자크 루소는 자신의 생각을 여러 권의 책을 통해 전달하고자 했습니다. 이러한 기능은 그가 개인의 자유, 평등, 그리고 정의를 강조하는 철학을 발전시키는 데 중요한 역할을 했습니다.

ESFP

공자

(기원전 551~기원전 479)

편법과 반칙이
가득한 시대

슈퍼파워 Se, 서포터 능력 Fi,
사춘기 아이 T, 비뚤어진 악동 Ni

"오늘보다 더 나은 세상은 반드시 올 수 있다.
각자가 자기 자리에서 이름값을 다할 때, 그 희망은 현실이 된다."

ISTJ 임마누엘 칸트	ISFJ 율곡 이이	INFJ 마르틴 부버	INTJ 마키아벨리
책임감과 도덕으로 사회를 이끄는 사람	겸손한 마음으로 사람을 보살피는 사람	'무리'를 '우리'로 변화시키는 사람	비전과 신념으로 산도 옮길 수 있는 사람
ISTP 프랜시스 베이컨	ISFP 퇴계 이황	INFP 소크라테스	INTP 한나 아렌트
현실을 직시하고 문제를 꿰뚫는 사람	따뜻한 마음으로 누군가의 부족함을 채우는 사람	가치를 위해 산다는 것, 그 불꽃 같은 삶을 사는 사람	조용히 앉아 가장 큰 질문을 던지는 사람
ESTP 장 자크 루소	ESFP 공자	ENFP 도산 안창호	ENTP 마르틴 하이데거
어려움 속에서도 사람을 행동하게 만드는 사람	공동묘지에서도 휘파람을 불 수 있는 사람	불같은 열정으로 마음을 움직이는 사람	틀을 깨고 새로운 가능성을 여는 사람
ESTJ 아리스토텔레스	ESFJ 다산 정약용	ENFJ 플라톤	ENTJ 관자
행복을 위한 변화를 이끄는 사람	사람 사이, 따뜻한 다리를 놓는 사람	성장의 잠재력을 끌어내는 사람	'리더의 리더'로서 진성 리더십을 발휘하는 사람

공자, 그는 누구인가

기원전 551년~기원전 532년

춘추시대 노나라 양공 22년, 공자는 무사이자 추읍의 대부였던 아버지 숙량흘과 어머니 안징재 사이에서 출생했다. 공자는 70세가 넘은 아버지와 그의 세 번째 아내지만 정식 아내로 인정받지 못한 어머니 사이에 태어난 아들이었다.

세 살 때 공자는 아버지를 잃었다. 어머니는 겨우 18세였고, 어린 공자와 어머니는 고향을 떠나 수도로 이사하면서 힘든 나날을 보냈다.

17세가 된 공자는 어머니마저 잃고 고아가 되었다. 그는 낮에는 생계를 위해 일하고, 밤에는 공부에 몰두하며 어려운 시절을 견뎠다.

19세에 송나라의 기관 씨와 결혼했다.

아들 공리를 낳았다(딸도 하나 있음).

기원전 537년~기원전 498년

계손 씨가 노나라의 절반 이상을 차지하고, 맹손 씨와 숙손 씨가 각각 나머지 절반을 차지하며, 강한 권력을 가진 가문들이 노나라의 질서를 흔들었다. 이러한 상황 속에서 공자는 자신의 뜻을 펼치기 어려운 처지에 놓였다.

30세가 넘자 제자들이 모여들기 시작했다. 안회, 증자, 자로, 백우, 염유, 자공 등이 그들 중 일부였다. 제자들이 많아지면서 공자는 유명해졌고, 많은 이로부터 존경을 받았다.

52세가 되었을 때, 공자는 소사공(건설부 장관)을 거쳐 대사구(사법부 장관)로 승진했다. 이후 3년간 재임하며 정치적 역량을 발휘한 후, 재상으로도 활동했다.

기원전 497년~기원전 479년

안회, 자로, 자공, 염유와 함께 고국을 떠난 공자는 14년간 주유열국의 길을 떠났다. 그때 그는 최고의 지식인으로 알려지며, 춘추시대의 각국 왕들에게 초대받아 중요한 조언을 했다.

진나라에서 출발해 위나라, 조나라, 송나라, 정나라, 초나라를 거친 공자는 기원전 488년, 위나라에 머문다.

67세에 부인 기관 씨가 세상을 떠났다.

고향인 노나라로 돌아온 공자는 그 이듬해 아들 공리를 잃는다. 슬픔 속에서도 그는 공자학숙을 세워 교육과 저술에 매진하며 제자들을 양성하는 일에 힘썼다.

수제자 안회가 세상을 떠나고, 기원전 480년 제자 자로가 죽임을 당했다.

73세의 나이로 세상을 떠난 후, 그의 삶은 많은 사람들에게 길잡이가 되었다.

– 공자의 삶과 메시지, 요약하다

우리는 무엇을 믿고 살아야 할까?

상식이 통하지 않고, 말보다 이미지가 힘을 얻으며, 누가 옳은지보다는 누가 이기는지가 중요해진 시대. 신뢰는 쉽게 무너지고 책임보다 이익이 앞서는 사회에서 우리는 방향을 잃어간다. 나는 어떻게 살아야 할까?

이 치열한 질문에 대해 깊은 통찰을 전하는 인물이 있다. 그는 바로 공자(孔子)다. 공자는 극심한 혼돈의 시대를 온몸으로 통과한 인물이었다.

『춘추』에 따르면 춘추시대 242년 동안 500차례가 넘는 전쟁이 있었고 군주가 신하에게 살해당하는 참극이 이어졌다. 국가 간 협력은커녕 전쟁 뒤에는 보복과 약탈이 남았고 백성들은 끊임없이 전장으로 끌려가고 삶의 터전을 잃었다.

이때 공자는 외쳤다.

"비록 세상이 무너져도 각자가 자신의 자리를 지키며 이름값을 다한다면 더 나은 세상은 가능하다."

그에게는 백성을 수탈하는 귀족도 고통당하는 민초도 동정의 대상이었다.

공자는 귀한 혈통도 아니었고 부귀도 거리가 멀며 권력도 없었다. 사생아로 태어나 떠돌이처럼 자라며 제자들과 함께 14년을 유랑한 사람. 그럼에도 그는 '배움의 기쁨'을 아는 자였고 '남이 나를 알아주지 않아도 노여워하지 않는' 군자였다. 그는 천명을 깨달았다.

공자는 사람을 귀히 여기며 어그러진 세상을 바로잡고자 '도(道)'의 길을 걸었다. 그 길의 중심에는 '인(仁)', 곧 인간에 대한 따뜻한 마음이 있었고, 모든 사회 구성원이 각자의 자리에 걸맞은 이름과 책임을 지키는 '정명(正名)'의 질서가 자리했다. 그는 더 나은 삶, 더 정의로운 정치, 더 깊은 공동체의 회복을 꿈꾸었다.

기원전 600년부터 400년 사이.

그리스에는 탈레스와 소크라테스가, 인도에는 붓다가, 이스라엘에는 예언자들이, 중국에는 제자백가가 등장했다. 혼돈의 시대를 통과하며 도(道)와 정의를 고민한 지혜자들이었다. 그 시간 속에 공자도 있었다.

공자는 자신의 출생이나 과거, 혹은 고된 운명을 탓하지 않았다. 대신 오늘 할 일을 찾아 희망을 전하며 '지금 여기'를 살아갔다. 그는 공동묘지에서도 휘파람을 불 수 있는 사람이었다. 하지만 결코 무심하지 않았다. 그의 웃음은 고통을 외면한 냉소가 아니라 함께 이겨 내자는 따뜻한 용기였다. 공자는 웃음을

공자

잃은 시대에 희망의 메시지를 전했다. 그가 남긴 철학은 지금도 유효하다.

"오늘보다 더 나은 세상은 반드시 올 수 있다."
우리 모두가 자기 자리에서 이름값을 다할 때 그 세상은 현실이 된다.

공자의 철학을 MBTI에 적용하면 그는 ESFP 유형에 속할 가능성이 크다. 공자는 자기 삶을 통제하려 하기보다 변화하는 환경에 유연하게 반응하는 P(인식)였다. 그는 외부 세계에 열려 있고, 상황을 긍정적으로 받아들이며, 오늘 할 일에 집중하는 EP(외향 인식)로 살았다.

ESFP 유형으로서 공자는 '지금 이 순간'을 사는 사람, 낙담하기보다는 기회를 포착하고 도전을 경험으로 삼는 사람이었다. 그는 인간관계를 통해 배우고 성장했으며 삶의 무게를 함께 나누는 공동체적 감수성을 지녔다.

"당신은 지금, 세상의 혼란 속에서 자신의 자리를 지키는가, 아니면 외부의 이익에 휘둘리는가?"
공자라면 이렇게 묻고 싶었을 것이다.

공동묘지에서도
휘파람을 불 수 있는 사람

청년들의 우울증 문제는 요즘 중요한 사회적 이슈로 떠오르고 있습니다. 〈KBS 청년 조사〉에 따르면, 청년들의 정신 건강 상태는 심각한 수준입니다. 조사 대상 청년 중 25.8%는 '매우 자주' 무기력감이나 우울감을 느낀다고 답했으며, 57.6%는 '가끔' 느낀다고 밝혔습니다. 10명 중 8명 이상이 지속적인 정신적 어려움을 겪고 있다는 뜻입니다. 주로 경제적인 어려움과 취업이나 직장 내 문제 등 진로에 대한 고민 때문입니다.

우선 주거 빈곤 문제가 심각해지면서 청년들은 경제적으로 불안정해졌습니다. 한국보건사회연구원의 발표에 따르면, 1/3의 청년이 최저 주거 기준에 미치지 않는 환경에서 거주하거나 주거비로 월 소득의 20% 이상을 지출합니다. 결국 청년들은 경제적 불안에서 비롯되는 사회적 고립감을 느끼고, 미래에 대한 불안을 마주합니다.

그래서 공자의 삶은 오늘날 더욱 중요한 교훈을 제공합니다. 공자는 극도의 어려움 속에서도 웃음을 잃지 않고, 주변 사람들에게 긍정적인 영향을 끼쳤습니다. 그는 위기 속에서도 희망을 품고 항상 더 나은 세상을 위한 길을 모색했습니다.

공자의 핵심적인 이야기는 『논어』 〈학이편〉 제1장에 담겨 있습니다.

공자

子曰 "學而時習之 不亦悅乎? 有朋自遠方來 不亦樂乎? 人不知而不慍 不亦君子乎?"

자왈 학이시습지 불역열호? 유붕자원방래 불역낙호? 인불지이불온 불역군자호?

"공부한 내용을 매일 기회가 있을 때마다 반복해서 실천하면 기쁘지 않겠나? 먼 곳에서 친구가 찾아오면 즐겁지 않겠나? 남이 나를 알아주지 않아도 화내지 않는다면, 그 사람이 진정한 군자가 아닐까?"

〈학이편〉 1장에서 S(감각)인 공자는 직설적이고 간결하게 '군자(리더)'에 대해 정의를 내립니다. 당시 군자는 정치, 경제, 사회, 문화를 이끌어가는 금수저였고 신분이 낮은 사람은 군자(리더)가 될 수 없었습니다. 그러나 공자는 군자에 대해 새롭게 해석합니다. 공자는 성숙하고 바람직한 인간의 모습을 갖춘 사람이 참된 군자라고 일컫습니다. 도덕적으로 올바르고, 지혜로우며, 타인을 배려하고 이해하는 능력을 가진 사람을 가리킵니다.

또 공자는 〈학이편〉 1장 마지막 문장에서 이렇게 말합니다.

"人不知而不慍 不亦君子乎?"

인불지이불온 불역군자호?

"남이 알아주지 않아도 성나지 않는다면 군자가 아니랴!"

여기서 '성나지 않는다'라고 번역한 '不慍(불온)'은 남의 비평이나 칭찬에 흔들리지 않고, 내 마음속의 진리를 믿고 그에 따라 살겠다는 태도입니다.

이것이 공자가 말하는 군자의 모습입니다. 군자는 자신이 누구인지 알고 다른 사람의 의견에 과도하게 의존하지 않습니다. 다른 사람들이 나를 어떻게 생각하는지에 지나치게 신경 쓰지 않고, 나의 가치와 진리를 스스로 판단합니다.

종합적으로 보면, 공자가 제시하는 삶은 '배움과 익힘의 기쁨'과 '인정해 주는 친구가 있어 즐거운 순간'을 넘어, 운명에 대한 깊은 이해로 나아갑니다. 그렇게 되면 남이 알아주든 못 알아주든 성낼 이유가 없습니다.

『논어』는 이렇게 끝을 맺습니다.
"자신의 삶의 목적이나 운명을 이해하지 못하면 진정한 군자(올바른 사람)가 될 수 없다"(〈요왈〉 3장)
이 말은 우리가 누구인지, 왜 사는지 알지 못하면, 바른길을 걷기 어렵다는 것입니다. 군자는 자신의 소명, 즉 해야 할 일을 알고 그에 따라 행동하는 사람입니다.
공자의 가르침은 『논어』의 시작과 끝에서 분명히 드러납니다. 그는 완벽한 세상이 현실에 존재하지 않음을 강조하면서도, '군자'를 목표로 하는 삶이 항상 기쁨과 즐거움을 준다고 설명합니다.

이러한 가르침은 공자의 ESFP의 성향과 깊은 연관이 있습니다. 공자와 같은 SP(감각 인식)의 좌절은 일시적입니다. ESFP는 오늘 경험하는 기쁨을 소중히 여기고, 그 기쁨이 다른 사람에게 전달되어 그들에게도 즐거움을 주는 것을 선호합니다. 이들은 일상의 순간에서 기쁨을 찾아내어 삶의 의미를 느낍니다. 마음을 열고 고통과 기쁨을 받아들이고, 자신이 가야 할 길을 묵묵히 걸어가는 성숙한 태도를 중요시합니다.

공자와 제자들이 굶주림에 시달리며 죽음의 위기에 처했을 때의 이야기가 전해집니다. 한 번은 진나라(秦)와 채나라(齊) 사이의 경계에서 두 나라에 포위된 채 식량이 떨어졌습니다. 일행 모두가 힘들어 제대로 움직이기도 어려웠습니다. 그런데 공자는 거문고(금琴)를 연주하며 노래를 불렀습니다. 어떻게 이런 일이 가능할까요?
ESFP인 공자는 음악에 뛰어났고 어려운 상황에서도 긍정적으로 생각하고

공자

웃음을 잃지 않았습니다. 그는 외부의 어려움에 영향을 받지 않고, 내면의 평화를 찾으려고 노력했습니다. 아마도 제자들은 그 상황에서 분노하고 두려워하며, '이런 때 저렇게 태평하게 노래가 나올까?'라고 생각했을 것입니다.

어떤 상황에서도
마음의 평정을 유지하는 지혜

우리는 살면서 슬픔과 상실, 좌절, 그리고 절망을 피할 수 없습니다. 불의한 세상에서 폭력, 차별, 질병과 빈곤의 위협 아래 평범한 삶을 유지하는 게 얼마나 어려운지 직감합니다. 기준이 상실된 시대에 무엇이 정의인지, 어떻게 살아야 하는지 묻습니다.

이러한 고민을 해결하기 위해 공자는 두 가지 원칙을 제시합니다. 첫째, 사람을 사랑하는 '인(仁)'입니다. 둘째, 각자의 역할과 신분을 정확하게 이해하고 지키는 것입니다. 이 두 가지 원칙이 충족될 때, 개인의 삶은 물론 사회도 건강하게 유지될 수 있습니다.

먼저 '인'의 사상에 대해 살펴보겠습니다. 인은 사람을 사랑하는 것으로, 효(孝), 충(忠), 지혜(智), 용기(勇), 예의(禮) 등의 좋은 덕목을 포함합니다. 이를 뜻하는 라틴어 '후마니타스(humanitas)'는 인간다움이나 인간성을 의미하며, '콤파티(compati)'는 '함께 고통을 나눈다'는 뜻이고, 영어로는 '연민(compassion)'이라고 합니다.

공자는 사치를 부리며 쾌락을 즐기기 위해 백성을 괴롭힌 귀족들과, 그로 인해 고통받는 평민 모두를 동정했습니다. 그는 사람들을 판단하기보다 이해하고 받아들이는 능력이 뛰어났습니다. 귀족들이 외적인 쾌락을 좇지만 내면의 행복과 의미를 못 찾는 상황을 이해하며, 진정한 행복을 찾지 못함을 안타까워했습니다. 공자는 모든 사람을 동정하고 사람들의 고통을 나누려는 마음을 가졌습니다.

ESFP들이 모이면 따뜻한 그룹이 만들어집니다. 이들은 서로의 좋은 점을 찾아 칭찬하고 도와주는 분위기를 만듭니다. 사람들과 잘 어울리고, 기쁨을 나눕니다. 자신의 즐거움을 통해 다른 사람들에게도 기쁨을 전달하며, 그들이 함께 기뻐하도록 만드는 능력이 있습니다. ESFP가 있는 그룹은 항상 즐겁습니다. 이들은 세상에 이해하지 못할 일이 없습니다. 비록 편법과 반칙이 들끓는 시대이지만 여전히 희망이 있다고 말합니다. 미래에 좋은 날이 올 것이라 상상하며 현재를 어떻게 살지 고민합니다.

『논어』〈자로편〉에는 공자에게 "인이란 무엇입니까?"라고 묻는 장면이 나옵니다. 그는 이렇게 대답합니다.

"평소에는 다른 사람을 존중하고, 그의 가치를 인정하며, 예의를 갖추어야 합니다. 일을 할 때는 경건한 마음으로, 즉 진지하고 신중한 태도로 누가 보든 안 보든 충실하고 성실하게 자신의 맡은 일을 해야 합니다. 사람을 만날 때는 진심으로 대하고, 충성스럽고 진정한 마음으로 그들의 마음과 감정을 이해하려고 노력해야 합니다. 상대방에게 진정한 관심을 가지고 소통하며, 그들의 이야기를 귀 기울여 들어야 합니다. 이렇게 하면 무질서한 나라에서도 사람들에게 버림받지 않을 것입니다."

공자는 세상에서 버려지지 않으려면 세 가지 '인' 즉, 공경, 경건, 진심을 소중히 간직해야 한다고 조언합니다. 평소에 공경스럽고, 일을 할 때 경건하며, 사람을 대할 때 진심으로 대하는 것이 중요합니다. 이는 일관성과 일상성을 중시하는 S(감각)로서 그 시대에 가장 적합한 삶의 해답을 제시합니다. 세상이 아무리 혼란스럽더라도 평소의 삶을 유지하는 게 얼마나 어려운가! 그러나 그럴 수 있다면 '무도한 야만의 나라에서도 버림받지 않는다'는 공자의 말은 명쾌하기 짝이 없습니다.

다음으로 정명(正名) 사상을 살펴보겠습니다. 공자 시대 사람들은 군(君), 신(臣), 부(父), 자(子)의 신분 질서가 확립되면 사회가 바로 잡힐 거라고 생각했습니다. 정명은 각 사람의 역할과 신분을 정확히 지켜야 한다는 뜻입니다.

신분제에 기반한 엄격한 봉건 체제는 도덕이 무너지고 사회가 불안해지는 문제를 해결하지 못했습니다. 오히려 편법과 부정이 만연한 '무도'의 시대가 왔습니다. 불의를 저지르고도 이를 '정의'라고 말하는 '부정명(不正名)'이 문제의 원인입니다. 이를 바로잡아야 합니다.

공자는 '정명(正名)'이 이루어져야 원칙과 상식이 제대로 작동하고 도(道)가 바로 선다고 보았습니다. 각자의 역할과 신분을 정확하게 이해하고 지키면 사회가 건강하게 유지된다는 것입니다. 이렇게 해야 사람들이 올바른 기준과 가치관을 가지고 행동할 수 있습니다.

'군군, 신신, 부부, 자자(君君, 臣臣, 父父, 子子)'는 임금은 임금답고, 신하는 신하답고, 아버지는 아버지답고, 자식은 자식답게 되는 것입니다. 이러한 원칙이 제대로 지켜질 때 사회의 질서가 회복됩니다. 이는 "윗물이 맑아야 아랫물이 맑다"라는 의미와 함께 각자가 신분과 자리에 맞게 행동할 때 사회 전체의 질서가 회복된다는 메시지를 내포합니다.

공자는 정치와 사회의 혼란이 윗사람이 리더십을 잃은 탓이라고 보았습니다. 하지만 그는 모든 책임을 그들에게 돌리지는 않았습니다. 그는 보수와 진보, 강자와 약자, 기성세대와 청년층 어느 한 편만 지지하지 않았습니다. 윗사람은 아랫사람을 착취하거나 억압해서는 안 되며 항상 신중하게 행동해야 합니다. 아랫사람들은 권위자를 비난하며 시간을 낭비해서는 안 됩니다.

공자

45

어떤 이름이 진정한 의미를 가지려면, 그 이름이 나타내는 역할이나 특성이 실제 존재해야 합니다. 예를 들어, '왕'이라는 이름은 단순히 부르는 호칭이 아니라, 유능한 통치력, 위기 대처 능력, 그리고 백성을 돌보는 책임을 포함합니다. 즉, '왕'이라는 이름이 진정한 의미를 가지려면 그에 걸맞은 역할과 책임이 실제로 수행되어야 합니다. 이러한 조건이 충족될 때 비로소 '정명(正名)'이 이루어집니다. 따라서 남들이 어떻게 행동하는지를 따지기보다 내가 내 자리에 맞게 살고 있는지를 돌아봐야 합니다. 모든 사람이 자신의 이름에 맞는 역할을 찾아 책임을 다하는 것이 공자가 말하는 정명론입니다.

공자로 본
ESFP의 천부적 재능

공자는 ESFP의 특징을 잘 드러내는 인물로, 그의 슈퍼파워 Se(외향적 감각)과 서포터 능력 Fi(내향적 감정)는 그가 현실을 받아들이고 사람들과 깊이 있는 관계를 맺는 데 큰 도움을 주었습니다.

슈퍼파워 Se(외향적 감각)로서 공자는 사람과의 교류에서 받는 자극을 즐겼습니다. 그는 실재하는 세부사항을 '있는 그대로' 받아들였고 잘 기억하고 묘사했습니다. 공자는 모든 경험, 특히 새로운 경험을 귀하게 여기며 판단이나 선택을 하려 하지 않았습니다. 현재를 경험하는 데 초점을 두고, 항상 '지금 여기(here-and-now)'를 중시했습니다.

서포터 능력 Fi(내향적 감정)로서 공자는 다른 사람의 요구에 맞춰 우선순위를 정했습니다. Se(외향적 감각)와 Fi(내향적 감정)가 조화를 이루어 나타나는 특징은 친절하고 관용적이며 인간 중심적입니다. 그는 재치가 넘치고, 밝고 즐거운 분위기를 조성했습니다. 행동파로서 행복한 일상을 추구하며 대가 없는 도움을 주었습니다.

Se(외향적 감각)는 공자가 주위 사람들을 위해 자극적이고 재미있는 활동을 하고, Fi(내향적 감정)는 타인의 요구에 반응하여 따뜻하고 배려하는 자세를 취하게 했습니다. 이러한 조합 덕분에 그는 분쟁 해결에서도 재치 있고 효과적인 방식으로 접근했습니다.

사춘기 아이 T(사고)로서 공자는 상황을 평가하기 위해 논리를 사용했습니다. 그는 자신의 경험을 바탕으로 판단을 내렸고, 이를 통해 사회 문제를 해결하고자 했습니다. 이로 인해 그는 실용적이고 합리적인 결론을 도출했습니다.

비뚤어진 악동 Ni(내향적 직관)가 개발되면 사람에 대해 통찰력 있는 내적 그림을 형성할 수 있습니다. 공자는 시대의 부조리와 부당한 역사의 흐름 속에서 다양한 사람에게 대안적 메시지를 전달했습니다.

반면, 비뚤어진 악동 Ni(내향적 직관)가 개발되지 않으면 불투명한 미래 앞에서 한없이 무기력에 빠질 가능성이 있고 내적 혼란과 의미를 부적절하게 해석하게 됩니다. 이러한 유형의 특징으로 인해 공자는 아내 기관 씨, 아들 공리, 그리고 가장 사랑했던 제자 안회의 연이은 죽음으로 큰 상실감을 느꼈고 그에 더욱 압도당했을 것입니다.

ESFP

3

ISTJ

임마누엘 칸트

(1724~1804)

삶에서 배우는
도덕적 가치와
성공의 원칙

슈퍼파워 Si, 서포터 능력 Te,
사춘기 아이 F, 비뚤어진 악동 Ne

"내 위의 별이 빛나는 하늘처럼,
내 안의 도덕법칙이 살아 숨 쉬고 있는가?"

ISTJ 임마누엘 칸트 책임감과 도덕으로 사회를 이끄는 사람	ISFJ 율곡 이이 겸손한 마음으로 사람을 보살피는 사람	INFJ 마르틴 부버 '무리'를 '우리'로 변화시키는 사람	INTJ 마키아벨리 비전과 신념으로 산도 옮길 수 있는 사람
ISTP 프랜시스 베이컨 현실을 직시하고 문제를 꿰뚫는 사람	ISFP 퇴계 이황 따뜻한 마음으로 누군가의 부족함을 채우는 사람	INFP 소크라테스 가치를 위해 산다는 것, 그 불꽃 같은 삶을 사는 사람	INTP 한나 아렌트 조용히 앉아 가장 큰 질문을 던지는 사람
ESTP 장 자크 루소 어려움 속에서도 사람을 행동하게 만드는 사람	ESFP 공자 공동묘지에서도 휘파람을 불 수 있는 사람	ENFP 도산 안창호 불같은 열정으로 마음을 움직이는 사람	ENTP 마르틴 하이데거 틀을 깨고 새로운 가능성을 여는 사람
ESTJ 아리스토텔레스 행복을 위한 변화를 이끄는 사람	ESFJ 다산 정약용 사람 사이, 따뜻한 다리를 놓는 사람	ENFJ 플라톤 성장의 잠재력을 끌어내는 사람	ENTJ 관자 '리더의 리더'로서 진성 리더십을 발휘하는 사람

임마누엘 칸트, 그는 누구인가

1724년~1746년

임마누엘 칸트는 동프로이센의 쾨니히스베르크 인근에서 네 번째 아이로 태어났다. 아버지는 직접 마구를 제작하고 생계를 꾸려간 수공업 장인이었고, 어머니는 어린 나이에 결혼하여 여러 자녀를 낳았지만, 대부분 어려서 세상을 떠났다.

8세의 임마누엘 칸트는 '콜레기움 프리델리키아눔'에 입학하여 8년간 체계적이고 깊이 있는 교육을 받았다. 그의 재능을 일찍이 발견한 어머니와 교회 목사의 도움 덕분이었다. 그러나 1737년, 그는 열세 살의 나이에 어머니를 잃었다.

16세가 된 임마누엘 칸트는 쾨니히스베르크 대학에 입학하여 지식의 바다에 뛰어들었다.

22세에 대학을 졸업했지만 아버지가 세상을 떠나 생계를 위해 시골에서 가정교사 생활을 시작해야 했다.

1754년~1766년

30세의 임마누엘 칸트는 쾨니히스베르크로 돌아왔다. 그 시기는 마르크스가 「공산당 선언」을 발표한 시기와 겹친다. 1755년, 그는 『천체의 일반적인 자연사와 이론』을 발표하며 자연 철학자로 명성을 얻었고, 같은 해 『불에 대하여』라는 논문으로 마기스터 학위를 받으며 쾨니히스베르크 대학의 강사로 임용되었다.

42세의 임마누엘 칸트는 왕실도서관의 부사서로 임명되었고 1770년에는 논리학과 형이상학 교수로 정식 승진했다. 이후 1781년부터 1790년까지는 그의 철학이 가장 풍성한 열매를 맺은 시기로, 『순수이성비판』(1781)을 비롯해 『프롤로고메나』(1783),

『계몽이란 무엇인가』(1784), 『도덕형이상학 원론』(1785), 『실천이성비판』(1788), 『판단력비판』(1790) 등 주요 저작을 연이어 출간했다.

1786년~1904년

그는 쾨니히스베르크 대학의 학장으로 선출되었고, 이듬해 베를린 왕립과학학사원의 회원으로 추천되었다. 이후에도 그는 『이성의 한계 안의 종교』(1793), 『영구 평화를 위하여』(1795), 『도덕형이상학』(1797), 『학부의 다툼』과 『인간학』(1798)을 발표하며 사상의 깊이를 더해갔다.

72세의 임마누엘 칸트는 강의를 계속했다. 그는 평생을 쾨니히스베르크 대학에서 보냈고, 그곳에서 철학을 일구었다. 1799년부터 그는 정신적 · 육체적으로 급속히 쇠약해졌으며, 제자인 바지안스키가 그를 돌보았다.

임마누엘 칸트는 80세의 나이로 조용히 생을 마감했다.

그의 100주년 기일에, 그가 한 대표적인 말인 "내 위의 별이 빛나는 하늘과 내 안의 도덕법칙"이 새겨진 동판이 쾨니히스베르크 성곽에 세워져, 인류의 스승으로서 그를 기렸다.

― 임마누엘 칸트의 삶과 메시지, 요약하다

"나는 지금, 내 안의 도덕법칙에 따라 살고 있는가?"

빠르게 변하는 시대 속에서 우리는 삶의 기준을 잃기 쉽다. 비교와 경쟁, 효율과 성과가 강조되는 사회에서 '무엇이 옳은가'보다 '무엇이 유리한가'를 고민한다. 그러나 이럴 때일수록 근본적인 질문을 던져야 한다.

"나는 무엇을 기준으로 사는가?
"누군가를 수단으로 대하고 있지는 않은가?"
"진정한 자유란 무엇인가?"

ISTJ

이 질문에 답할 수 있는 한 인물이 있다. 바로 철학자 임마누엘 칸트다.

18세기 후반, 격동의 유럽 속에서 태어난 임마누엘 칸트는 프로이센의 쾨니히스베르크라는 작은 도시에 머물며 평생 철학에 몰두한 인물이다. 그는 경건주의 신앙을 가진 부모로부터 정직과 도덕성을 배웠고 학문에 대한 열정과 규칙적인 생활로 유명했다. 매일 같은 시간에 일어나고 산책하며 철저하게 자기만의 규율을 지키던 그는 일생을 통해 한 가지 질문을 탐구했다.

"인간은 어떻게 도덕적으로 살 수 있는가?"

임마누엘 칸트는 인간이 단순히 쾌락이나 욕망을 충족시키는 존재가 아니라고 보았다. 그는 인간 안에 '도덕법칙'이 존재하며 그것은 외부의 강요가 아니라 자율적인 이성에서 비롯된다고 믿었다. 이성은 모든 인간에게 공통된 도덕 기준을 제시하며 누구에게나 적용되는 보편성을 갖는다.

인간은 결코 타인의 도구가 되어서는 안 된다. 인간은 '목적 그 자체'로 존중받아야 하며 누군가를 수단으로 삼아 목적을 이루려는 태도는 도덕적이지 않다고 그는 경고했다. 이러한 생각은 그가 '정언명령'으로 제시한 도덕 원칙에 확연히 드러난다.

"너의 행위가 언제나 동시에 보편적 법칙이 될 수 있도록 행동하라."

임마누엘 칸트는 인간의 이성이 쾌락이나 만족을 얻기 위한 수단이 되어서는 안 되며 더 큰 의미와 가치를 추구할 수 있는 능력이라는 점에서 인간이 특별하다고 강조했다. 이성이 제 역할을 할 때 인간은 외적인 성공이나 순간적인 쾌락이 아니라 보편적 도덕법칙에 근거한 책임감 있는 삶을 선택한다.

이처럼 외부의 욕망이나 충동에 끌려다니지 않고 이성의 법칙에 따라 스스로를 이끄는 삶, 자율적 주체로서의 삶이 인간이 누릴 수 있는 가장 본질적인 자유다. 그럴 때 비로소 인간은 성숙한 존재, '목적 그 자체'로서의 존엄을 실현한다.

우리는 혼란과 유혹이 가득한 세상 속에서 때로 삶의 방향을 잃고 흔들린다. 그럴수록 임마누엘 칸트가 말한 것처럼 자신에게 물어야 한다.

"내 위의 별이 빛나는 하늘처럼, 내 안의 도덕법칙이 살아 숨 쉬고 있는가?"

이 질문은 우리로 하여금 외부의 기대나 타인과의 경쟁이 아니라 이성에 의해 세워진 보편적 도덕법칙에 따라 살고 있는지를 성찰하게 한다. 그렇게 할 때 우리는 진정한 자유와 존엄을 지키며 살아갈 수 있다. 그리고 오늘 우리 안에도 별처럼 빛나는 철학자의 씨앗이 자라고 있음을 기억하자.

임마누엘 칸트의 철학을 MBTI에 적용하면 그는 ISTJ 유형에 속할 가능성이 크다. 그는 Si(내향적 감각)로 과거의 경험과 가정에서 배운 가치를 내면화하고 Te(외향적 사고)를 통해 논리적으로 도덕 철학을 체계화했으며, J(판단)로 규칙적인 일상을 고수하며 철학에 몰두했다. ISTJ 유형은 전통과 규범을 중시하고 맡은 일을 책임감 있게 수행하며 신뢰를 주는 사람으로 평가받는다. 임마누엘 칸트는 그런 성향을 바탕으로 시대의 흐름에 흔들리지 않고 철학의 기둥을 세웠다.

"내가 따르는 기준이 정말 옳은지 생각해 본 적이 있는가?"
임마누엘 칸트라면 이렇게 묻고 싶었을 것이다.

ISTJ

책임감과 도덕으로
사회를 이끄는 사람

김용섭 작가가 쓴 『리더의 각성, 스트롱 리더십』(2024)은 영국 콜린스 사전이 2022년 올해의 단어로 선정한 '퍼마크라이시스(Permacrisis)'를 소개합니다. 이는 '지속적인 위기(permanent+crisis)'를 뜻하는 신조어로, 팬데믹 이후 불안과 불확실성이 일상이 된 오늘날의 시대상을 반영합니다.

정치, 국제 정세, 기후 변화, 재난, 팬데믹, 그리고 전쟁까지 다방면에서 밀려드는 위기는 우리의 삶을 끊임없이 뒤흔듭니다. 2022년에는 코로나19로 인한 사회적 불확실성이 극에 달했고, 2024년 이후 정치적 갈등과 경제 저성장이 겹치며 복합적인 불안의 파도가 몰아치고 있습니다.

이처럼 끊임없이 변화하고 요동치는 시대는 삶에 큰 혼란을 초래합니다. 우리는 어떻게 중심을 잃지 않고 일상을 살아갈 수 있을까요?

이 질문에 철학자 임마누엘 칸트는 한 가지 방향을 제시합니다. 그는 '내 위의 별이 빛나는 하늘과 내 안의 도덕법칙'을 역설했습니다. 그는 인간의 내면에 도덕적 원칙이 존재한다고 확신하고, 이를 통해 올바른 행동을 할 수 있다고 믿었습니다.

임마누엘 칸트의 철학적 사유는 당시 사회의 변화가 맞물려 있습니다. 18세기 후반, 유럽 역시 변화로 몸살을 앓고 있었습니다. 프랑스 혁명(1789)과 미국 독립(1776)은 새로운 생각과 가치관을 탄생시켰습니다. 많은 사람이 개인의 권리와 자유가 중요하다는 것을 깨달았습니다. 그러나 한편으로 이 사상의 신조류는 청년들에게 혼란을 주기도 했습니다. 일부에게는 변화가 희망이지만, 다른 이에게는 두려움이었습니다. 이러한 상반된 감정은 사회 전반에 불확실성을 증대시키며 임마누엘 칸트가 강조한 도덕적 원칙의 필요성을 더욱 부각시켰습니다.

이때 임마누엘 칸트는 인간의 이성의 힘과 도덕적인 원칙, 그리고 이에 따르는 사회적 책임을 강조했습니다. 그는 청년들이 이러한 원칙을 마음에 새기고 도덕적 원칙이 개인의 행동을 이끌어야 하며, 그래야 사회가 발전한다고 믿었습니다.

임마누엘 칸트는 사회적 변화에 대해 긍정적이었으나 아래로부터의 혁명이나 저항권은 인정하지 않았습니다. 그는 개인의 권리가 존중받는 사회를 원했지만, 동시에 그러한 권리가 사회의 혼란을 초래하는 방식으로 행사되는 것을 경계했습니다. 이러한 관점은 그의 철학적 입장이 단순한 이상론이 아니라는 것을 보여 줍니다.

그는 혁명이 법적이고 도덕적인 절차를 통해 이루어져야 한다고 주장했으며, 개인이 사회의 안정과 조화를 해치는 방식으로 권리를 주장하는 것을 원치 않았습니다. 이러한 시각은 그가 학생들에게 도덕적 원칙과 사회적 책임을 강조하는 이유입니다. 그는 급변하는 사회 속에서 모두가 함께 성장하는 길을 추구했습니다.

Si(내향적 감각)로서 임마누엘 칸트는 과거의 경험과 관찰을 바탕으로 신뢰할 만한 정보를 수집했습니다. 그는 외부 세계에 질서를 세우고 지키고자 했습니다. 생각과 판단을 명확하게 표현하는 것을 중요시했으며 TJ(사고 판단)로서 합리적이고 체계적인 사고로 철학적 원리를 구축했습니다.

Te(외향적 사고)로서 그는 질서와 규범을 중시했으며, 사회 구조를 강화하고 안정성을 추구하는 데 기여했습니다. 이러한 접근은 임마누엘 칸트가 철학적 이론을 실제 사회에 적용하려는 노력을 반영합니다.

1781년, 임마누엘 칸트는 『순수이성비판』이라는 책을 발표하며 비판철학의 기초를 세웠습니다. 그는 인간이 세상을 어떻게 인식하는지를 연구하고, ST(감각 사고)답게 사실과 구체적인 증거를 바탕으로 인간의 인식 능력과 도덕적 자율성을 탐구했습니다. 비판철학은 우리가 무엇을 알고 무엇을 모르는지를 명확히 구분하려고 합니다. 이는 경험을 통해 아는 것과 이성이나 논리로 판단하는 것의 차이를 분명히 하는 것입니다.

예를 들어 우리는 직접 보고 듣고 경험한 것에 대해서는 확실히 알 수 있지만, 어떤 상황에서는 단순 경험만으로는 부족하고 이성적인 사고와 논리적인 판단이 필요합니다. 이런 과정은 임마누엘 칸트가 제시한 도덕적 원칙을 통해 사회적 책임을 인식하는 기초가 됩니다.

임마누엘 칸트

불확실한 시대에 돋보이는
원칙의 가치

임마누엘 칸트는 '서양의 공자'라고 불리기도 합니다. 이는 그가 공자와 유사하게 인간의 도덕과 사회적 조화를 중시했기 때문입니다. 공자 또한 도덕적 책임과 개인의 역할을 강조했습니다. 임마누엘 칸트는 공자의 가르침을 통해 인간 존재의 의미와 도덕적 의무에 대한 깊은 이해를 발전시켰습니다.

황정민 주연의 영화 〈국제시장〉은 ISTJ의 강점을 잘 보여 줍니다. 주인공은 가족을 위해 헌신하며 많은 고난을 겪습니다. 그는 아버지와의 약속을 지키기 위해 최선을 다합니다. 유언에서 아버지가 남긴 "어떤 일이 있더라도 포기하지 마라"라는 말은 그의 삶을 관통하는 핵심입니다. 이 점은 ISTJ의 특성과 깊이 연결됩니다.

ISTJ는 전통과 규범을 존중하며 맡은 일에 책임감을 가지고 최선을 다하는 경향이 있습니다. 이러한 특성은 임마누엘 칸트의 도덕적 원칙과도 밀접하게 연관됩니다. 그는 도덕적 원칙을 중요시하며, 어려운 상황에서도 올바른 길을 선택하는 것을 중시했습니다. 영화의 주인공과 임마누엘 칸트 모두, 책임을 다하고 타인을 위해 헌신하며 살았습니다.

ISTJ 유형의 독특한 사회적 리더십은 임마누엘 칸트를 통해 잘 드러납니다. 그는 ISTJ가 단순히 조용하거나 소심하다는 오해를 불식시키며, 자신의 가치와 원칙을 바탕으로 사회에 긍정적인 영향을 미치는 강력한 리더십을 발휘했습니다.

임마누엘 칸트는 교수로서 학생들에게 도덕적 원칙과 인간의 책임을 강조하며 그들이 스스로 판단할 수 있는 능력을 기르도록 도왔습니다. 그는 학문적 탐구가 개인의 지식 확장을 넘어 사회의 도덕적 발전에 기여해야 한다고 믿었습니다. 이러한 신념은 그의 교육적 접근을 더욱 강화하는 요소입니다.

임마누엘 칸트는 자신의 가치와 원칙을 바탕으로 학생들에게 강력한 롤모델이 되었습니다. 그는 자신의 삶을 통해 도덕적 원칙과 사회적 책임을 다하는 것이 개인의 성장뿐만 아니라 공동체의 발전에 기여하는 방법을 보여 주었습니다. 이 점에서 임마누엘 칸트는 단순히 지식 전달자가 아닌, 변화를 이끌어 내는 리더의 역할을 수행했습니다. 그의 삶과 교육은 ISTJ 유형이 가진 사회적 리더십을 잘 드러냅니다.

임마누엘 칸트로 본
ISTJ의 천부적 재능

임마누엘 칸트의 슈퍼파워 Si(내향적 감각)는 과거의 경험과 구체적인 정보를 바탕으로 철학적 원리를 정립하는 데 중요한 역할을 했습니다. 그는 경험을 통해 도출한 도덕적 원칙을 체계적으로 구체화했습니다. 현대 사회에서도 경험을 통해 학습하고 이를 바탕으로 현실적인 문제를 해결하는 게 중요합니다. 경험은 지혜의 원천이며 이를 통해 더 나은 결정을 내릴 수 있습니다.

서포터 능력 Te(외향적 사고)는 임마누엘 칸트가 논리적인 원칙에 입각하여 자신의 철학을 명확하게 조직하는 데 기여했습니다. 그는 체계적인 접근 방식을 통해 복잡한 문제를 해결했습니다. 우리는 체계적인 사고방식을 통해 문제를 분석하고 해결책을 도출할 수 있습니다. 특히 문제 해결이나 의사 결정 시 명확한 기준과 논리적인 접근은 매우 중요합니다. 논리적 사고는 문제를 간단하게 만들고 해결을 위한 방향을 제시합니다.

사춘기 아이 F(감정)는 임마누엘 칸트가 도덕 원칙을 제시하며 타인의 감정을 고려하는 데 중요한 역할을 했습니다. 그는 개인의 도덕적 책임을 강조하며 인간의 존엄성을 지키는 방법을 제시했습니다. 우리도 타인의 감정과 반응을 고려하며 공동체의 일원으로서 책임을 다해야 합니다. 이는 건강한 대인 관계를 형성하고, 사회적 신뢰를 구축하는 데 필수적입니다. 타인을 이해하고 존중하는 태도는 사회적 유대를 강화합니다.

비뚤어진 악동 Ne(외향적 직관)는 임마누엘 칸트가 변화에 적응하는 데 어려움을 겪는 모습을 보여 줍니다. 그는 필요한 정보가 충분하지 않을 때 새로운 상황이나 변화를 받아들이기 힘들어했습니다. 하지만 일단 확신이 생기면 변화를 수용하고 책임을 지게 됩니다. 현대 사회에서도 우리는 변화가 필요할 때 먼저 충분한 정보를 모으고 신중하게 생각한 후 결정을 내리는 것이 중요합니다.

임마누엘 칸트

4

ISFJ

율곡 이이

(1536~1584)

사람답게 사는 길

슈퍼파워 Si, 서포터 능력 Fe,
사춘기 아이 T, 비뚤어진 악동 Ne

"당신은 지금, 아무도 보지 않을 때도
사람답게 살고 있는가?"

ISTJ 임마누엘 칸트	ISFJ 율곡 이이	INFJ 마르틴 부버	INTJ 마키아벨리
책임감과 도덕으로 사회를 이끄는 사람	겸손한 마음으로 사람을 보살피는 사람	'무리'를 '우리'로 변화시키는 사람	비전과 신념으로 산도 옮길 수 있는 사람
ISTP 프랜시스 베이컨	ISFP 퇴계 이황	INFP 소크라테스	INTP 한나 아렌트
현실을 직시하고 문제를 꿰뚫는 사람	따뜻한 마음으로 누군가의 부족함을 채우는 사람	가치를 위해 산다는 것, 그 불꽃 같은 삶을 사는 사람	조용히 앉아 가장 큰 질문을 던지는 사람
ESTP 장 자크 루소	ESFP 공자	ENFP 도산 안창호	ENTP 마르틴 하이데거
어려움 속에서도 사람을 행동하게 만드는 사람	공동묘지에서도 휘파람을 불 수 있는 사람	불같은 열정으로 마음을 움직이는 사람	틀을 깨고 새로운 가능성을 여는 사람
ESTJ 아리스토텔레스	ESFJ 다산 정약용	ENFJ 플라톤	ENTJ 관자
행복을 위한 변화를 이끄는 사람	사람 사이, 따뜻한 다리를 놓는 사람	성장의 잠재력을 끌어내는 사람	'리더의 리더'로서 진성 리더십을 발휘하는 사람

율곡 이이, 그는 누구인가

1536년~1554년

율곡 이이는 이원수와 신사임당 사이에서 7남매 중 다섯째로 태어났다. 태어나서 6년간 외가에서 자라며 어머니에게서 학문을 배웠다.

그가 16세 때, 사임당이 남편과 두 아들의 얼굴을 보지 못한 채 외롭게 세상을 떠났다.

19세에 가족에게 알리지 않고 가출하여 1년간 금강산에서 승려 생활을 했다. 이 시기 동안 불교에 심취했으며, 승려 생활은 율곡 이이의 일생 중 가장 아픈 상처로 남았다.

1555년~1569년

20세가 된 율곡 이이는 승려 생활을 그만둔 후, 『율곡전서』를 집필하기 시작했다. 첫 구절에서 "먼저 큰 목표를 가져야 한다. 그것은 바로 훌륭한 사람을 본보기로 삼는 것"이라고 강조하며, 자신이 지향하는 삶의 방향을 뚜렷이 했다.

22세가 되던 해에 결혼했다.

23세의 율곡 이이는 퇴계 이황을 만났다. 그곳에서 학문의 길을 물었으며, 퇴계 이황은 율곡 이이의 뛰어남에 놀라 "후배가 나보다 더 뛰어나다"라고 말했다.

32세가 된 율곡 이이는 16세의 선조를 만났다.

34세가 된 율곡 이이는 국가 문제와 정책을 이야기하며 경험이 부족한 왕을 가르치기 위해 『동호문답』을 저술하고 임금에게 바쳤다.

1570년~1574년

율곡 이이는 퇴계 이황에게 편지를 보내 『성학십도』에 관해 토론했다.

40세의 율곡 이이는 유교의 철학과 정치 이념을 핵심만 간추려 『성학집요』를 선조에게 올렸다. 이 책은 유교 사회의 제왕이 지향할 정치 이념을 간결하고 체계적으로 정리한 제왕학 교재로 평가받았다.

공직에서 은퇴한 후 해주로 돌아가 대장간을 운영하며 가족을 돌봤다.

44세에는 『소학』에 관한 여러 주석을 모아 보완하여 『소학집주』를 완성했다.

율곡 이이는 서울 대사동에서 49세의 나이로 세상을 떠났다.

숙종 때 율곡 이이는 성균관의 유교 사당에 모셔졌고, '동국 18명현' 중 한 사람으로 존경받았다.

– 율곡 이이의 삶과 메시지, 요약하다

우리는 과연 '사람답게 산다'는 것이 무엇인지 진지하게 고민한 적이 있는가?

오늘날 많은 이들이 사회적 성공과 외적 성취를 좇지만, 정작 내면의 품격과 도덕적 책임을 잃고 있다. 높은 자리에 올랐지만 부패와 위선으로 신뢰를 잃은 이들, 많은 재산을 축적했지만 외로움과 공허 속에 사는 사람들. 이들의 삶은 진정한 성공일까?

이 질문에 답할 수 있는 한 인물이 있다. 바로 조선의 대표적 성리학자, 율곡 이이다.

율곡 이이는 스무 살에 쓴 『자경문』에서 '입지(立志)'와 '근독(謹獨)'이라는 핵심 가치를 강조했다. 사람답게 살겠다는 뜻을 세우고, 누가 보든 보지 않든 그 뜻을 지켜내려는 자세가 삶의 기준이어야 한다는 것이다. 이는 이상적인 도덕 명제가 아니라 고통과 방황 속에서 길어 낸 성찰이었다. 그는 정신적 지주였던 어머니 신사임당을 여읜 뒤 깊은 상실과 절망을 겪었고, 그 시간을 통과한 후 『자경문』을 평생의 지침으로 삼았다.

당시 조선 사회는 쇠퇴의 길을 걸었다. 율곡 이이는 조선을 낡고 무너져가는 집으로 보았다. 수리를 멈추면 붕괴는 시간문제였다. 그는 거침없이 개혁을 외쳤고, 실현 가능한 정책과 제안을 아끼지 않았다. 그러나 그의 제안은 당대 권력 구조 속에서 충분히 반영되지 못했다. 그리고 그가 세상을 떠난 지 8년 뒤 임진왜란이 일어났다. 그의 통찰이 얼마나 정확했는지 보여 주는 역사적 사건이었다.

그의 학문적 영향력 또한 대단했다. 성균관 문묘에 배향된 '동국 18명현' 중 한 명으로 추앙받았고, 후대의 석학 다수가 그의 제자이거나 학문적 후계자였다. 특히 『성학집요』는 중국의 『대학연의』와 함께 조선의 군왕 교육 교재로 쓰였으며, 경연 교재를 직접 집필한 유일한 한국 학자라는 점에서 그의 위상은 '조선 최고의 스승'이라 불리기에 부족함이 없다.

그렇다면 오늘날 우리는 왜 율곡 이이의 가르침을 다시 읽어야 하는가?

그 이유는 단순하다. 흔들리는 시대일수록 사람다움의 뿌리를 다시 심는 일이야말로 진정한 개혁이며, 궁극적인 회복이기 때문이다. 율곡 이이가 강조한 '입지'와 '근독'은 삶을 스스로 다잡고 공동체의 일원으로 책임 있게 살아가게 하는 내면의 토대이다.

이는 AI 시대를 살아가는 오늘날에도 결코 낡지 않은 삶의 기준이자 방향성이다.

"사람답게 살아야 한다"는 그의 목소리는, 지금 이 순간에도 깊이 있는 울림으로 우리를 부르고 있다.

율곡 이이의 철학을 MBTI에 적용하면 그는 ISFJ 유형에 속할 가능성이 크다.

ISFJ는 Si(내향적 감각)를 통해 과거의 전통과 지혜를 존중하며, 이를 현재와 연결한다. 율곡 이이는 성리학이라는 전통적 학문을 바탕으로 조선의 현실을 성찰하고 개혁 방안을 제시했다. 또한 Fe(외향적 감정)는 사람들과의 조화를 중요하게 여기며, 타인을 돌보는 데서 삶의 의미를 찾는다. 그의 삶 전반에는 '연민(compassion)'과 '책임감'이 녹아 있었고, 그는 이를 학문과 정치 속에 구체화하며 백성을 위한 길을 걸었다.

"당신은 지금, 아무도 보지 않을 때도 사람답게 살고 있는가?"
율곡 이이라면 이렇게 묻고 싶었을 것이다.

ISFJ

겸손한 마음으로
사람을 보살피는 사람

우리의 소원은 나라가 부강해지는 것입니다. 어떤 위협에도 흔들리지 않을 만큼 강한 나라가 되는 것입니다. 이런 바람에도 불구하고 위기는 늘 존재했고, 앞으로도 계속될 것입니다. 나라가 위기에 닥쳤을 때, 위기를 벗어나는 길과 어떻게 살아야 하는지에 대해 명확한 답을 제시할 사람이 있으면 좋겠습니다. 그런 사람이 바로 율곡 이이입니다. 그는 단 한마디로 사람다움의 길을 회복해야 한다고 말합니다.

율곡 이이가 살던 시대는 지금보다 훨씬 힘들었습니다. 그는 자신의 시대를 '쇠퇴기', '활력이 없는 노인', '무너질 듯한 낡은 집'으로 비유하며, 조선 사회의 위기를 경고했습니다. 당시 조선은 정치적인 혼란으로 질서가 무너지고, 농민들이 고통에 신음하며, 왜구가 빈번하게 출몰하고, 일본이 하나로 뭉치는 위태로운 상황에 처했습니다. 그러나 국가의 관리와 운영을 맡은 정치인들은 현실에 안주하고 일신의 안위만 걱정했습니다. 왕조가 세워진 지 200년이 지나면서 힘이 약해지고, 조선 사회는 순수한 마음과 변화의 기회를 잃었습니다. 잘못된 정책과 토지 문제로 농민들의 생활이 극도로 힘들었습니다.

율곡 이이는 이 위기를 극복하는 길이 오직 '개혁'뿐이라고 믿었습니다. 개혁은 잘못된 제도나 관습을 고치고 새로운 방향으로 나아가는 과정입니다.

Si(내향적 감각)로서 그는 과거의 경험을 생생하게 기억하며, 사람들이 비슷한 상황에 처할 때 이러한 경험을 바탕으로 판단하고 행동하도록 돕고자 했습니다. 율곡 이이와 같은 책임감 있는 지식인이 개혁을 주장하면 비판이 일기 마련입니다. 그러나 Fe(외향적 감정)로서 그는 다른 사람의 상황을 이해하고, 따뜻한 태도로 타인의 문제를 도와주려 했습니다.

율곡 이이의 Fe(외향적 감정)는 사람들의 문제를 해결하기 위해 외부 세계를 짜임새 있게 조직하는 모습을 보여 줍니다. 그는 조화를 이루는 환경을 만들고 사람들을 행복하게 만들기 위해 애를 썼습니다.

그의 생애 후반기는 폭풍 전날 조용한 바다에서 물이 새는 배를 조종하는 것 같았습니다. 그는 불공정한 '토지' 분배 문제가 반복되는 것을 지적하며, 이 문제를 해결하고 안정된 환경을 만들고자 했습니다. 율곡 이이는 농민의 어려움을 이해하고, 그들을 돕기 위한 정책을 제안했습니다.

이러한 헌신적이고 희생적인 태도는 ISFJ의 특징을 잘 보여 줍니다. 율곡 이이는 사람 중심으로 생각하며 다른 사람의 감정에 민감했습니다. 그는 사람들의 고통과 어려움을 잘 이해하고, 이를 바탕으로 정책을 제안하여 사회 복지를 위해 노력했습니다.

IF(내향 감정)는 보통 감정을 중요하게 생각하며 조용하고 배려가 깊습니다. 이들은 분명한 가치관 아래, 자신이 믿는 원칙대로 살아갑니다. 예를 들어, '진실성'을 중요하게 여기는 이들은 상황이 변해도 항상 진실을 말하려고 합니다. 또한 '정의'를 중요하게 생각하는 이들은 정의가 침해될 때 매우 강렬하게 반응합니다. 불공평한 일이 생기면 엄청나게 화를 내기도 합니다. 이들은 상황을 너무 심각하게 받아들일 수 있습니다.

율곡 이이는 IF(내향 감정)의 특징을 잘 보여 줍니다. 그는 자신이 믿는 가치에 따라 행동하고 정의와 진실성을 중요하게 생각했습니다. 그래서 조선 사회를 변화시키고자 했습니다.

ISFJ

율곡 이이는 40세에 임금에게 『성학집요』(1576년)라는 책을 올렸습니다. 이 책은 개인이 도덕적으로 성장하는 것을 강조하며, 특히 '뜻을 세우는 것'의 중요성을 설명합니다. 그는 뜻이 없을 때 생기는 세 가지 문제를 지적했습니다.

첫째는 좋은 사람들의 가르침을 믿지 못하는 문제이고, 둘째는 지혜가 부족한 문제이고, 셋째, 용기가 없는 문제입니다. 이를 통해 그는 개인이 성장하려면 먼저 자신의 믿음을 확립해야 한다고 강조했습니다.

첫 번째 문제는 진심으로 전한 좋은 사람들의 가르침조차 믿지 못하고 의심부터 하는 태도입니다. 남의 진의를 무턱대고 의심하는 사람은 옳은 말도 가볍게 여기고, 결국 자신뿐만 아니라 공동체에도 나쁜 영향을 미칩니다.

두 번째 문제는 성인이 되는 것이 자신의 선택에 달렸음에도 불구하고, 스스로 한계를 정하고 더 나아가려 하지 않는 점입니다. 이런 사람들은 좋은 말을 들어도 자신과는 상관없다고 생각합니다. 목표가 없어서 어떤 길이 자신의 길인지 모릅니다. 그래서 "나는 그렇게 할 수 없다, 그건 대단한 사람들의 이야기이고, 나는 이대로 만족해"라고 합니다. 율곡 이이는 목표의 중요성을 강조하며, 스스로의 한계를 넘어서야 한다고 말합니다.

세 번째 문제는 옳은 말을 믿고 실천할 수 있으면서도, 결국은 편안함을 선택한다는 점입니다. 목표를 이루는 과정에서 불확실한 상황이나 위험이 생기기도 합니다. 이때 뜻이 확고하면 어떤 위험도 감수할 수 있습니다. 그렇지 않은 사람은 힘든 길을 가려 하지 않습니다. 그래서 율곡 이이는 불확실성을 두려워하지 말고, 목표를 향해 나아갈 용기를 가져야 한다고 강조합니다.

율곡 이이가 말하는 '뜻을 세운다'는 것은 단순한 꿈이나 목표를 넘어 삶의 철학을 정립하는 것입니다. 그는 눈에 보이는 목표보다 더 깊은 삶의 의미를 찾으라고 권면했습니다. 이는 개인의 성장뿐 아니라 사회 발전에도 도움이 된다는 것을 그는 알았습니다.

율곡 이이

철학은 삶의 중심이 되어야 합니다. 이는 개인이 평생 동안 도달하고자 하는 목표와 삶의 방식을 선택하는 기준이 됩니다. 철학이 뚜렷하면, 목표를 세우고 그 목표를 향해 나갈 때 방향과 방법을 결정하는 가이드가 됩니다. 자신의 가치관에 따라 선택한 목표는 그 사람이 어떤 삶을 살고 싶은지를 명확하게 만들어 줍니다. 또한, 과정에서 겪는 어려움이나 도전에도 흔들리지 않도록 해 줍니다. 이를 통해 우리는 의미 있는 삶을 살 수 있습니다.

ISFJ

가치 있는 삶을 위한 선택

'근의원사(近義遠邪): 의로움을 가까이 하라'는 율곡 이이가 강조한 주요 가치입니다. 정의에 대한 마음은 그의 삶과 철학을 이해하는 열쇠입니다. 우리는 현대 사회에도 이 가치가 얼마나 중요한지를 숙고해야 합니다.

율곡 이이는 정치적으로 올바른 길을 걸었습니다. 그는 높은 직책에 있었지만 항상 바른 원칙을 중요하게 생각했고, 그래서 모은 재산이 거의 없었습니다. 돈이 하도 없어서 친구들이 돈을 모아 그의 장례를 치렀습니다. 평생 가난하게 살았던 율곡 이이는 정치계에서 은퇴한 후 5년(1576~1580) 동안은 끼니를 걱정할 만큼 힘들게 살았습니다.

이 시기에 율곡 이이는 평소 소망하던 일을 시작했습니다. 새어머니와 형제들을 불러 함께 산 것입니다. 하지만 나중에 친척 중에 의지할 곳이 없거나 가난한 사람들까지 모여 그 수가 100명이 넘었습니다. 이렇게 식구가 늘자, 율곡 이이의 넉넉지 않은 살림은 더 어려워졌습니다.

보통 사람이라면 높은 직책에 있었던 권위와 인맥을 이용해 생계 문제를 수월하게 해결했을 것입니다. 그러나 율곡 이이는 당대의 양반들이 상상할 수 없는 방법을 택했습니다. 그는 대장간을 차려서 농기구를 만들고 이를 팔아 생계비를 충당했습니다. 그는 주변의 시선에 구애받지 않고 자기 신념을 지켰습니다.

율곡 이이

"큰 인물은 그릇이 크고 넓어 어떤 일이나 주변의 시선에 구애받지 않는다"
는 옛말이 율곡 이이에게 상당히 어울립니다.

그의 친구인 재령군수 최립은 율곡이 대장간을 차리고 농기구를 팔아 생계
를 유지한다는 소식에 가만히 있을 수 없었습니다. 그래서 그에게 쌀가마니를
보냈습니다. 매일 끼니를 걱정하는 가족들에게는 하늘이 내린 생명의 동아줄
이나 다름 없었습니다. 그러나 율곡 이이는 쌀을 그냥 돌려보냈습니다. 가족들
이 이유를 묻자 이렇게 답했습니다.

"친구가 나를 생각해서 정성으로 보내면 받지 않을 이유가 없어요. 하지만
그 쌀이 관청의 곡식이라면 받을 수가 없어요."

율곡 이이의 이러한 태도는 개인의 윤리를 넘어 당시 조선 사회의 불의와 부
패에 맞서는 상징적인 행동으로 여겨졌습니다. 조선 중기의 양반들은 대부분
권력을 남용하며 사리사욕을 챙겼습니다. 이런 세태에 반하는 율곡 이이의 청
렴함과 정의에 대한 신념은 백성에게 희망을 주었습니다. 그들은 율곡 이이가
가난을 택하고도 부끄럽지 않게 산 사실을 통해 정의로운 삶이 가능하다는 것
을 깨달았습니다.

우리는 과거의 교훈을 되새길 필요가 있습니다. 세계는 소위 '스트롱맨
(strong man)'들이 등장하는 시기로 접어들었습니다. 미국의 도널드 트럼프,
중국의 시진핑, 러시아의 블라드미르 푸틴처럼 강경한 성향의 지도자들이 세
계 정치와 경제에 심대한 영향을 미치고 있습니다.

『리더의 각성, 스트롱 리더십』(2024)에서 김용섭은 강성 지도자들의 등장이
민주주의의 후퇴와 불확실성을 증가시키고 있다고 지적합니다. 그들은 승자독
식의 폐해를 낳습니다.

ISFJ

이런 상황에서 젊은 세대는 율곡 이이의 가르침을 따라 자신의 목소리를 내고 정의로운 행동을 합니다. 이기주의가 만연한 사회 풍조 속에 개인의 이익에 매몰되지 말고 공동체의 이익을 고려해야 합니다.

율곡 이이

율곡 이이를 통해 본
ISFJ의 천부적 재능

슈퍼파워 Si(내향적 감각)는 과거의 경험과 지식을 바탕으로 현재를 이해하고 안정감을 찾는 능력입니다. 율곡 이이는 역사적 사실과 유학의 가르침을 중시하며, 경험을 통해 깊은 통찰을 얻었습니다. 그는 '학문은 과거의 경험을 통해 현재를 이해하고 미래를 준비하는 것'이라고 강조했습니다. 그의 Si(내향적 감각)는 교육 철학에서도 두드러집니다. 율곡 이이는 학생들에게 조상의 지혜를 전하고, 이를 통해 올바른 판단력을 기르게 했습니다. 이러한 접근은 그가 전통을 바탕으로 시대에 맞는 교육을 추구했음을 보여 줍니다.

서포터 능력 Fe(외향적 감정)는 관계를 중시하며, 사람들의 감정과 필요를 이해하고 조화롭게 이끌어 가는 능력입니다. 율곡 이이는 주변 사람들에게 따뜻한 애정을 지니고, 그들의 고통과 어려움에 깊이 공감했습니다. 그는 '사람을 사랑하고 의로움을 지키는 것이 진정한 인간의 도리'라고 믿었습니다.

그의 Fe(외향적 감정)는 사회적 책임을 다하고자 하는 의지로 나타났습니다. 율곡 이이는 타인의 필요를 우선시하며, 청렴한 삶을 통해 이웃에게 모범이 되고자 했습니다. 그는 공동체의 이익을 생각하며, 사회 정의를 위해 힘썼습니다.

사춘기 아이 T(사고)는 그가 상황을 논리적으로 평가하고 객관적인 판단을 통해 문제를 해결하는 데 기여했습니다. 그는 감정적으로 반응하기보다 문제의 본질을 파악하고 올바른 길을 선택하는 데 집중했습니다. 이러한 분석적 사고는 그가 사회 불의와 부패에 맞서 싸우는 데 필요한 근거로 작용했습니다.

율곡 이이처럼 ISFJ의 비뚤어진 악동 Ne(외향적 직관)가 개발되면, 새로운 아이디어와 가능성을 탐색하는 능력이 향상되어 장기적 가능성과 관련성을 잘 인식합니다. 이는 전통을 유지하면서도 시대에 맞게 새로운 접근 방식을 모색하는 데 도움이 됩니다.

반면, 비뚤어진 악동 Ne(외향적 직관)가 개발되지 않을 경우, 현상의 이면을 보지 못하고 주체성이 발달하지 못합니다. 이로 인해 비판력이 약해지고, 명령, 지시, 통제 중심의 리더십이 나타납니다. 이 점은 개인의 도덕적 성장과 사회적 책임 실현에 장애가 될 수 있습니다.

이처럼 율곡 이이는 ISFJ의 천부적 재능을 또렷이 보여 주는 인물입니다. 우리는 그의 유산을 통해 각자의 자리에서 ISFJ의 재능을 활용하며 사람다움의 길을 찾을 수 있습니다. 그의 삶은 어떻게 청렴한 마음으로 정의로운 행동을 지속할 수 있는지를 보여 주는 귀중한 지침입니다.

5

ENTP

마르틴 하이데거

(1889~1976)

인간성 상실과
공허의 시대

슈퍼파워 Ne, 서포터 능력 Ti,
사춘기 아이 F, 비뚤어진 악동 Si

"존재를 잊은 시대,
우리는 다시 존재 그 자체에 귀 기울여야 한다."

ISTJ	ISFJ	INFJ	INTJ
임마누엘 칸트	**율곡 이이**	**마르틴 부버**	**마키아벨리**
책임감과 도덕으로 사회를 이끄는 사람	겸손한 마음으로 사람을 보살피는 사람	'무리'를 '우리'로 변화시키는 사람	비전과 신념으로 산도 옮길 수 있는 사람
ISTP	**ISFP**	**INFP**	**INTP**
프랜시스 베이컨	**퇴계 이황**	**소크라테스**	**한나 아렌트**
현실을 직시하고 문제를 꿰뚫는 사람	따뜻한 마음으로 누군가의 부족함을 채우는 사람	가치를 위해 산다는 것, 그 불꽃 같은 삶을 사는 사람	조용히 앉아 가장 큰 질문을 던지는 사람
ESTP	**ESFP**	**ENFP**	**ENTP**
장 자크 루소	**공자**	**도산 안창호**	**마르틴 하이데거**
어려움 속에서도 사람을 행동하게 만드는 사람	공동묘지에서도 휘파람을 불 수 있는 사람	불같은 열정으로 마음을 움직이는 사람	틀을 깨고 새로운 가능성을 여는 사람
ESTJ	**ESFJ**	**ENFJ**	**ENTJ**
아리스토텔레스	**다산 정약용**	**플라톤**	**관자**
행복을 위한 변화를 이끄는 사람	사람 사이, 따뜻한 다리를 놓는 사람	성장의 잠재력을 끌어내는 사람	'리더의 리더'로서 진성 리더십을 발휘하는 사람

마르틴 하이데거, 그는 누구인가

1889년~1913년

9월 26일, 독일 남서부의 작은 마을에서 마르틴 하이데거가 태어났고 보수적인 가톨릭 가정에서 자랐다.

마르틴 하이데거는 성직자가 되겠다는 조건으로 가톨릭교회의 장학금을 받아 콘스탄츠의 예수회 김나지움에서 공부했고, 이후 프라이부르크 김나지움으로 옮겨 학업을 이어 갔다. 1909년, 예수회 신부가 되기 위해 입회했으나, 심장질환으로 2주 만에 부적합 판정을 받고 나왔다.

건강 문제로 고향 메스키르히에서 요양했다. 독일이 패전과 정치적 혼란을 겪는 가운데, 마르틴 하이데거 개인에게도 가장 어려운 시기였다. 그해 여름, 신학을 접고 철학자의 길을 걷기로 마음먹는다.

마르틴 하이데거는 프라이부르크 대학교 철학부에 등록했다. 이 대학은 당시 신칸트학파의 거장 하인리히 리케르트의 영향 아래 있었다.

20대의 마르틴 하이데거는 가톨릭 잡지에 논문을 발표했고, 리케르트를 지도교수로 하여 『심리주의에서의 판단론』으로 24세에 철학 박사학위를 받았다. 1914년, 제1차 세계대전이 발발하지만 그는 심장병으로 병역에서 면제됐다.

1915년~1928년

전쟁이 격화되자 마르틴 하이데거는 다시 징집되어 군대에서 근무했다. 1915년, 그는 '역사과학에서의 시간 개념'을 주제로 강의를 시작하며 명강사로 이름을 알렸다. 그는 엘프리데 페트리와 결혼해 두 아들을 낳았다. 엘프리데는 그의 연구를 물심양

면으로 지원하며, 그가 자연 속에서 사유에 몰입하도록 도왔다.

마르틴 하이데거는 프라이부르크대학교의 강사로 임용되며, 후설의 조교로도 활동했다. 1918년 후설은 마르틴 하이데거에게 '맑은 눈과 마음, 확고한 생의 의지'를 지녔다며 칭찬한다. 1920년, 마르틴 하이데거는 젊은 강사로 명성을 누리고, 독일 사상계에서 '무관의 제왕'이라 불릴 만큼 영향력을 갖는다. 이 시기, 후설을 방문한 야스퍼스와도 우정을 쌓는다.

마르틴 하이데거는 18세였던 제자 한나 아렌트와 사랑에 빠지지만, 이 관계는 1929년 그의 결혼과 함께 끝을 맺었다.

그는 대표작 『존재와 시간』(1927)을 발표하며 젊은 철학자로서 주목받았다. 이 책은 미완성이었음에도 신학, 문학, 심리학에 이르기까지 혁신적인 영향을 미쳤다.

마르틴 하이데거는 프라이부르크 대학교로 돌아와 후설의 후임 교수가 됐다.

1933년~1947년

마르틴 하이데거는 프라이부르크 대학교 총장에 취임하며 나치당에 가입했다. 그는 나치의 이상을 알리고 학생들에게 참여를 권장했는데 자신의 철학적 비전을 실현하기 위한 시도였다.

총장직에 오른 지 1년도 되지 않아 나치와의 갈등으로 사임했다. 이후 철학 연구에 몰두하며 존재와 현대 사회에 대한 고민을 이어 갔다.

마르틴 하이데거는 니체에 대한 강의를 통해 철학적 사유의 깊이를 확장하며, 나치즘과 사상적으로 대결했다. 그는 나치즘을 인간과 사회를 통제하려는 극단적 사상으로 보았고, 인간 존재의 본질을 왜곡한다고 비판했다.

프랑스 군정은 마르틴 하이데거의 교수직을 박탈하고 강의를 금지시켰다. 그는 깊은 좌절과 시련을 겪었다.

1949년~1976년

브레멘에서 강연하며 활동을 재개하고, 저술과 강연을 활발히 이어 가며 그의 철학이 세계적인 주목을 받게 됐다.

ENTP

공식적으로 복권되어 대학에서 강의할 수 있는 자격을 회복하여 명예교수로 복직했다.

마르틴 하이데거는 독일을 넘어 유럽과 전 세계에서 철학자로 명성을 얻지만, 대부분의 시간을 토트나우베르크의 산장에서 은둔하며 자신의 사유를 정련하는 데 몰두했다.

마르틴 하이데거는 조용히 세상을 떠났고, 고향 메스키르히에 안장됐다. 그의 묘비에는 존재를 상징하는 별 하나가 새겨져 있는데, 이는 방향과 안내의 의미로 마르틴 하이데거의 철학을 가리켰다.

- 마르틴 하이데거의 삶과 메시지, 요약하다

오늘날은 무엇이 사람답게 사는 삶인지조차 헷갈린다. 풍요롭고 편리한 기술 문명이 일상이 되었지만, 마음은 외롭고 허전하다. 어느 순간부터 우리는 타인의 시선과 경쟁에 매달리며, '존재하는 나'보다 '보여지는 나'로 살고 있지 않은가?

이런 질문이 떠오른다.

"나는 지금 '존재'하는가?"
"삶을 살아 내고 있는가, 아니면 그저 흘려보내고 있는가?"

이 질문에 답할 수 있는 한 인물이 있다. 바로 철학자 마르틴 하이데거다.

마르틴 하이데거는 20세기 독일 철학의 중심인물로, 인간 존재의 본질을 파고든 철학자다. 그는 전통 형이상학이 묻지 않던 질문을 제기했다.

"존재란 무엇인가?"

그는 인간을 '현존재(Dasein)'로 명명하며, 스스로 존재를 이해하고 물으며 사는 유일한 존재라고 했다. 그러나 현대인은 바쁜 일상에 파묻혀 존재에 대한 질문을 잊고 산다고 비판도 서슴지 않았다. 마르틴 하이데거는 이 상태를 '존재 망각', 즉 존재하되 존재를 의식하지 못하는 삶이라 불렀다.

그는 우리가 느끼는 공허와 불안은 단순한 심리 문제가 아니라 존재에 대한 무지와 단절에서 비롯된다고 봤다. 삶이 가벼워졌으나 의미는 무거워지지 않았고, 기술이 발달했으나 인간은 방향을 잃었다고 진단했다. 그래서 철학이란 '경이(Wunder)의 회복'이며, 우리가 당연하게 여긴 세계를 낯설게 바라보고 존재를 새롭게 사유하는 것이라고 설명했다.

마르틴 하이데거의 철학은 다음과 같은 통찰을 제시한다.
"사는 대로 생각하지 말고, 생각하는 대로 살아가라."

우리의 고통은 때로 삶 자체가 아니라 삶에 대한 무반성과 무감각에서 온다. 우리는 기술의 편리함에 안주하며 그로 인해 '진짜 나'와 점점 멀어진다. 마르틴 하이데거는 존재의 본질에 대한 성찰이야말로 불안과 공허를 넘어설 첫걸음이라고 말한다.

그는 우리가 느끼는 불안마저도 하나의 철학적 자산으로 본다. 왜냐하면 불안은 진짜 살아 있다는 신호이기 때문이다. 불안을 피하기보다 그 불안 속에서 내가 누구인지, 어떻게 살고 싶은지를 묻는 것, 그것이 마르틴 하이데거가 제안하는 '존재의 회복'이다.

마르틴 하이데거의 철학을 MBTI에 적용하면 그는 ENTP 유형에 속할 가능성이 크다. 그의 Ne(외향적 직관)는 존재와 삶에 대한 무한한 가능성과 새로운 질문을 탐색하게 했다. 마르틴 하이데거는 철학의 한계를 넘나들며 인간의

ENTP

실존을 창의적으로 해석했고, 기존의 틀을 부수는 데 주저함이 없었다. 또한 그의 Ti(내향적 사고)는 사유의 깊이를 책임졌으며, 개념을 구조화하고 논리적으로 펼쳐나가는 데 탁월한 능력을 발휘했다.

마르틴 하이데거는 때때로 스키복 차림으로 강단에 등장하여 고정관념을 깨뜨렸고, 철학을 지루한 학문이 아니라 생생한 사유의 여정으로 이끌었다. 이는 ENTP의 독창성과 열정, 그리고 학문을 놀이처럼 탐구하는 태도와 맞아떨어진다.

"네 존재를 진지하게 묻기 시작할 때, 비로소 너는 존재한다."

그 말은 지금 우리에게도 유효하다. 존재를 상실한 시대, 우리는 다시 '살아 있음'을 회복할 수 있을까?

마르틴 하이데거라면 이렇게 묻고 싶었을 것이다.

마르틴 하이데거

틀을 깨고 새로운
가능성을 여는 사람

우리는 물질적으로는 풍요로워도 마음은 한없이 허전하고 외롭습니다. 고독과 허무, 무력감에서 벗어나려는 몸부림에도 불구하고, 챗바퀴처럼 반복되는 삶 속에서 존재의 의미를 찾지 못합니다.

마르틴 하이데거는 우리가 잃은 것이 무엇인지 질문해야 한다고 도전합니다. 그는 "개인이 사회적 제약에서 벗어나 스스로의 의지로 결정을 내리고 행동하는 자유는 실상 외부의 규범이나 기대, 사회적 구조에 의해 제한된다"고 주장하며, 우리가 자유롭다고 느끼는 순간에도 제약을 받는다는 사실을 강조합니다.

이러한 통찰은 Ne(외향적 직관)의 특징을 잘 보여 줍니다. 마르틴 하이데거는 상황을 깊이 분석하고 숨겨진 의미를 찾아내는 능력이 뛰어나며, 복잡한 현대사회의 문제를 철학적으로 정리할 수 있는 능력을 가졌습니다.

마르틴 하이데거는 "이 시대를 지배하는 것은 이성이 아니라 광기"라고 주장하며, 비이성적인 행동이 이성적인 판단보다 빈번하다고 강조합니다. 이는 현대사회의 복잡성을 여실히 드러내며, 여기서 마르틴 하이데거가 가진 Ti(내향적 사고)의 역할이 돋보입니다. Ti(내향적 사고)는 문제의 본질을 깊게 이해하고, 이를 통해 논리적인 해결책을 모색하게 합니다.

마르틴 하이데거는 현대사회를 '몰아-세움의 세계'라고 칭하며, 사회는 사람과 사물을 기계처럼 다루고. 인간은 기술에 의해 관리되며 끊임없이 에너지를 제공하는 존재로 전락했다고 경고했습니다. 이러한 상황에서 사람들은 자신을 잃고 생산성과 효율성만 추구합니다.

그는 국경이나 문화의 차이를 무시하고 모든 것을 계산 가능한 에너지로 바꾸는 힘이 현대사회를 지배한다고 강조합니다. 결과적으로 세계가 비슷해지면서 다양성과 개성이 사라지는 것을 우려합니다.

마르틴 하이데거는 NP(직관 인식)의 특징에 따라 해묵은 또는 긴급한 문제에 대해 새로운 해결책을 찾는 것을 즐겼습니다. 그는 기술과 생산성의 추구가 인간 존재의 본질을 훼손한다는 점을 강조하는데, 이는 그의 창의적이고 혁신적인 사고를 보여 줍니다.

'세계화'는 모든 문화가 기술적으로 하나로 통합되는 과정입니다. 마르틴 하이데거는 이 과정을 지배하는 힘을 '지배에의 의지'라고 부르며, 이는 사람과 자연을 에너지로 바꾸고, 그것을 효율적으로 이용하려는 욕망을 의미합니다. Ne(외향적 직관)로서 그는 '지배에의 의지'라는 개념을 통해 인간과 자연의 관계를 분석합니다.

마르틴 하이데거는 스탈린이나 히틀러 같은 지도자를 전쟁의 주체로 보지 않고, 오히려 스스로 통제 불가능한 '지배에의 의지'의 하수인이라고 여깁니다.

자본주의, 사회주의, 나치즘의 차이는 인간과 모든 사물이 자신의 에너지를 최대한 발휘하도록 조직하는 방법의 차이에 불과하다고 마르틴 하이데거는 주장합니다.

현재는 세계대전 같은 큰 전쟁이 없어 겉으로는 평화로운 것처럼 보입니다. 그러나 마르틴 하이데거는 현대 기술 사회에서 전쟁과 평화는 본질적으로 다르지 않다고 생각했습니다. 각 나라는 경제 전쟁에서 이기기 위해 자연과 사람의 에너지를 최대한 끌어냅니다.

마르틴 하이데거는 과학기술 시대의 세계가 가장 이성적으로 보이지만, 실상은 광기가 지배한다고 생각했습니다. 우리는 더 이상 생각이나 감정을 깊이 있게 느끼기 힘든 시대에 살고 있습니다.

현대 기술 문명의 주요 특징 하나는 니힐리즘(nihilism, 허무주의)의 지배입니다. 모든 존재가 고유한 가치와 의미를 잃고, 단순히 인간의 목적을 위한 도구로 여겨집니다. 이로 인해 존재들은 독립성을 잃고 무(無)로 떨어집니다. 이 현상은 모든 분야에 퍼져 겉으로는 풍요롭지만 속은 공허해집니다.

마르틴 하이데거는 '근본기분'이라는 만성적인 권태감이 현대인의 기본적인 감정이라고 설명합니다. TP(사고 인식)로서 그는 기술 시대를 사는 이들이 자신을 단순한 기계 부품처럼 느끼기 때문에 생기는 권태감을 객관적으로 분석하고, 그 원인을 깊이 이해하려 합니다. 기술 시대에 예술과 문화는 불안과 공허함을 숨기고 보상하는 역할을 합니다.

Ne(외향적 직관)로서 마르틴 하이데거는 현대 대중매체가 범죄와 사고, 잔혹한 장면을 보도하며 권태감을 해소하는 방식으로 작용한다고 설명합니다. 사람들이 강렬한 체험을 통해 존재를 잊고, 그로 인해 공허감을 메우는 것입니다. 문화사업은 존재의 상실을 숨기기 위한 대체물에 불과합니다.

마르틴 하이데거는 현대 기술 문명이 대량 생산하는 소비재가 공허감을 보상하는 수단에 불과하다고 비판합니다.

마르틴 하이데거의 깊은 철학적 사색에서 나온 정의들, '몰아—세움의 세계', '지배에의 의지', '근본기분'과 같은 개념은 대중이 이해하기 쉽지 않습니다.

TP(사고 인식)로서 마르틴 하이데거는 내부에서 생각하는 방식을 사용하기 때문에 복잡한 개념을 명확하게 전달하기 힘듭니다. 그는 논리를 깊이 있게 탐구하고 분석하는 데 집중하는데, 다른 사람은 그의 사상을 쉽게 이해하지 못하는 경우가 많습니다.

ENTP

Ne(외향적 직관)로서 그는 깊은 통찰을 전달하는 데 어려움을 겪습니다. 이로 인해 변화의 필요성을 모르는 사람이 많고, 이는 그의 철학이 실천으로 이어지지 못하게 합니다.

ENTP로서 그는 혁신적인 아이디어와 문제 해결을 추구했지만, 아이디어가 전파되려면 더 많은 대화와 소통이 필요했습니다.

마르틴 하이데거

불안과 공허를 넘어서는 법

현대인은 물질의 풍요 속에서도 불안과 공허를 안고 살아갑니다. 마르틴 하이데거는 원인을 우리의 존재방식에서 찾습니다. NT(직관 사고)로서 그는 우리가 눈에 보이는 것에만 관심을 두고 정신 같은 보이지 않는 것을 소홀히 한다고 분석합니다.

마르틴 하이데거는 우리가 삶의 고귀한 것들과 관계 맺을 때 이러한 불안과 공허를 극복할 수 있다고 주장합니다.

ENTP로서 그는 문제의 해결책을 글로 써서 여러 권의 책을 냈으며, 자신의 사상을 체계적으로 정리하고 전달하려 합니다. 많은 이가 외향은 글보다 말을 선호하기 때문에 작가의 소질이 없다고 오해하지만, 마르틴 하이데거는 철학적 언어로 사람들과 소통합니다.

마르틴 하이데거는 그의 책 『존재와 시간』에서 존재를 두 가지로 나눕니다. '본래적 존재'와 '비본래적 존재' NT(직관 사고)로서 그는 본래적 존재가 자신에게 주어진 문제를 스스로 해결하고 주체적으로 삶을 결정하는 사람이라고 정의합니다. 반면 비본래적 존재는 다른 사람의 시선이나 사회적 기준에 따라 행동합니다. 마르틴 하이데거는 본래적 존재만이 진정한 가치를 띤다고 강조합니다. 이렇게 존재를 회복하는 것이 불안과 공허를 이겨 내는 첫걸음입니다.

존재에는 보고 만질 수 있는 것과 보거나 만질 수 없는 것이 있습니다. 마르틴 하이데거는 '존재 망각'이란 보이지 않는 것들을 잊은 상태라고 정의합니다.

ENTP

TP(사고 인식)로서 그는 눈에 안 보이지만 존재하는 것에 대한 탐구를 통해 정신과 마음의 역할을 설명합니다. 정신은 눈에 보이지 않지만, 생각하는 역할을 하므로 존재한다고 강조합니다.

사람들은 보통 "추락을 계속하다가 바닥에 닿으면, 오히려 더 용감해진다"고 합니다. 절망과 희망이 아주 가깝다는 뜻입니다. 오늘이 마지막이라고 생각하면, 그 오늘이 얼마나 소중할까요? 매 순간 죽음을 생각하며 산다는 것은 그런 뜻입니다. 죽음을 앞둔 사람처럼 진지하게 하루를 사는 것은 결코 비관적이지 않습니다. 진지함은 존재의 깊이를 인식하고, 매 순간 미래를 위해 모든 것을 걸어야 한다는 의미입니다.

독일의 철학자이자 언어학자인 막스 뮐러(Max Müller, 1823~1900)는 이렇게 말합니다.

"죽음 덕분에 삶이 가지는 특별함과 한 번뿐인 경험 때문에 우리의 삶은 진지해지고, 이런 진지함 덕분에 진짜 기쁨과 행복이 가능해진다."

이 한 번뿐인 경험 덕분에 우리의 행동은 지금 해야 하고 절대 취소할 수 없는 행동이 됩니다. 우리의 성취는 다른 어떤 순간에도 이룰 수 없는 역사적인 성취가 됩니다. 매일의 시간은 지루하게 늘어지는 게 아니라 진정 충만해집니다. 그래서 한순간도 함부로 살 수 없습니다.

마르틴 하이데거는 '인간은 어떤 존재인가?'라는 질문을 제기합니다. 그는 인간을 '공존재(共存在)'라고 정의하며 인간은 본질적으로 다른 사람과 더불어 존재한다고 말합니다. 공존재로서 우리는 타인을 배려하며 배려는 실존의 출발점이 됩니다.

NT(직관 사고)로서 마르틴 하이데거는 존재의 본질을 깊이 탐구하며 타인

마르틴 하이데거

과의 관계 속에서 자신의 존재를 확인하는 과정을 논리적으로 설명합니다. ENTP로서 마르틴 하이데거는 인간관계의 중요성을 강조하고, 사람은 관계를 통해 정체성을 형성한다고 주장합니다. 배려는 관계를 깊고 의미 있게 만들어 줍니다.

다른 사람을 존중하고 사랑하려면 자만심을 버리고 겸손해야 합니다. 마르틴 하이데거는 '겸손'이라는 말을 쓰지 않지만, 대신 '감사'라는 말을 강조합니다. 그는 존재에 대한 감사가 중요하다고 합니다. 진정한 존재가 되기 위해서는 우리 주변에 있는 모든 것에 감사해야 한다고 강조합니다.

현대인들이 삶에 불만을 느끼는 이유는 감사를 모르기 때문입니다. 겉으로는 풍족해 보이지만, 사물과의 관계에서 느끼는 기쁨이 부족해서 사실상 궁핍하게 사는 것이죠. 마르틴 하이데거는 감사가 진정한 사유의 시작이라고 주장합니다.

마르틴 하이데거는 '사유'를 뜻하는 독일어 'Denken(덴켄)'과 감사를 뜻하는 'Danken(당켄)'을 연결하며, 감사가 전통 형이상학에서 잊혀진 진정한 사유라고 설명합니다. 결국, 인간이 생각하는 존재라는 것은 감사할 줄 아는 존재라는 뜻입니다.

한 존재가 특별하고 소중하게 느껴질 때 인간은 진정한 기쁨을 느낍니다. NT(직관 사고)로서 마르틴 하이데거는 존재의 본질을 탐구하며, 기쁨이 감각적 즐거움과는 다르다고 지적합니다.

기쁨은 현실의 모든 것을 귀하게 여길 때 느끼는 감정이며 이는 존재의 깊이를 이해하는 데 중요합니다. 마르틴 하이데거는 만나는 모든 것을 귀하게 여기는 태도를 사랑이라고 일컫습니다.

마르틴 하이데거는 '자인 라슨(Sein-lassen)'이라는 독일어를 사용하는데, 존재가 자신의 모습을 드러내도록 돕는 태도라고 말했습니다. 자인 라슨은 본질적으로 사랑의 태도와 같으며 인간 사이의 상호작용에서 중요합니다.

EP(외향 인식)들은 만나는 모든 것에 매번 '다른' 기쁨을 느낍니다. 예를 들어, 바흐의 음악은 베토벤의 음악과 구별되는 기쁨을 준다는 점에서 마르틴 하이데거는 기쁨의 다양성을 강조합니다. 반면 쾌락은 다른 존재를 수단으로 욕망을 채우는 것이기에 단기적이고 얕은 즐거움이라고 정의합니다. 마르틴 하이데거의 철학은 우리가 존재와 어떤 관계를 맺고 있는지를 깊이 생각하게 합니다. 그는 사물의 기능이나 겉모습을 넘어 그 본질과 가치를 이해해야 한다고 말합니다. 이러한 이해가 있을 때 비로소 삶의 깊이와 의미를 느끼는 것입니다.

결론적으로 마르틴 하이데거의 철학은 우리가 다른 존재와의 관계를 다시 생각하고, 삶의 기쁨을 찾는 여정으로 이끌어 줍니다. ENTP로서 그는 창의적이고 혁신적인 사고를 통해 존재의 의미를 탐구합니다. 마르틴 하이데거의 말처럼 우리는 진정한 존재로 삶을 회복하고, 그것을 누리는 능력을 키워야 합니다.

마르틴 하이데거로 본
ENTP의 천부적 재능

슈퍼파워 Ne(외향적 직관)는 마르틴 하이데거가 현대의 복잡다단한 문제를 분석하며, 숨은 의미를 찾아내는 기폭제가 되었습니다. 그는 기술과 현대 문명에 대한 비판적인 시각을 가졌고, 이는 그가 외부와의 상호작용으로 얻은 통찰력에서 기인합니다. 그의 철학적 사유에서 '지배에의 의지'와 '공존재'와 같은 개념은 그의 Ne(외향적 직관)의 결과로 보입니다.

서포터 능력 Ti(내향적 사고)는 마르틴 하이데거가 문제의 본질을 이해하고, 논리적인 해결책을 모색하는 데 도움을 주었습니다. 그는 '존재'라는 개념을 분석하고, 본래적 존재와 비본래적 존재를 구분했습니다. 내향적 사고는 또 그가 복잡한 철학 개념을 탐구할 때 근원적인 질문에 다다르는 데 핵심적인 역할을 했습니다. 깊고 다각적인 분석은 그의 철학적 사고의 기초가 되었으며, TP(사고 인식)로서 그는 자기 성찰을 촉구하는 메시지를 전달하고자 했습니다.

사춘기 아이 F(감정)는 마르틴 하이데거가 인간관계의 중요성을 강조하는 데 기여했습니다. 그는 인간을 '공존재'로 정의하며, 타인과의 관계 속에서 자기 존재를 확인한다고 주장했습니다. 배려와 사랑의 중요성을 강조하며 이 감정이 존재의 본질을 이루는 주요 요소임을 보여 줍니다.

비뚤어진 악동 Si(내향적 감각)가 개발되면 현실적 한계를 고려하고, 과거의 경험이나 전통을 소중히 여기는 경향이 드러납니다. 이는 마르틴 하이데거의 철학적 사유가 더 깊고 균형 있게 발전하는 데 기여합니다.

반면, 비뚤어진 악동 Si(내향적 감각)가 개발되지 않으면 일상의 반복에 취약하고 세부사항을 경시합니다. 이론에 강하지만 현실 감각이 떨어져서 아이디어만 제시하고 실행에는 관심이 거의 없어집니다. 그러므로 현실적 우선순위와 계획 수립이 필요하며 말을 할 때 상대방의 감정을 고려해야 합니다. 또 칭찬과 격려, 인정을 통해 관계를 강화할 필요가 있습니다.

마르틴 하이데거의 생애와 사상 속에서 나타난 ENTP의 천부적 재능은 이렇게 그의 슈퍼파워 Ne(외향적 직관)와 서포터 능력 Ti(내향적 사고)의 조화에서 비롯됩니다. 그는 문제를 분석하고 새로운 가능성을 탐구하는 동시에, 인간 존재의 본질을 심층적으로 이해하고자 했습니다. 사춘기 아이 F(감정)는 그의 철학적 사유에 인간관계의 중요성을 더했고, 비뚤어진 악동 Si(내향적 감각)는 그가 과거의 경험을 잊지 않고 새로운 방향으로 나아가는 데 영향을 미쳤습니다.

6

ENFP

도산 안창호
(1878~1938)

변화를 이끄는
열정과 따뜻함

슈퍼파워 Ne, 서포터 능력 Fi,
사춘기 아이 T, 비뚤어진 악동 Si

"거짓말과 거짓 행동은 민족을 타락시키는 뿌리이며,
그것이 쌓이면 사회는 혼란에 빠진다."

ISTJ **임마누엘 칸트** 책임감과 도덕으로 사회를 이끄는 사람	ISFJ **율곡 이이** 겸손한 마음으로 사람을 보살피는 사람	INFJ **마르틴 부버** '무리'를 '우리'로 변화시키는 사람	INTJ **마키아벨리** 비전과 신념으로 산도 옮길 수 있는 사람
ISTP **프랜시스 베이컨** 현실을 직시하고 문제를 꿰뚫는 사람	ISFP **퇴계 이황** 따뜻한 마음으로 누군가의 부족함을 채우는 사람	INFP **소크라테스** 가치를 위해 산다는 것, 그 불꽃 같은 삶을 사는 사람	INTP **한나 아렌트** 조용히 앉아 가장 큰 질문을 던지는 사람
ESTP **장 자크 루소** 어려움 속에서도 사람을 행동하게 만드는 사람	ESFP **공자** 공동묘지에서도 휘파람을 불 수 있는 사람	ENFP **도산 안창호** 불같은 열정으로 마음을 움직이는 사람	ENTP **마르틴 하이데거** 틀을 깨고 새로운 가능성을 여는 사람
ESTJ **아리스토텔레스** 행복을 위한 변화를 이끄는 사람	ESFJ **다산 정약용** 사람 사이, 따뜻한 다리를 놓는 사람	ENFJ **플라톤** 성장의 잠재력을 끌어내는 사람	ENTJ **관자** '리더의 리더'로서 진성 리더십을 발휘하는 사람

도산 안창호 그는 누구인가

1878년~1899년

평안남도에서 농부의 셋째 아들로 태어났다.

아버지는 농사를 짓고 서당에서 아이들을 가르치며 생계를 유지했다.

7세에 아버지를 여의고 목동으로 일하며 가족을 도우려 애썼다.

16세에 청일전쟁(1894~1895)을 목격하면서 "왜 두 나라가 우리 땅에서 싸우는가?", "왜 우리는 아무것도 할 수 없는가?"라는 질문을 던졌다. 이 전쟁은 그에게 외국이 우리를 마음대로 다루는 이유가 힘이 없기 때문이라는 깨달음을 주었고, 그 결과 그는 교육과 민족운동에 헌신한다.

18세에 독립협회에 가입해 민족에 대한 확고한 신념을 다졌다.

21세에 고향으로 돌아와 '점진학교'를 설립했다. 이 학교는 한국 최초의 근대식 남녀공학 초등학교로, '점진(漸進)'이라는 이름은 꾸준한 노력의 중요성을 담았다.

1902년~1919년

24세에 이혜련과 결혼한 뒤 미국 유학을 결심했다.

하와이 근처 바다에서 산을 바라보며 스스로를 '도산(島山)'이라 칭했다. 같은 해, 교포들의 삶을 개선하기 위해 '공립협회'를 설립했다.

유학 4년 차에 일본이 러일전쟁에서 승리하고 을사늑약을 강제 체결했다는 충격적인 소식을 접했다.

29세에 귀국하여 비밀결사 '신민회'를 조직했다.

30세에 평양에 중등교육기관인 대성학교를 세웠다.

31세에 청년학우회를 창립하여 미래의 지도자를 양성했다. 같은 시기, 안중근 의사가 이토 히로부미를 사살했다.

일본의 탄압으로 대성학교가 강제 폐교됐다. 일본 국기 게양을 거부한 것이 주 원인이었다. 35세의 나이로 다시 미국으로 가 샌프란시스코에서 흥사단을 설립했다. 여덟 명의 독립운동가들과 함께 독립운동 인재를 양성하는 청년 조직으로 출범했다.

3·1운동 이후 상해로 건너가 대한민국 임시정부의 내무부 장관과 국무총리 대행을 역임했다.

1924년~1938년

동명학원을 설립하여 미국 유학을 꿈꾸는 청년들에게 애국심을 고취시키고자 했다. 같은 해 12월, 미국으로 돌아갔다.

상해로 돌아와 대독립당을 결성하고 모범촌 사업을 시작했다. 이 사업은 무장 독립운동 단체들의 통합을 목표로 했다.

윤봉길 의사의 홍커우 공원 의거 이후 도산은 체포되어 서울로 압송됐다. 4년형을 선고받고 서대문형무소에 수감됐다.

형기 종료 22개월을 남겨두고 석방됐다.

동우회 관련 혐의로 서울 종로경찰서에 수감되었고, 8월 서대문형무소로 이감되었다. 형무소에서 지병이 악화되어 위중한 상태에 이르렀다.

친형과 몇몇 지인이 지켜보는 가운데 60세의 나이로 세상을 떠났다.

– 도산 안창호의 삶과 메시지, 요약하다

삶의 위기는 어디서 오는가?
현대를 살아가는 우리는 종종 묻는다.

"나는 제대로 살고 있는가?"

화려한 외적 성공의 이미지들과 빠르게 변화하는 시대 속에 많은 사람들은 불안과 공허함을 느낀다. 우리는 성과 중심의 사회에서 '진정성'을 잃어가고 있다. 타인과의 관계는 피상적이며, 내면의 목소리는 소외된다. 외적인 기준에 맞춰 살아가느라, 정작 '나는 누구이며, 어떻게 살아야 하는가'라는 근본적인 질문을 외면한다.

그렇다면 우리는 어떤 길을 선택해야 할까?

삶의 중심을 찾고, 진정한 관계를 회복하며, 내면에서부터 변화하려면 무엇이 필요할까?

이 질문에 답할 수 있는 한 인물이 있다. 바로 철학자 도산 안창호다.

도산 안창호는 20세기 초, 대한제국 말기와 일제강점기의 혼란 속에 국가의 미래를 위해 헌신한 철학자이자 실천가다. 그가 바라본 조국의 위기는 외세의 침탈만이 아니었다. 그는 위기의 원인이 국민 개개인의 내면에 있다고 보았다. 그래서 그는 개인의 인격과 정신, 태도의 개조를 통해 사회 전체의 변화를 꿈꾸었다.

도산은 이를 '인간 개조'라 불렀다. 사람들의 내면적 변화가 세상을 바꾼다는 믿음 아래, 그는 '진심'과 '성실'의 가치를 중심에 두고 살았다. 그의 철학은 말이 아니라 '삶 자체'로 드러났으며, 이는 다섯 가지 원칙으로 정리된다.

무실(無實): 겉모양보다 참된 내용을 추구하는 삶의 태도
역행(力行): 말이 아니라 실천으로 증명하는 삶
충의(忠義): 사람과 일에 대한 거짓 없는 충성과 정의
용감(勇敢): 비겁함을 거부하고 정의로운 길을 택하는 용기
정의돈수(情誼敦修): 사랑과 정을 깊이 쌓아가려는 노력

도산 안창호

이 철학은 고대 그리스 철학자인 플라톤과 아리스토텔레스의 '인격 수양' 사상, 그리고 조선 시대 학자인 율곡 이이의 실천적 학문과 이어진다. 도산은 이를 바탕으로 미국 샌프란시스코에서 '흥사단'을 만들었다. 그는 흥사단에서 나라를 바로 세울 인재를 길러내는 데 힘을 쏟았다. 흥사단은 단순한 청년 모임이 아니라, '개인의 성장을 통해 사회를 변화시키자'는 철학을 가진 사상운동이었다.

오늘날, 우리는 도산 안창호의 철학을 접하며 묻지 않을 수 없다.

"나는 자신에게 정직한가?"
"나는 진심으로 타인을 대하는가?"

도산은 삶의 방향을 '내면의 정직함'에 두었다. 그는 농담으로라도 거짓말하지 말라고 강조했다. 그에게 있어서 '성실'은 일을 열심히 하는 것이 아니라, 존재 자체를 정직하게 살아가는 태도였다. 이는 현대 사회가 겪는 '외적 성취와 내면적 공허함의 분리'를 극복할 실마리를 제공한다.

도산의 '애기애타(愛己愛他)' 정신은 특히 현대에 걸맞는다. 자기를 이해하고 사랑하는 사람이 타인을 진심으로 사랑한다는 이 리더십 철학은, 오늘날 관계 문제, 공동체 해체의 문제에 깊은 통찰을 제시한다. 그는 말한다.

"우리는 함께 손을 맞잡고 나가야 한다. 그것이 진정한 삶이다."

도산 안창호의 철학을 MBTI에 적용하면 그는 ENFP 유형에 속할 가능성이 크다. ENFP는 Ne(외향적 직관)를 통해 세상의 가능성과 미래의 비전을 탐색하며, Fi(내향적 감정)를 바탕으로 자신의 가치관에 충실하게 행동한다. 도산 안창호는 그저 이상을 말한 게 아니라 실천한 인물이다.

　도산 안창호는 사람과 사람 사이의 상호작용에서 가치를 느꼈고, '함께 사는 세상'에 대한 열망이 강했다. 이러한 NF(직관 감정)는 그가 강조한 '공동체적 이상'과도 잘 연결된다. ENFP 유형으로서 그는 사람들에게 영감을 주고, 내면의 힘을 끌어내는 리더십을 발휘했다.

　당신은 진심을 다해 사는가?
　도산 안창호라면 이렇게 묻고 싶었을 것이다.

도산 안창호

불같은 열정으로
마음을 움직이는 사람

미국의 언론인이자 사회 비평가인 얼 쇼리스가 쓴 『희망의 인문학』(2006)이라는 책이 있습니다. 이 책은 '클레멘트 코스'라는 교육 프로그램을 통해 가난과 부의 격차를 줄이기 위한 노력을 주제로 한 책입니다. 클레멘트 코스는 사회적으로 소외된 사람들에게 철학을 가르치는 프로그램으로, 1995년에 쇼리스는 노숙자, 빈민, 마약 중독자, 죄수들에게 정규 대학 수준의 인문학을 가르치는 이 과정을 열었습니다. 그의 목표는 단 하나였습니다.

"삶을 성찰하는 법을 가르치자."

필자는 얼 쇼리스를 책으로 만난 2015년 1월부터 3년 동안 안산에서 소외계층 청소년을 위한 클레멘트 코스, 즉 '희망의 인문학' 프로그램을 운영했습니다. 매주 철학과 헬라어를 함께 공부하며 아이들과 꿈같은 시간을 보냈습니다. 방학도 없이 진행되었고 고대 그리스부터 현대 철학까지 망라한 철학수업이었습니다. 저는 아이들과 안산 고려인 마을에 가서 한글을 가르치고 영아장애원에 봉사활동을 다니며 같이 울고 웃었습니다. 아이들에게 뭔가를 주었다기보다 제가 더 많이 받고 배웠습니다.

기적처럼 거의 모든 아이들이 대학에 진학했고 한 명은 철학과에 입학하며 이렇게 말했습니다.

"저도 선생님처럼 클레멘트 코스를 하고 싶어요."

또 다른 아이는 고3 때 정치외교학과에 가고 싶다고 했습니다. 제가 그 학생에게 "이 나라와 민족에 생명을 불어넣는 훌륭한 정치인이 되면 좋겠다"고 말한 기억이 아직 선명합니다. 그 아이는 결국 H대학교 정치외교학과에 입학했습니다. 공부도 바쁜데 고려인 아이들에게 정성껏 한글을 가르치던 모습은 지금도 울림을 줍니다.

인문학을 통해 희망을 심은 얼 쇼리스처럼 불같은 에너지로 사람들의 마음에 변화를 일으키는 이가 있다면 바로 도산 안창호입니다. 그의 열정은 개인의 성취를 넘어 사회 전체에 긍정적인 영향을 미치기 위해 고군분투하는 결과로 이어졌습니다. 도산 안창호는 흥사단을 설립해 구국운동과 교육운동을 통합한 기초운동을 펼쳤습니다. 공동체 전체의 발전을 위한 길이었습니다.

'아카데미'라는 단어는 플라톤이 세운 최초의 학교에서 유래했는데, 흥사단은 영어로 'Young Korean Academy'로 불리기도 합니다. 흥사단의 상징은 기러기로 긍휼, 수용, 겸손, 친절, 헌신을 뜻하며, 타인을 격려하는 리더십을 상징합니다.

도산 안창호 선생은 심지어 친일파도 새로워질 수 있다고 믿었습니다. 그는 지식보다 긍휼을 중요하게 여겼습니다. 우리 삶이 넓고 깊어지려면, 긍휼히 여기는 마음이 필요합니다. 도산이 말했듯, 우리 민족의 가장 큰 문제는 국방이 아니라 서로 시기하고 질투하며 미워하는 마음입니다. 어쩌면 우리는 이런 감정 때문에 소중한 인생을 허비하는 것은 아닐까요?

미국 캘리포니아 주 리버사이드 시청 앞 중앙 광장에는 마틴 루터 킹(Martin Luther King, 1929~1968), 마하트마 간디(Mahatma Gandhi, 1869~1948), 그리고 도산 안창호의 동상이 있습니다. 이들은 세계적인 비폭력 저항

운동의 창시자로 원대한 목표를 위해 자신을 바친 인물들입니다. 안창호의 동상이 세워진 이유는 그의 삶과 인품이 리버사이드 시민과 전 세계인들에게 모범이 되기 때문입니다. 이처럼 킹, 간디, 도산 안창호는 모두 '애기애타(愛己愛他) 리더십'을 실천하며 폭력 대신 평화적인 방법을 선택했습니다.

도산 안창호가 말한 '애기애타'는 자신에 대한 존중과 사랑이 타인을 진정으로 사랑하는 데 중요하다는 뜻입니다. 애기애타는 서로 소중히 여기고 행복과 발전을 위해 더불어 노력하는 태도에서 시작됩니다. 타인을 진정으로 사랑하려면 먼저 자신을 이해하고 반성해야 하며, 성찰을 통해 자신의 가치와 고귀한 삶의 의미를 알아야 합니다. 이러한 가치관을 바탕으로 인생의 목표를 세우면, 다른 사람들과 공동체에 대한 사랑과 배려, 헌신을 실천할 수 있습니다.

도산 안창호가 말한 '자기 사랑'은 아리스토텔레스(기원전 384~기원전 322)가 『니코마코스 윤리학』(기원전 350경)에서 언급한 자기사랑과 비슷합니다.
아리스토텔레스는 "훌륭한 사람은 자신을 사랑해야 하며, 고귀한 행동을 통해 자신을 기쁘게 해야 한다"고 했습니다. 진정으로 자기를 사랑하는 사람만이 다른 사람에게 긍정적인 영향을 미칩니다. 이는 올바른 일을 하고, 절제하고, 탁월함을 추구하려면 바른 자기애가 필요하다는 뜻입니다.

한편 자기 사랑은 도산 안창호가 강조한 삶의 의미와도 연결됩니다. NF(직관 감정)로서 도산 안창호는 사람들에게 삶의 의미와 정체성을 고민하게 했습니다. 그는 사람들과의 관계에서 리더십이 생긴다고 믿었고, 친밀한 관계를 통해 헌신을 이끌어 내기 위해 노력했습니다.
무엇보다 도산 안창호는 진정한 자신을 찾는 것이 중요하다고 믿었습니다. 그의 중심에는 세상에 대한 사랑이 있었습니다. 그는 사람들을 진심으로 대하고, 항상 다른 사람을 격려했습니다. 다함께 살기 좋은 세상을 만들려고 힘썼습니다. 그의 리더십은 명령이 아니라 사람과의 관계를 통해 공동체를 발전시키는 방식이었습니다.

도산 안창호의 애기애타 리더십을 보여 주는 두 가지 이야기가 있습니다. 첫 번째는 그가 친일파에게 남다른 태도를 보인 일입니다. 그는 사람들이 손가락질하는 친일파조차 민족의 일원으로서 사랑하고 아껴야 한다고 믿었습니다. 이는 NF(직관 감정)가 보여 주는 편견 없는 수용의 한 예로, 타인을 깊이 이해하고 포용하는 능력을 드러냅니다. 이러한 수용은 남을 긍휼히 여기는 마음에서 비롯됩니다. 도산 안창호의 긍휼에 대한 사상은 『동광』1926년 12월호 〈오늘의 대한학생〉에 잘 나타나 있습니다.

"긍휼히 여기는 마음을 길러야 합니다. 학생에게는 이 마음이 더욱 필요합니다. 학생이 되면 얕은 지식을 쌓고도 교만해지기 쉽습니다. 그래서 자신보다 무지한 가족이나 이웃을 무시하고 가볍게 여길 수 있습니다. 나아가 자기 민족을 무시하게 됩니다. 그 결과 같은 민족을 저주하고, 시기하고, 질투하며 미워합니다. 나보다 못한 사람을 무시하지 말고, 긍휼히 여겨야 합니다. 긍휼이 없으면 민족을 위해 헌신할 마음이 생기지 않습니다."

두 번째 이야기는 1937년 독립운동 단체인 동우회가 일으킨 사건으로 그가 체포되었을 때의 일입니다. 그는 이렇게 말했습니다.

"나는 일본이 힘뿐만 아니라 바른 도덕성을 갖추길 바랍니다. 아시아 사람들의 명예를 위해서입니다. 나는 일본이 망하기를 원하지 않고 좋은 나라가 되기를 바랍니다. 이웃인 한국을 괴롭히면 일본에 좋지 않습니다. 원망하는 2천만 명을 억지로 일본 국민으로 만들기보다 친구 같은 이웃으로 두는 것이 일본에 더 낫습니다. 한국이 독립하면 아시아의 평화와 일본의 발전에도 도움이 됩니다. 일본과 한국 간의 갈등이 줄고 두 나라가 평화롭게 지낼 수 있습니다. 서로 존중하고 협력하는 관계가 생기면 아시아의 평화에도 좋은 영향을 미칠 겁니다. 또한 일본은 한국과의 우정을 통해 경제와 문화 교류를 늘릴 수 있습니다. 이는 일본의 발전에 도움이 될 겁니다."

그는 '일본 놈'이라는 표현을 쓰지 않고 NF(직관 감정)에게 중요한 '함께'와 '우리'의 가치를 강조했습니다. 도산 안창호는 친구와 적의 구분 없이 모두가 공유할 가치를 찾으려 했으며, 평화를 중요하게 생각했습니다.

이 두 이야기는 도산 안창호의 애기애타 리더십을 잘 보여 주며 그가 얼마나 포용적이고 이해심이 많았는지를 드러냅니다. 그의 가치관은 도산 안창호가 꿈꾸던 세계 평화의 소원에서도 드러납니다. 그는 청년들에게 다음과 같이 연설했습니다.

"태극기를 흔드는 대사관이 세계의 큰 도시마다 생길 겁니다. 이는 단순히 우리의 존재를 알리는 게 아닙니다. 대한민국이 평화롭게 일본에서 독립했다고 알리는 것입니다. 우리는 독립을 통해 세계로부터 인정과 존경을 받기 바랍니다. 지금은 한국 사람이라고 말하기 부끄럽지만 그날에는 '코리안'이라는 말이 덕과 지혜, 명예를 뜻할 겁니다. 이 크나큰 영광은 우리 자신을 가꾸고 발전시키는 노력에 달려 있습니다."

이 연설로 우리는 도산 안창호 선생이 조국의 독립을 넘어 더 큰 꿈을 품었음을 알게 됩니다. NF(직관 감정)로서 그는 사람들이 친절하고 따뜻하며 사랑이 넘치는 존재로 변화하길 원했습니다. 모든 사람이 평등하게 대우받는 사회를 꿈꾸며, 민족 간 차별을 끝내고 모든 민족이 평화롭게 공존하는 세상을 위해 삶을 헌신했습니다. 특히 나라를 잃은 대한민국 청년들에게 연설하면서 그

ENFP

들 안에 있는 사랑의 힘을 일깨우고자 했습니다.

　도산 안창호의 꿈은 단순히 조국의 독립에 그치지 않았습니다. 그는 경제 대국으로 성장하는 한국과 세계에서 존경받는 한국인을 꿈꿨습니다. 이러한 비전은 마틴 루터 킹의 꿈과 유사하게 차별과 불평등에 대한 저항을 촉구하며, 모든 민족이 함께 사는 사회를 지향했습니다. 두 사람 모두 민족 독립과 세계에 기여하려는 염원을 가졌습니다. 도산 안창호는 그 꿈으로 사람들의 변화를 이끌고자 했습니다.

　도산 안창호는 특정 민족이나 집단의 이익만을 중시하는 태도인 국수주의(Particularism)를 추구하지 않았습니다. 대신 그는 NF(직관 감정)로서 모든 사람과 사회를 아우르는 보편적인 가치를 중요하게 여겼습니다. 이를 보편주의(Universalism)라고 합니다. 그는 진정한 세계 시민이 되기를 원했습니다.

　ENFP인 도산 안창호는 따뜻하고 열정적인 변화를 이끌었습니다. 그는 교육을 통해 청년들을 기르고, 실천적인 리더십으로 사람들 간의 관계 형성에 힘썼습니다. 도산 안창호는 사람들이 자신의 잠재력을 깨닫도록 도왔으며 인간관계에서 리더십의 힘이 생긴다고 믿었습니다. 그렇게 그는 공동체의 결속을 다지고자 했습니다.

　이제는 행동하는 개혁가이자 변화 추구자인 도산 안창호에 주목할 때입니다. 따뜻하고 열정적인 리더십이 필요한 지금, 우리에게 ENFP인 도산 안창호 선생이 있었다는 사실이 자랑스럽습니다.

도산 안창호

자아와 인격을 바꾸는
변화의 힘

도산 안창호는 일제강점기의 가장 시급한 문제로 '인격 혁명'과 '자아 혁명'을 강조했습니다. 그는 당시를 "문제는 있지만 답이 없는" 아포리아(aporia) 상태로 보고, 이를 해결하기 위해 무엇보다 사람의 인격과 자아가 변해야 한다고 믿었습니다.

특히 ENFP로서 그는 아무리 힘든 상황이라도 희망이 있다고 믿었습니다. N(직관)인 도산 안창호는 부정적인 상황에 맞서 싸우고 변화를 이뤄야 한다고 믿었으며, 사회를 바꾸는 핵심이 사람의 변화에 있다고 강조했습니다.

도산 안창호는 '그 인간에 그 국가(Like man, Like state)'라는 플라톤의 말을 언급하며, 국가의 문제를 해결하려면 국민을 변화시켜야 한다고 했습니다. 그가 본 대한민국의 문제는 부패한 정치인, 깊이 없는 인간관계, 사실을 왜곡하는 사회적 문화 등이었습니다. 그는 정치인들의 당쟁과 파벌 싸움, 그리고 사람들 간의 불신과 음해가 사회 발전을 저해한다고 진단했습니다. 고대 그리스의 아테네처럼 사회적 약자들은 무기력하게 방치되고 있었는데, 국가의 근본적 문제는 '사람'에 있다는 게 그의 진단이었습니다.

도산 안창호는 가장 중요한 것은 '인격 혁명'이라고 주장했습니다. 이는 사람의 마음과 행동을 근본적으로 변화시켜야 한다는 의미입니다. 그는 부정적인 사람들의 마음이 문제를 악화시킨다고 보고, 변화를 위해서는 조금씩이라도 국민들의 인격이 바뀌어야 한다고 믿었습니다. 사람의 마음이 바뀌면 사회는 점차 나아지지만, 제도가 변해도 사람의 본성이 바뀌지 않으면 사회는 여전히 불안하다고 지적했습니다.

도산 안창호는 자아 혁신 또한 필요하다고 보았습니다. 그는 사람의 내면에 서부터 변화가 일어나야 사회가 발전한다고 믿었고, 이를 위한 기초는 도덕적 개선에 있다고 했습니다. 그는 개인이 진실과 정직을 바탕으로 마음과 행동을 변화시켜야 한다고 강조했습니다. 특히 거짓말과 속이는 습관이 개인의 삶과 사회를 타락시킨다고 경고하며, 본질적인 해결책으로 진실과 정직을 중시했습니다.

도산 안창호는 이러한 도덕적 변화를 통해 사회가 변화할 수 있다고 봤습니다. 그는 '거짓말'과 '거짓 행동'을 민족적 타락의 원인으로 지적하고, 이 문제들이 사회에 깊이 뿌리내리면 혼란을 야기한다고 말했습니다. 그는 사회적, 도덕적 결함이 치유되지 않으면 민족이 발전할 수 없다고 확신했습니다. 이는 개인의 자아 혁신이 곧 사회 혁신으로 이어진다는 그의 철학을 보여 줍니다.

도산 안창호는 NF(직관 감정)로서 사람의 감정과 가치를 중요시했습니다. 그는 구체적인 상황보다 긍정적인 가능성에 집중하며, 미래의 희망을 가지고 사회 변화를 이끌어야 한다고 믿었습니다. 그는 단기적인 해결책보다 장기적인 목표를 세우고 사람들의 인격과 도덕적 가치를 향상시키는 것이 사회 발전에 핵심이라고 주장했습니다.

도산 안창호는 인격 혁명과 자아 혁신을 통해 사람의 마음과 행동이 바뀌면 결국 사회도 변화할 것이라고 믿었습니다. 이는 개개인이 긍정적인 태도를 가질 때 사회 전체가 발전한다는 신념에 바탕을 둡니다. 또한 그는 부정적인 상황에서도 희망을 잃지 않고 이를 바탕으로 변화를 일으킬 수 있다는 메시지를 전했습니다.

도산 안창호는 또한 '무실(務實)', '역행(力行)', '충의(忠義)', '용감(勇敢)'의 네 가지 정신을 강조했습니다. 이는 개인이 성실하게 살고, 진실하게 행동하며, 최선을 다해 살기를 바라는 그의 철학을 반영합니다. 그는 '무실역행'을 핵심 원칙으로 삼으며, 진실을 중요시하고 감정적으로 반응하기보다 상황을 정확히 이해하고 지속 가능한 변화를 만들어야 한다고 했습니다.

도산 안창호는 청년들에게 항상 진실을 중요하게 여기며, 문제를 명료하게 인식하고 문제를 해결하려는 자세를 가져야 한다고 강조했습니다. 그는 이 원칙을 통해 우리가 진정으로 변화할 수 있다고 믿었습니다.

도산 안창호의 철학은 이론에 그치지 않았습니다. 그는 구체적인 행동으로 이를 실천했고 흥사단을 창립해 많은 이들에게 자신의 철학을 설파했습니다. 도산 안창호는 개인의 내면적 변화가 사회를 변화시킨다는 믿음을 가졌으며 이를 통해 더 나은 사회를 만들고자 하는 비전을 제시했습니다.

도산 안창호로 본
ENFP의 천부적 재능

ENFP는 따뜻하고 열정적인 변화의 창시자입니다. 이들은 어떤 계획에 마음이 사로잡혀 그 비전을 다른 사람들과 나눕니다. 도산 안창호가 그랬습니다. 슈퍼파워 Ne(외향적 직관)를 지닌 그는 사람들이 관계 맺고 성장하도록 돕는 일에 열의를 다했습니다. 도산 안창호는 모든 상황에서 긍정적인 가능성을 발견했습니다. 그는 사람과 문제의 진실을 드러내고, 강한 믿음으로 다른 사람들을 동기화하며 평생을 보냈습니다.

서포터 능력 Fi(내향적 감정)는 도산 안창호가 타인의 잠재력을 깨닫도록 돕는 데 주요했습니다. 그는 인간성, 인정, 동정의 가치를 강조했습니다. Fi(내향적 감정)는 개인의 내면적 가치와 감정을 소중하게 여기는 성향입니다. 도산 안창호는 이를 바탕으로 사람을 대하고, 타인의 고통에 공감하며 도왔습니다.

슈퍼파워 Ne(외향적 직관)와 서포터 능력 Fi(내향적 감정)가 조화를 이룰 때, ENFP는 가능성에 도전하고 강한 호기심을 갖습니다. 도산 안창호는 이 특징을 여실히 보여 줍니다. 창의적이며 영감이 넘치는 그는 풍부한 아이디어와 상상력을 지녔습니다. 그는 새로운 만남을 즐기고 사람들을 이해하는 데 뛰어났습니다.

사춘기 아이 T(사고)는 선택 가능한 대안을 분석하는 데 공평함과 논리를 사용합니다. 이들은 상황을 객관적으로 판단하고 여러 종류의 대안을 고려하는 일에 능숙합니다.

비뚤어진 악동 Si(내향적 감각)가 개발되면, ENFP는 현실적이고 실질적인 자료를 잘 저장하고 활용합니다. 이로 인해 반복되는 일상에 대한 인내심이 생기고 세부사항을 놓치는 경향이 줄어듭니다. 또 조직적인 일에 대한 능력이 향상되며, 능숙하게 우선순위를 정하고 꾸준한 실행력을 발휘합니다. 일을 마무리하는 데 어려움이 없어지고 효과적으로 목표를 달성합니다.

반면, 비뚤어진 악동 Si(내향적 감각)가 개발되지 않으면 ENFP는 변화와 가능성에 대한 열정에도 불구하고 실질적인 세부사항을 소홀히 하여 일을 그르칠 가능성이 있습니다.

7

INTJ

마키아벨리

(1469~1527)

역경을 넘는 지혜,
삶의 의미를 찾아서

슈퍼파워 Ni, 서포터 능력 Te,
사춘기 아이 F, 비뚤어진 악동 Se

"탁월한 리더가 없다는 것은 리더의 문제가 아니라
그 조직에 탁월한 팔로워(Follower)가 없기 때문이다!"

ISTJ	ISFJ	INFJ	INTJ
임마누엘 칸트	**율곡 이이**	**마르틴 부버**	**마키아벨리**
책임감과 도덕으로 사회를 이끄는 사람	겸손한 마음으로 사람을 보살피는 사람	'무리'를 '우리'로 변화시키는 사람	비전과 신념으로 산도 옮길 수 있는 사람
ISTP	ISFP	INFP	INTP
프랜시스 베이컨	**퇴계 이황**	**소크라테스**	**한나 아렌트**
현실을 직시하고 문제를 꿰뚫는 사람	따뜻한 마음으로 누군가의 부족함을 채우는 사람	가치를 위해 산다는 것, 그 불꽃 같은 삶을 사는 사람	조용히 앉아 가장 큰 질문을 던지는 사람
ESTP	ESFP	ENFP	ENTP
장 자크 루소	**공자**	**도산 안창호**	**마르틴 하이데거**
어려움 속에서도 사람을 행동하게 만드는 사람	공동묘지에서도 휘파람을 불 수 있는 사람	불같은 열정으로 마음을 움직이는 사람	틀을 깨고 새로운 가능성을 여는 사람
ESTJ	ESFJ	ENFJ	ENTJ
아리스토텔레스	**다산 정약용**	**플라톤**	**관자**
행복을 위한 변화를 이끄는 사람	사람 사이, 따뜻한 다리를 놓는 사람	성장의 잠재력을 끌어내는 사람	'리더의 리더'로서 진성 리더십을 발휘하는 사람

마키아벨리, 그는 누구인가

1469년~1501년

피렌체에서, 겨우 생계를 유지하던 법률가 아버지의 아들로 자랐다. 세금을 내지 못한 아버지는 '스페치오'라는 치욕적인 별명을 얻었고, 가난한 마키아벨리는 아무리 노력해도 공직에 나갈 수 없었다.

29세의 마키아벨리는 피렌체 공화정의 제2 서기장에 선출됐다. 거의 기적이었다. 제2 서기장은 외교 업무를 담당한 요직이었다. 마키아벨리의 선출은 그의 정치 경력을 이끄는 획기적 전환점이었다.

마키아벨리는 결혼 후 6명의 자녀를 두었다. 1512년 43세에 공직에서 해임되며 바르젤로 감옥에 갇혀 끔찍한 고문을 받았다.

1513년~1527년

마키아벨리는 『군주론』(1513)을 집필하며 권력의 속성을 날카롭게 파헤쳤고, 인간 본성에 대한 예리한 분석을 담았다.

그는 『로마사 논고』(1517)를 집필하여 피렌체의 미래를 이끌 젊은이들에게 희망을 전하고자 했다. 1518년에는 『만드라골라』라는 유명 코미디 작품을 발표하며 코미디 작가로서의 면모를 드러냈다. 1521년에는 『전쟁의 기술』을 집필했다.

고향인 피렌체에서 임종 때까지 살았다. 그의 인생은 위대한 업적과 함께 슬픔과 고통이 어우러진 인생이었다.

마키아벨리

– 마키아벨리의 삶과 메시지, 요약하다

우리는 왜 당하고만 살까?
어떻게 하면 탁월한 리더를 가질까?

오늘날 우리는 조직과 사회에서 부당한 권력에 억눌리고, 무능한 지도자에게 실망한다. 갈등은 거듭되고, 정의는 실현되기 어려워 보인다. 누군가는 묻는다.

"정치는 결국 힘센 자의 게임 아닌가?"

이 질문은 수백 년 전에도 존재했다. 그리고 이 질문에 답할 수 있는 한 인물이 있다. 바로 르네상스 시대의 정치 철학자, 니콜로 마키아벨리다.

그가 강조한 핵심 사상은 '냉철한 현실 인식'이다. 마키아벨리는 이상보다 실천을, 원칙보다 결과를 중시했다. 그는 사람들이 이성보다 감정에 휘둘리고, 권력자에게 속수무책으로 당하는 이유가 현실을 직시하지 못하는 탓이라고 판단했다. 그러므로 진정한 리더는 도덕적인 이상보다 현실적 전략을 갖춰야 한다고 주장했다. 그의 대표작 『군주론』은 리더가 권력을 유지하고 국가를 안정시키기 위해 어떤 행동을 취해야 하는지를 실용적으로 제시했다.
마키아벨리는 단순히 권모술수를 가르친 것이 아니라, 혼란기에 어떻게 생존할 수 있는지를 가르쳤다. 그는 '애정도 없이, 분노도 없이' 상황을 분석하라고 하며, 감정에 휘둘리지 않고 전략적으로 판단할 것을 권했다.

이는 우리가 오늘날 직면하는 조직 내 갈등, 정치적 혼란, 리더십 부재 문제에 대해 다시금 생각하게 만든다. 그는 우리에게 말한다. 냉정한 통찰과 전략적 사고 없이는 어떤 문제도 해결되지 않는다고. 이러한 통찰은 오늘날에도 강한 메시지를 던진다.

마키아벨리의 철학은 우리가 리더를 선택할 때 무엇을 기준으로 삼을지, 또 팔로워로서 어떻게 현실에 대응할지를 되묻게 한다. 그의 사상은 권력자만이 아니라 모든 시대의 시민이 갖춰야 할 현실 감각과 전략적 사고를 일깨워 주는 철학이다.

마키아벨리의 철학을 MBTI의 유형에 적용하면 그는 INTJ에 속할 가능성이 크다. INTJ 유형은 Ni(내향적 직관)를 통해 미래를 예측하고, Te(외향적 사고)를 사용하여 현실을 분석하는 경향이 있다. 마키아벨리는 세상에 대한 깊은 통찰력과 함께 현실을 냉정하게 분석하고 효율적인 전략을 제시하는 성향을 보였으므로, INTJ와 잘 맞아떨어진다. 그의 철학은 감정을 배제하고 이성적이며 전략적인 사고를 강조하며, 현실을 바꾸기 위한 실용적인 방법을 제시한다.

"당신은 지금 감정에 반응하는가, 아니면 현실을 읽고 있는가?"
마키아벨리라면 이렇게 묻고 싶었을 것이다.

비전과 신념으로
산도 옮길 수 있는 사람

오늘날은 조부모의 경제력이 손자의 미래를 결정짓는다고 합니다. 더 이상 개천에서 용 나는 시대는 지나갔고, 가난이 대물림되는 현실입니다. 김용섭 작가는 그의 책 『요즘 애들, 요즘 어른들』(2019)에서 한국 사회의 불안정성을 언급하며 밀레니얼 세대가 현실에서 벗어나고자 하는 마음을 예리하게 그립니다. 취업 시장은 전쟁터를 방불케 하고 일자리를 구해도 대부분 비정규직과 저임금, 불안정한 직종에 그칩니다. 결혼은 물론 연애조차 사치처럼 느껴지고 근근이 생계를 버텨 내는 현실에서 미래를 꿈꾸는 것은 어려운 일입니다.

희망이 있다면 힘들어도 버틸 수 있지만 희망이 없는 사회는 무너지기 마련입니다. 많은 청년들이 불공평한 게임에 참여하고 있으며 출발선부터 다릅니다. 이러한 현실은 때로 부끄럽게 느껴집니다. 우리는 어떻게 살아야 할까요?

이 질문에 대해 마키아벨리에게서 해답을 찾고자 합니다. 마키아벨리도 성공하기 어려운 환경에서 태어나 자란 흙수저이니까요. 어린 시절, 그의 아버지는 세금을 미납해 '스페치오'라는 치욕적인 별명으로 불렸고 이 경험은 마키아벨리에게 지대한 영향을 미쳤습니다. 그는 고전을 읽으며 운명을 변화시키려고 노력했습니다. 나중에 공직에서 해임될 때도 그는 고전에서 얻은 지혜로 어려움을 극복할 방법을 찾았습니다. 결국, 마키아벨리는 역사에 길이 남을 위대한 인물이 되었습니다.

그는 I(내향)로서 사람들과의 대화보다 자기 생각에 집중하고, 고민을 통해 문제를 해결하려 했습니다. 그는 약자의 고통을 겪고 난 후, 강자에 맞서기 위해 고전을 읽었습니다. 마키아벨리는 N(직관)으로서 전체적인 상황을 보려 했습니다. 그는 현재의 문제보다 큰 그림을 이해하고, 미래에 어떤 변화가 있을지 생각했습니다. 이러한 직관적 사고는 그가 현실을 변화시키거나 개선할 가능성을 바라보게 했습니다.

Te(외향적 사고)를 통해 그는 논리적으로 사고하고, 상황을 분석하며, 직면한 문제의 중요성을 파악했습니다. 감정에 휘둘리지 않고 이성적으로 상황을 바라봤습니다. 그는 문제의 원인과 결과를 선명하게 이해했습니다.

마키아벨리는 '고대사에 대한 끊임없는 독서' 덕분에 특별한 통찰력이 있었습니다. 로마 역사학자 리비우스(Titus Livius, 기원전 64/59~기원후 17)의 『로마사』(기원전 27~기원후 9)를 읽으며 세상의 이치와 권력의 속성을 이해했습니다. 그리고 나중에 근대 정치학의 기초가 되는 『로마사 논고』(1517~1518)를 썼습니다. 그의 아버지의 서재에는 로마의 문법학자 마크로비우스(Macrobius, 350~430), 지질학자이자 천문학자 프톨레마이오스(Ptolemy, 100~170), 그리고 자연과학자인 대 플리니우스(Pliny the Elder, 23~79)의 책이 있었습니다.

하지만 서재에 많은 책이 있더라도 마키아벨리의 관심을 끌지 못했다면 아무 의미가 없었을 것입니다. 그의 타고난 호기심과 지식에 대한 열망 때문에 이 책들이 진정한 가치로 다가올 수 있었습니다.

Ni(내향적 직관)는 지식과 체계를 개선할 아이디어와 계획에 대한 통찰을 가지고 영감을 받을 때 최대로 발휘됩니다. 마키아벨리는 사물의 본질을 쉽게 간파합니다. 그래서 그의 아버지의 서재는 매우 흥미로운 장소였을 것입니다. 그곳에서 그는 다양한 지식을 접하고 새로운 아이디어를 얻었을 것입니다.

마키아벨리

INTJ인 마키아벨리는 다른 사람과 함께 배우기보다 혼자 체계적으로 분석하는 것을 좋아했으며, 이런 점에서 서재는 그에게 매우 적합한 환경이었습니다.

N(직관)인 마키아벨리의 통찰력은 힘 있는 사람들의 압박 속에 힘들어 하는 사람들에게 희망의 메시지가 되었습니다. 그는 보이는 것만으로는 미래를 알 수 없다고 생각했습니다. 마키아벨리는 감각을 통해 들어오는 정보의 이면에 숨은 가능성과 의미를 보여 주었습니다. 그는 상황보다 본질적인 패턴을 이해할 방법을 제시했습니다. 즉, 사람들이 더 나은 미래를 생각하고 행동하도록 도운 것입니다.

T(사고)인 마키아벨리는 이렇게 말합니다.

"울지도 말고, 화내지도 말자. 역사는 울고 화내는 사람에게 맡겨지지 않는다."

N(직관)인 마키아벨리는 사람들이 서로를 높은 차원에서 바라볼 때, 그동안의 분노와 상처가 화해와 상생으로 바뀐다고 말합니다.
대중은 왜 소수의 지배자에게 당할까요? 그 이유는 사람들이 쉽게 울고 화내기 때문입니다. 현실에 분노하고 절망하기보다 삶의 본질을 자세히 관찰하고 그 의미와 가치를 이해해야 합니다. 아리스토텔레스는 『니코마코스 윤리학』에서 용기에 대해 이렇게 설명합니다.

"두려워해야 할 것을, 올바른 목적을 위해, 적절한 방법으로, 적절한 때에 견뎌내는 사람이 용감하다. 용감한 사람은 상황에 맞게 느끼고 행동하는 사람이다."

이런 사람을 누가 존경하지 않겠습니까? 그의 고귀한 행동에 모두가 찬사를 보낼 것입니다. 고귀한 삶을 원하고 노력하는 사람이 용기 있습니다.

마키아벨리 같은 I(내향)의 사람들은 '성찰'이 강점입니다. I(내향)라도 분노에 사로잡히면 기분에 휩쓸려 이야기할 수 있습니다. I(내향)인 사람은 화가 나면 머릿속에 무수한 생각이 떠오릅니다. 그래서 조용한 곳으로 가 내면의 목소리에 귀 기울여야 합니다. 혼자만의 공간에서 분노를 정리하는 시간이 필요합니다. 그러다 보면 마음의 물결이 분노에서 이해로 옮겨가기 시작합니다.

"왜 나는 이 문제를 이렇게 괴로워할까?"를 스스로 질문하면, 문제의 본질이 떠오릅니다. 마키아벨리에게는 만성 스트레스에서 벗어나 삶의 균형을 찾는 묘수가 있었습니다. 그는 조용한 시간을 보내며 활력을 얻었습니다. N(직관) 답게 그는 고전에서 지혜를 얻었습니다. 고대 그리스와 로마의 지도자들이 어떻게 어려움을 극복했는지 탐구했습니다. 그리고 그들의 답을 자신의 힘없는 삶에 적용하여 해결책을 찾았습니다.

마키아벨리에게는 불평이나 불만보다 중요한 인생의 질문들이 있었습니다. 그는 『군주론』(1513), 『로마사 논고』(1517), 『전쟁의 기술』(1521) 등 여러 저작에 이 질문들을 담았습니다. 이 책들은 평범한 정치 이론이 아니라, 그가 동시대인과 후대에 전하고자 한 깊은 고민의 산물이었습니다. 그는 묻습니다.

"왜 이탈리아는 끝없이 혼란과 침략에 시달리는가?"
"왜 우리 조국 피렌체는 반복해서 역사의 소용돌이에 휘말리는가?"

그리고 또 다른 근본적인 질문도 덧붙입니다.
"피렌체에는 훌륭한 예술가와 지성인이 넘쳐나는데, 왜 이들을 하나로 모을 리더는 없는가?", "우리는 어떻게 좋은 리더를 가질 수 있을까?"

마키아벨리

Ni(내향적 직관)로서 마키아벨리는 시스템 개선에 집중했습니다. 그는 현재의 문제를 이해하고, 미래를 예측하며, 변화를 이끌 방법을 고민했습니다. 이러한 사고방식은 혼란 속에서 필요한 해결책을 찾는 데 도움이 되었습니다. 또한 그는 Te(외향적 사고)를 활용하여 논리적이고 실질적으로 결정했습니다. 이는 그가 제시한 아이디어가 실제로 실행 가능한지를 평가하는 데 중요한 지침이 되었습니다.

마키아벨리는 "탁월한 리더가 없다는 것은 리더의 문제가 아니라 그 조직에 탁월한 팔로워(Follower)가 없기 때문이다!"라고 말했습니다.

마키아벨리는 탁월한 리더가 나타나지 않는 가장 큰 이유로 좋은 팔로워의 부재를 지적합니다. 훌륭한 팔로워가 없는 사회에는 나쁜 리더가 쉽게 등장하여 권력을 쥡니다. 그는 이 주장을 뒷받침할 근거를 로마 제국의 대혼란기에서 찾았습니다. 로마의 역사학자 타키투스(Tacitus, 56~120)는 『역사(Histories)』(109)에서 로마의 평민들이 '열렬히 환호'하거나 '무의미하게 아첨'했다고 설명했습니다. 개인적인 이익에 따라 이리저리 태도를 바꾸는 평민들이 문제였습니다. 그 결과, 나쁜 리더의 손에 권력을 계속 쥐어 주었습니다.

역사는 반복됩니다. 로마 제국의 대혼란기처럼 마키아벨리가 산 16세기 이탈리아에도 똑같은 문제가 있었습니다. 팔로워들은 개인의 이익에 눈이 멀어 자신의 욕구를 채워 줄 리더에게 무비판적으로 환호합니다. 마치 노예처럼 행동하는 것입니다. 마키아벨리는 리더가 세상을 이끌고자 할 때, 우리가 어떻게 반응해야 하는지를 강조합니다.

마키아벨리는 탁월한 팔로워의 태도에 대해 이렇게 말합니다.

"neque amore… et sine odio(네퀘 아모레… 엣 시네 오디오)", 즉 "애정도 없이 분노도 없이"라는 뜻입니다.

냉정하게 지켜보아야 한다는 의미입니다. 우리는 리더를 선택할 때 신중해야 하며 올바른 판단능력을 키워야 합니다.

　혼란스러운 시대에는 마키아벨리 같은 INTJ 유형의 사람들에 주목해야 합니다. 그들은 인류의 지식과 시스템을 개선하는 통찰력을 갖추고 있습니다. 또 주변 분위기에 휘둘리지 않고 중요한 것만 파악합니다. 상황이 힘들어도 잘 견딥니다. 진실을 탐구하고 반대 의견에도 유연하게 대처하는 능력이 뛰어나서 냉철하게 방향을 제시합니다.

마키아벨리

고난 속에서 발견한
삶의 진정한 의미

마키아벨리는 1513년 공직에서 쫓겨난 후, 로마에 있는 친구 프란체스코 베토리에게 편지를 보냈습니다. 이 편지는 이탈리아 문학에서 가장 '르네상스적인' 편지로 평가받으며 마키아벨리가 강자의 압박에 어떻게 맞섰는지를 보여 줍니다.

"저녁이 되면 나는 집에 돌아가 서재로 갑니다. 서재에 들어가기 전 먼지가 묻은 일상복을 벗고 관복으로 갈아입습니다. 그리고 오래 전에 살았던 지혜자들과 대화하는 시간을 갖습니다. 그들은 나를 환영하고 나는 그들과 지혜로운 이야기를 나눕니다. 이 지혜의 음식을 먹으며 나는 다시 태어나는 기분입니다. 나는 성인들에게 질문합니다. '왜 그때 그렇게 행동하셨나요?' '그때 그 선택을 한 이유는 무엇인가요?' 그들은 내게 대답합니다. 매일 네 시간의 대화가 이뤄지는 동안 나는 피곤하지 않습니다. 어려움과 고통도 잊어버립니다. 가난도 더 이상 두렵지 않습니다. 지혜로운 대화를 통해 진정한 삶의 의미를 찾고, 그로 인해 물질적인 어려움이 영향을 미치지 않게 됩니다. 그래서 죽음조차 두렵지 않습니다."

고난 속에서도 강인한 내면을 견지했던 마키아벨리의 대표적인 저서 『군주론』은 혼란스러운 사회를 바로잡고자 하는 뚜렷한 목표를 보여 줍니다. 권력자도 비판할 용기를 가진 그는 세상이 공정하고 정의롭게 운영돼야 한다고 믿었습니다. 『군주론』은 부패한 정치에 대한 신랄한 비판을 담았으며, 종종 '권모술수의 교과서'로 불리기도 합니다. 그러나 '목적이 수단을 정당화한다'는 말은 그가 한 말이 아닙니다. 실제 원문은 '결과를 먼저 고려해야 한다'는 의미로, 군주는 자신이 어떻게 보이는가가 아닌, 다수에게 어떻게 보이는가를 중요하게 여겨야 한다는 뜻입니다.

마키아벨리는 폭력을 신중하게 취해야 할 수단으로 여겼기에 만병통치약처럼 의지하지 않았습니다. 그는 『군주론』을 통해 군주에게 '다수'와 좋은 관계를 유지해야 한다고 가르쳤으며 그래야 정치 공동체의 존속을 도모할 수 있다고 믿었습니다.

1516년, 마키아벨리는 『군주론』을 피렌체의 통치자 로렌초 데 메디치에게 헌정하고자 했습니다. 그러나 로렌초는 그 책을 읽지 않고, 마키아벨리를 다시 공직에 부르지도 않았습니다. 실망한 마키아벨리는 즉시 다른 계획을 세웠습니다. 그는 '루첼라이 정원'의 스터디 모임에 참여했습니다. 이 모임은 플라톤 아카데미의 정신을 이어받은 지성인의 학술 모임으로 젊은이들은 피렌체 교외의 코시모 루첼라이 정원에 모여 고전을 공부했습니다. 지적 토론을 좋아하는 NT(직관 사고)인 마키아벨리는 이 모임에서 삶의 활력을 찾으려 했습니다. 이러한 시도는 마키아벨리가 여전히 미래에 대한 희망과 비전을 품었다는 사실을 보여 줍니다.

마키아벨리가 살았던 르네상스 시대의 피렌체와 마찬가지로, 현대사회에도 '정의'가 사라진 듯 보입니다. 돈과 권력을 가진 자가 세상을 지배합니다. 정권이 바뀔 때마다 고위직도 그들 입맛에 맞는 사람으로 교체됩니다. 불법과 부정이 만연하고 죄 없는 사람이 억울하게 죄를 뒤집어씁니다.

마키아벨리

INTJ인 마키아벨리처럼 공평과 정의가 다스리는 세상을 바라는 이들에겐 살기 힘들죠. 하지만 그런 이들에게 마키아벨리는 힘 있는 메시지를 전합니다. 분위기에 휘둘리지 말고 중요한 것에 집중하라는 겁니다. 상황이 힘들어도 더 나은 미래를 위해 견뎌야 합니다.

마키아벨리로 본
INTJ의 천부적 재능

마키아벨리는 슈퍼파워 Ni(내향적 직관)입니다. 이들은 매우 독립적이고 단호합니다. INTJ는 여러 정보와 생각을 한데 모아 능숙하게 새로운 관점과 해결책을 찾습니다. 세상에서 일어나는 일을 제대로 파악하고자 합니다. 하지만 외부 의견보다는 자기의 생각이나 가치에 관심이 많습니다. 이들은 어떤 상황에 대해 말하고 행동하기 전에 충분히 생각합니다. 즉, 심사숙고하는 시간을 필요로 합니다. 소수와 깊은 관계를 맺으려고 하며, 신중하게 행동합니다.

I(내향)인 사람은 조용한 활동을 좋아합니다. 이들은 혼자 일하고, 독서와 명상을 하며, 다른 사람의 방해가 없는 활동에 참여하여 에너지를 비축합니다. 마키아벨리도 독서를 통해 혼란스러운 상황을 극복하려 했습니다. 매일 저녁 독서와 명상을 즐기던 습관은 그가 평상심을 회복하는 힘이 되었습니다.

N(직관)인 마키아벨리는 구체적인 사실보다 전체를 봅니다. '직관'이라는 단어는 라틴어로 '내면으로 향한 살핌'이라는 뜻입니다. 마키아벨리는 주변에서 보고 듣는 것, 즉 감각을 통해 얻은 정보를 빠르게 이해하고, 눈앞의 사건을 넘어 그 이면의 의미나 원리를 이해했습니다. 즉, 마키아벨리는 특정 사건이 왜 생기는지를 깨닫고, 그 내부의 법칙이나 반복되는 경향성을 파악한 것입니다.

서포터 능력 Te(외향적 사고)를 가진 이들은 논리적인 결단력이 있고 목표

지향적입니다. 마키아벨리는 외향적 사고를 활용하여 정치적 현실을 분석하고 해결책을 제시했습니다. T(사고)인 마키아벨리는 인정에 얽매이기보다 객관적인 사실과 원리 원칙에 입각하여 공정하게 판단하고 의사를 결정했습니다. 일관성과 타당성을 중시합니다. 자신과 타인에게 비평적이며 상황과 정보를 분석하는 일을 즐깁니다. 성취 지향적이라 자신이 한 일과 논리적 분석과 노력의 산물이 올바로 인정받기 원합니다. 차갑고 냉정하게 보일 경우가 많고 인간미가 부족하다는 평을 들을 수 있습니다.

사춘기 아이 F(감정)가 발전하고 성숙해지면서 마키아벨리는 상황을 보다 인간적인 시각으로 바라보았습니다. 처음에는 논리적 분석에 집중했지만, 시간이 지나 감정을 결합함으로써 깊이 통찰하게 되었습니다. 그는 분석에 감정을 더해 다른 이의 감정과 관계를 이해하려고 노력했습니다. 인간관계의 가치도 중요하게 생각했습니다. 즉, 결과만이 아니라 사람 간의 관계와 감정도 고려하여 균형 잡힌 판단을 내렸습니다. 결과적으로 마키아벨리는 감정적 이해를 통해 관계를 개선하고, 더 나은 결정을 내리는 방법을 찾았습니다.

비뚤어진 악동 Se(외향적 감각)가 개발되면, INTJ는 현실에 대응하는 능력이 향상되어 현재 일어나는 일과 구체적인 사실을 더 잘 고려합니다. 그는 목표에 집중하면서도 상황을 분석하고 필요한 결정을 내리는 데 유연해집니다. 이로 인해 다른 사람의 의견이나 감정을 배려할 수 있게 되며 인간관계에서도 긍정적인 변화를 경험합니다.

반면, 비뚤어진 악동 Se(외향적 감각)가 개발되지 않으면, INTJ는 자신의 고집과 지나친 확신 탓에 다른 사람의 의견을 무시합니다. 목표에 몰두하다 보니 타인의 감정을 배려하지 못하고 관계의 어려움을 겪습니다. 마키아벨리의 저서 『군주론』에서 권력자에게 결과를 중시하라는 강조는 이런 경향을 보여 줍니다.

8

INFJ

마르틴 부버

(1878~1965)

인간성의 회복,
진정한 삶을 찾는 비결

슈퍼파워 Ni, 서포터 능력 Fe,
사춘기 아이 T, 비뚤어진 악동 Se

"당신은 지금, 그 사람을 '만나고' 있는가,
아니면 '이용하고' 있는가?"

ISTJ	ISFJ	INFJ	INTJ
임마누엘 칸트	**율곡 이이**	**마르틴 부버**	**마키아벨리**
책임감과 도덕으로 사회를 이끄는 사람	겸손한 마음으로 사람을 보살피는 사람	'무리'를 '우리'로 변화시키는 사람	비전과 신념으로 산도 옮길 수 있는 사람
ISTP	ISFP	INFP	INTP
프랜시스 베이컨	**퇴계 이황**	**소크라테스**	**한나 아렌트**
현실을 직시하고 문제를 꿰뚫는 사람	따뜻한 마음으로 누군가의 부족함을 채우는 사람	가치를 위해 산다는 것, 그 불꽃 같은 삶을 사는 사람	조용히 앉아 가장 큰 질문을 던지는 사람
ESTP	ESFP	ENFP	ENTP
장 자크 루소	**공자**	**도산 안창호**	**마르틴 하이데거**
어려움 속에서도 사람을 행동하게 만드는 사람	공동묘지에서도 휘파람을 불 수 있는 사람	불같은 열정으로 마음을 움직이는 사람	틀을 깨고 새로운 가능성을 여는 사람
ESTJ	ESFJ	ENFJ	ENTJ
아리스토텔레스	**다산 정약용**	**플라톤**	**관자**
행복을 위한 변화를 이끄는 사람	사람 사이, 따뜻한 다리를 놓는 사람	성장의 잠재력을 끌어내는 사람	'리더의 리더'로서 진성 리더십을 발휘하는 사람

마르틴 부버, 그는 누구인가

1878년~1893년

오스트리아 빈의 유대인 가정에서 태어났다.

3살이 되던 해 부모가 이혼하면서 어머니와 이별했다. 할아버지와 할머니가 사는 유대인 학문의 중심지 렘베르크에서 성장했다. 그곳에서 히브리어와 유대교의 가르침을 배웠다.

14살 때, 재혼한 아버지와 함께 살게 되었다. 렘베르크의 문법학교에서 학문적 여정을 시작했고, 임마누엘 칸트의 철학에서 마음의 평안을 얻었다.

니체의 『차라투스트라는 이렇게 말하였다』를 읽고 영원회귀 사상에 사로잡혔으며, 폴란드어로 이 책 1부를 번역했다.

1896년~1909년

신낭만주의가 만개한 빈 대학에 입학하여 문학, 예술사, 철학 강의를 수강했다.

취리히 대학에서 경건한 가톨릭 신자인 파울라 빙클러와 결혼했다. 또한, 저명한 두 교수 빌헬름 딜타이와 게오르크 짐멜에게서 사사했다.

마이스터 에크하르트의 사상에 심취하며, 하시디즘 연구를 통해 유대교의 경건 체험을 했다.

빈에서 시온주의 운동의 기관지 〈세계(Die Welt)〉의 편집자를 맡았다.

빈 대학에서 「개체화 문제의 역사적 계보」라는 논문으로 철학박사 학위를 취득했다.

프라하 대학의 바르코츠바 유대인 학생회에서 유대주의에 관한 강연을 하며 공적 생활을 시작했다. 이 강연은 프란츠 카프카를 비롯한 젊은 지식인들에게 영향을 미쳤다.

1916년~1934년

〈유대인(Der Jude)〉이라는 잡지를 창간하고, 1924년까지 편집과 주필을 맡았다.

프란츠 로젠바이크와의 교류 속에 사상의 깊이를 더했으며, 1921년 출판된 저서 『구원의 별』을 통해 실존철학의 선구자로 자리매김했다.

불후의 명저 『나와 너(Ich und Du)』(1923)를 출간했다. 여섯 해 동안 심혈을 기울인 이 작품은 유럽 대륙에 엄청난 영향을 미쳤으며, 에리히 프롬, 베르쟈예프, 만하임, 데일리, 니버 같은 철학자와 교육학자들에게 영감을 주었다.

나치 정부에 의해 자리를 박탈당한 후, 헤펜하임에서 유대인들을 위로하기 위해 강연을 진행했다.

1938년~1965년

60세에 팔레스타인으로 이주하여 예루살렘의 히브리 대학에서 새로운 삶을 시작했다.

예루살렘 성인교육원 원장직을 맡으며 미국 유수의 대학과 신학교로 강연 여행을 떠났다.

정년 퇴직 후 강연을 통해 자신의 사상을 널리 전파하고, 유대—아랍 연방 수립을 위한 운동을 전개했다.

87세의 나이로 예루살렘에서 그의 위대한 '대화의 삶'을 마무리했다.

주요 저서로는 『종교의 철학』(1931), 『대화』(1932), 『단독자에 대한 물음』(1936), 『대화의 삶』(1948), 『인간의 문제』(1948), 『신앙의 두 유형』(1950), 『유토피아로 가는 오솔길』(1950), 『선과 악의 모습』(1952), 『하시디즘의 메시지』(1952), 『대화의 원리』(1954) 등이 있다.

– 마르틴 부버의 삶과 메시지, 요약하다

우리는 과연 서로를 '진짜' 만나고 있는가?

디지털 시대를 살아가는 현대인은 하루에도 수십 번 대화를 나누고 수백 개의 메시지를 주고받지만, 정작 마음이 통하는 만남은 드물다. 직장, 학교, 사회 속에서 '사람'을 대하는 대신 '역할'이나 '도구'로 대하는 일이 비일비재하다. 그 결과 우리는 인간다움을 잃고, 관계의 깊이보다 효율과 결과를 좇게 되었다.

인간성과 관계의 상실이라는 위기의 시대, 우리는 어떤 방식으로 회복할 수 있을까?

이 질문에 답할 수 있는 한 인물이 있다. 바로 철학자 마르틴 부버다.

마르틴 부버는 오스트리아에서 태어난 유대계 철학자로, 제2차 세계대전을 겪으며 인간성 붕괴를 목격했다. 600만 명의 유대인이 학살되는 현실 앞에 그는 인간이란 무엇이며, 서로 어떤 관계를 맺어야 하는지 진지하게 성찰했다. 그가 내린 결론은 단순하면서도 깊다.

"인간은 관계 속에서 존재한다."

부버의 철학에서 핵심이 되는 개념은 '나-너(I-Thou)'의 관계이다. 그는 인간을 객체화하는 '나-그것(I-It)'의 관계가 아닌, 인격과 인격이 마주하는 '나-너'의 관계 속에 진정한 인간다움이 회복된다고 보았다. 이 관계는 기능이나 효율을 기준으로 하지 않고, 상대를 있는 그대로 받아들이고 만나는 데서 출발한다. 부버에게 인간이란 독립적인 개체가 아니라 관계적 존재이며, 관계 안에서 인간성을 회복할 수 있다.

마르틴 부버의 철학은 단지 개인 간의 관계에 국한되지 않는다. 그는 이스라엘과 팔레스타인 간의 갈등 속에서 두 민족이 함께 살아갈 제도적 대안을 제시하고자 했으며, 이를 통해 철학이 현실 문제 해결에 기여한다는 점을 보여 주

마르틴 부버
_____

었다. 부버는 말로만 평화를 이야기하는 게 아니라 구체적인 삶의 태도로 '만남'과 '존중'을 실천하는 방법을 고민했다.

우리 사회는 여전히 갈등과 단절, 오해와 무관심 속에 놓여 있다. 사람들은 서로 이해하려 하기보다 평가하고 해석하고 판단하려 한다. 부버의 철학은 이 시대에 유효한 해답을 준다. 우리는 진정한 만남을 통해 서로의 존재를 느끼고, 관계 회복을 통해 사회 문제의 뿌리를 해결할 수 있다.

부버의 철학을 MBTI에 적용하면 그는 INFJ에 속할 가능성이 크다. INFJ는 깊이 있는 통찰과 도덕적 신념을 바탕으로 진실한 인간관계를 추구한다. INFJ는 타인의 감정과 의미에 민감하고, 단순한 정보 교환이 아니라 정서적이고 영적 깊이를 가진 만남을 중요시한다. 이는 부버가 강조한 '나-너'의 철학과 일맥상통한다. 또한 INFJ는 공동체적 가치를 소중히 하고, 이상을 현실로 구현하는 실천적 이상주의자다. 부버는 추상적 개념에 그치지 않고, 철학을 통해 사회 제도와 갈등 해결에 기여하고자 했다. 이러한 실천적 지향 또한 INFJ 유형의 특징과 부합한다.

당신은 지금, 그 사람을 '만나고' 있는가, 아니면 '이용하고' 있는가?
마르틴 부버라면 이렇게 묻고 싶었을 것이다.

'무리'를 '우리'로
변화시키는 사람

　오늘날 우리는 인간성 상실과 그로 인한 비극에 직면해 있습니다. 개인과 집단 간의 갈등이 심화되고, 분노와 증오의 감정이 일상 곳곳에 스며 있습니다. 이 갈등은 사회 문제로 확산되어 폭력적인 사건이나 범죄가 증가하는 결과를 낳습니다.

　곽금주 작가는 『우리 모두의 마음속에는 길을 잃고 헤매는 이가 있다』(2022)에서 분노가 사회에 끼치는 영향을 설명하며, 갈등이 단기 현상을 넘어 지속적이고 구조적인 증오 정서로 발전함을 지적합니다. 또, 현대의 개인적, 집단적 증오의 표현은 점점 극단화되고, 사람들 간의 관계를 단절시킵니다. 특히 인터넷과 소셜 미디어에서 나타나는 혐오 발언과 신체적 폭력은 심각한 지경입니다.

　이 문제를 어떻게 극복할까요? 우리가 경험하는 갈등은 사회적 맥락에서 이해해야 합니다. 30대와 40대가 겪는 갈등은 시대의 혼란을 반영하는 지표입니다. 이들은 가족을 위해 열심히 일했지만, 그 과정에서 가족 내에서 소외되고 자신이 원하지 않는 방식으로 아버지의 역할을 이어갑니다. "돈이 최고!"라는 사회적 기류 속에서 그들은 물질적 성취에 대한 집착합니다. 현대사회의 기계 발전과 기술적 진보는 인간성 상실을 초래했습니다. 익명성과 대중성에 의존하는 사회에서 우리는 자신을 잃어갑니다. 이제 서로 존중하며 서로의 욕구를 동등하게 인정하는 방법에 대해 고민해야 합니다.

　철학자 마르틴 부버(Martin Buber, 1878~1965)의 사상은 이러한 고민을

마르틴 부버

다루는 데 유용합니다. 그는 진정한 만남을 통해 관계를 회복해야 한다고 말했습니다. 현대인은 개인주의와 집단주의 사이에서 갈등하며 살아갑니다. 부버는 물질에 기대지 않고, 서로를 '너'로 바라보며 인격적으로 대해야 한다고 강조했습니다.

부버는 인간이 세계에 대해 가지는 두 가지 태도, '나−그것'의 관계와 '나−너'의 관계를 제시했습니다. '나−그것'의 관계는 사물 세계를 나타내고, '나−너'의 관계는 인격적 만남의 세계를 의미합니다. 이는 '나'가 다른 사람에 대해 가지는 태도에 따른 구분으로, 사람마다 태도가 다르다는 점에서 마음의 문제입니다. 이 차이에 대한 이해가 현대사회에서 인간성을 회복하는 첫걸음입니다.

중요한 것은 결국 세계를 향한 내 태도입니다. 세계를 '너'로 바라보며 대하면 세계는 나에게 '나−너'의 관계가 됩니다. 반면, 세계를 '그것'으로 대하면 세계는 내게 '나−그것'의 관계가 됩니다.

일상에서 우리는 대면적 만남이나 매체와의 만남 등 '나−그것'의 관계를 맺으며 삽니다. 사람과 '그것'의 근본적인 관계는 '경험'과 '이용'입니다. 우리는 경험을 통해 세계를 재구성하고, 이용을 통해 생활을 유지합니다. 그런데 여기서 문제가 발생합니다. 다른 사람을 경험의 대상이 될 수 없는 '너'로 보지 않고, 자기 사업이나 활동의 수단으로만 보는 자세 때문입니다. 이런 태도는 인간을 기능적으로 대하게 함으로써 존재 가치를 상실하게 만듭니다.

'나−그것'은 비인격적인 관계입니다. 한 인간이 타자를 '너'로 보지 않고 수단적 존재인 '그것'으로 보는 것입니다. 반면 '나−너'는 인격적 관계입니다. 인간이 타자를 '너'로 보는 것은 참된 만남을 의미합니다. 이 두 관계를 통해 우리는 만남의 본질을 이해해야 합니다.

IN(내향직관)으로서 부버는 인간성 상실의 시대, 즉 문제는 있으나 문제가 무엇인지 모르는 시대에 삶의 본질을 찾기 위한 실마리를 제공합니다. 그는 인간의 삶을 이렇게 정의합니다.

"나—너와 나—그것의 두 관계 사이를 오가는 것. '나—그것'의 관계는 '경험'과 '이용'으로, '나—너'의 관계는 '관계'와 '참여'로 표현됩니다. 인간성 상실은 인격이어야 할 존재가 비인격화되어 '그것'으로 전락함을 뜻합니다."

참된 삶의 의미를 깨닫는 순간은 언제일까요? 상대를 '너'로 보는 순간입니다. '나—너'와 '나—그것'의 두 관계는 인간 존재에 필수적이며, 삶은 두 관계 사이를 오가는 것입니다. 부버는 말합니다.

"사람은 '그것' 없이 살 수 없다. 그러나 '그것'만 가지고 사는 사람은 사람이 아니다."

부버의 사상은 단순한 이론이 아닙니다. 우리가 어떻게 살아야 하는지를 보여 주는 실질적인 지침입니다. 서로 존중하고 이해하는 관계를 통해 우리는 더 나은 세상을 만듭니다.

INFJ는 이 관계적 통찰을 삶 속에서 실천하는 사람입니다. INFJ는 존재의 의미와 관계의 본질을 깊이 성찰합니다. '나—너'의 관계 속에서 타인과 진정한 유대감을 형성하며, 관계를 통해 세상에 긍정적인 영향을 주고자 합니다. 이들은 타인의 감정과 필요를 섬세하게 이해합니다.

INFJ는 내적 세계를 탐구하며 자신이 지닌 독창적인 아이디어와 통찰력을 타인과 나눕니다. 이들은 만남을 통해 인간성 회복에 기여합니다. NF(직관 감정)는 인간의 복지와 감정적 연결을 중요시하며 세상과 맺은 깊은 관계를 통해 자기 가치를 실현합니다.

마르틴 부버

이러한 맥락에서 NJ(직관 판단)는 비전을 가진 의사결정자로서 주변에서 일어나는 사건의 패턴이나 의미를 발견하는 능력이 있습니다. 이들은 새로운 정보가 어떤 구조나 맥락에서 중요한지를 먼저 파악하려 하며, 강한 추진력을 바탕으로 자신의 비전을 설득력 있게 실현합니다.

INFJ는 자신이 맡은 역할을 통해 타인에게 긍정적인 영향을 주며, 인간의 복지를 위해 헌신합니다. 이들은 사람들 간의 진정한 만남을 통해 인간성을 회복하고, 사회에 긍정적인 변화를 이끌어 내는 힘을 갖고 있습니다.

잃어버린 인간성을 되찾는 길

부버는 왜 '나—너'의 관계가 중요한지를 이야기했습니다. 그는 '나'가 먼저 존재하고 '나—너'의 관계가 나중에 생기는 게 아니라, '너'가 먼저 있어야 '나'가 의미를 갖는다고 합니다. '너'가 없으면 '나'도 존재하지 않으니 '나와 너'의 관계가 먼저이고, 그 관계 속에서 비로소 '나'가 탄생한다는 뜻입니다.

이처럼 관계를 존재의 근간으로 보는 부버의 관점은 오늘날 우리 사회에 중요한 메시지를 던집니다. 현대 사회는 '나'를 우선시하며, '나'가 있어야 '너'와의 관계가 가능하다고 믿는 경향이 강합니다. 이는 개인주의적 사고로 이어지고, 사회의 다양한 문제를 야기하는 주요 원인이 됩니다. 부버는 이러한 개인주의가 인간성 상실과 사회 분열을 초래한다고 보았습니다.

그는 "진정한 삶은 만남이다"라고 말합니다. 인간은 혼자 살아갈 수 없으며, 타인과의 만남을 통해 삶의 의미를 발견합니다. 그러나 이런 종류의 만남은 쉽지 않습니다. 많은 사람이 자신에 대해 깊이 이해 못하고, 관계의 중요성도 깨닫지 못하기 때문입니다.

이처럼 Ni(내향적 직관)를 주기능으로 하는 INFJ는 깊은 통찰력과 미래를 내다보는 능력을 지니며, 감정을 잘 이해하고 문제를 분석하는 데 능합니다. 하지만 자신의 감정 표현에 어려움을 겪기도 합니다. 이 특징은 인간관계의 깊이를 중시하는 부버의 철학과 잘 어울립니다.

Fe(외향적 감정)는 조화와 협력을 중시하며, 다른 사람의 필요와 감정에 민감하게 반응합니다. INFJ는 이 기능을 통해 자신의 가치나 신념을 실현하려하고, 사람들 간에 조화를 이루려 합니다. 그러나 때로 강렬한 감정에 휩쓸려 균형을 잃을 수 있습니다. 그럼에도 불구하고 이들은 인간관계에서 진심과 책임을 중요시하며, 가치를 공유하는 사람들과 깊은 연결을 추구합니다.

부버의 철학은 어렵고 추상적으로 느껴지기도 합니다. '나-너', '나-그것'이라는 개념은 일상 언어와 거리가 있고, 그의 언어는 함축적이며 깊은 의미를 담고 있어서 이해하기 쉽지 않습니다. 이는 Ni(내향적 직관)의 특징이기도 합니다. Ni(내향적 직관)는 깊은 통찰에 강하지만 정보가 추상적으로 전달될 수 있습니다. 그러나 비뚤어진 악동 Se(외향적 감각)가 발달할수록 구체성과 실용성을 갖춘 통찰로 발전합니다.

부버의 철학을 실제 사례로 풀면 이해가 쉽습니다. 한 사람이 절망 속에 목숨을 끊으려고 강가를 걷다가 우연히 무료급식소 앞을 지납니다. 거기서 자원봉사자들이 가난한 사람들을 위해 음식을 나누어 주는 걸 보고 그는 정신이 번쩍 듭니다. '도움이 필요한 사람이 많은데, 너무 쉽게 인생을 포기하려 했구나'라고 생각한 그는 다시 한번 살아보기로 결심합니다. 이 이야기는 '너'의 존재가 어떻게 '나'를 일으키는지를 잘 보여 줍니다.

부버는 "도움을 받은 사람보다, 도움을 준 사람이 더 행복하다"고 말했습니다.
사람은 타인을 생각할 때, 즉 관계 속에서 진정한 행복을 느낍니다. 그는 또 이렇게 말합니다.

"영혼은 내 속에 있는 것이 아니라 나와 너 사이에 있다."

다시 말해, 영혼은 나 혼자만의 것이 아니라 관계 속에 드러납니다. 자신을 사랑하는 가장 좋은 방법은 '너'와의 관계를 돌보는 것이며, 그것이 사랑입니다. 사랑은 관계를 소중히 여기고, 그 관계에 책임을 지는 것입니다.

결국, 참된 삶을 되찾기 위해 우리는 서로를 '너'로 대하며, 진정한 만남과 대화를 추구해야 합니다. 이 과정은 우리에게 이해와 연민을 불러오며, 사회를 따뜻하게 만듭니다. 특히 IF(내향 감정)는 이 과정을 통해 인간관계의 본질을 깊이 이해하고, 참된 소통과 인격적 만남을 이끌 수 있습니다. 우리는 서로를 존중하는 소통을 통해 더 나은 사회를 함께 만들어야 합니다.

마르틴 부버

마르틴 부버로 본
INFJ의 천부적 재능

슈퍼파워 Ni(내향적 직관)는 복잡한 인간관계와 상황에서 날카로운 통찰력을 발휘하며, 인간 존재의 의미를 탐구합니다. Ni(내향적 직관)는 '나—너'의 관계를 중시하게 만들며, 발견한 의미를 다른 사람들과 나누는 데 탁월한 방향성을 제공합니다.

부버의 서포터 능력 Fe(외향적 감정)는 그가 관계를 중시하고, 공동체의 필요에 귀 기울이는 데 기여했습니다. 감정적 공감은 타인과의 관계를 더욱 깊고 의미 있게 만듭니다. 부버의 Fe(외향적 감정)는 그가 약자와 소외된 이에게 사랑과 관심을 기울이는 원동력이 되었습니다.

사춘기 아이 T(사고)는 부버가 직관적으로 파악한 의미와 관계의 본질을 논리적으로 정리하고, 체계화하는 데 도움이 되었습니다. 이 기능은 복잡한 사유나 개념을 구조화하고 명료하게 표현하는 데 유익하며, 부버가 인간 존재와 관계의 의미를 철저히 분석, 전달하는 데 기초가 되었습니다. 그는 단순한 직관이나 감정에 머무르기보다 사유를 깊이 있게 다듬어 철학 사상으로 발전시켰습니다.

비뚤어진 악동 Se(외향적 감각)가 개발되면, INFJ는 구체적인 자료에 주목하며, 현실과의 괴리를 줄이고 사실적이고 구체적으로 상황을 직시합니다. 단순 작업에도 능숙해지고, 이상과 현실을 조화시켜 현재를 즐길 수 있습니다. 또한, 내면의 감정을 공유하고, 자신의 비전을 현실적으로 검토합니다.

반면, 비뚤어진 악동 Se(외향적 감각)가 개발되지 않으면 INFJ는 내면 세계에 몰두하며 현실적인 세부 사항을 간과합니다. 단순 작업에 약하고, 지나친 몰두로 현실을 경시합니다. 이로 인해 이상과 현실의 괴리가 커지고, 내적 갈등도 잦아집니다. 결국, 복잡한 내면을 공유하지 못하고 비전을 현실적으로 검토하는 데 어려움을 겪습니다.

9

ESTJ

아리스토텔레스
(기원전 384~기원전 322)

행복을 향한 길,
변화를 이끄는 사람

슈퍼파워 Te, 서포터 능력 Si,
사춘기 아이 N, 비뚤어진 악동 Fi

"실천적 지혜(프로네시스, φρόνησις)를 지닌 이는 자기 이익에 앞서,
그것이 모두의 행복에 이바지하는지를 먼저 헤아린다."

ISTJ 임마누엘 칸트	ISFJ 율곡 이이	INFJ 마르틴 부버	INTJ 마키아벨리
책임감과 도덕으로 사회를 이끄는 사람	겸손한 마음으로 사람을 보살피는 사람	'무리'를 '우리'로 변화시키는 사람	비전과 신념으로 산도 옮길 수 있는 사람
ISTP 프랜시스 베이컨	ISFP 퇴계 이황	INFP 소크라테스	INTP 한나 아렌트
현실을 직시하고 문제를 꿰뚫는 사람	따뜻한 마음으로 누군가의 부족함을 채우는 사람	가치를 위해 산다는 것, 그 불꽃 같은 삶을 사는 사람	조용히 앉아 가장 큰 질문을 던지는 사람
ESTP 장 자크 루소	ESFP 공자	ENFP 도산 안창호	ENTP 마르틴 하이데거
어려움 속에서도 사람을 행동하게 만드는 사람	공동묘지에서도 휘파람을 불 수 있는 사람	불같은 열정으로 마음을 움직이는 사람	틀을 깨고 새로운 가능성을 여는 사람
ESTJ 아리스토텔레스	ESFJ 다산 정약용	ENFJ 플라톤	ENTJ 관자
행복을 위한 변화를 이끄는 사람	사람 사이, 따뜻한 다리를 놓는 사람	성장의 잠재력을 끌어내는 사람	'리더의 리더'로서 진성 리더십을 발휘하는 사람

아리스토텔레스, 그는 누구인가

기원전 384년~기원전 367년

그리스 북부의 한적한 시골 마을에서 태어났다.

아버지 니코마코스는 마케도니아 왕 아민타스 2세의 궁정 의사였다. 아리스토텔레스
가 10살 또는 11살이 될 무렵, 부모님이 갑작스럽게 세상을 떠나 삼촌에게 맡겨졌다.
17세가 되어 아테네로 유학을 떠나고 플라톤의 아카데메이아에서 20년간 수학했다.

기원전 347년

스승 플라톤이 세상을 떠난 후, 아카데메이아의 후계자로 그의 조카 스페우시포스가
지명됐다. 아테네를 점령한 마케도니아 국민이었던 아리스토텔레스는 플라톤의 후
광이 사라지자 위협을 느끼고 37세의 나이에 야반도주했다.

같은 해, 그는 아소스 섬에 정착하여 아카데메이아 분교를 설립하고, 통치자 헤르미
아스의 조카이자 의붓딸인 피티아스와 결혼했다.

기원전 344년~기원전 323년

아리스토텔레스는 41세의 나이에 마케도니아 왕 필리포스 2세의 부름을 받고, 어린
왕자 알렉산드로스의 스승이 됐다.

49세가 된 아리스토텔레스는 아테네로 돌아와 아폴론 리케이오스 신전 근처에 리
케이온을 설립했다. 그는 제자들과 산책을 하며 토론을 즐겨 했기에 이 학교 출신들
은 '소요학파'로 불렸다.

알렉산드로스 대왕이 세상을 떠나자 그리스 전역에서 반마케도니아 운동이 일어났다. 아리스토텔레스는 불경죄로 기소되고, 어머니의 고향인 에우보이아 칼키스로 피신했다.

기원전 322년

에우보이아 칼키스에서 63세의 나이로 생을 마감했다.

아리스토텔레스는 방대한 저작을 남겼다.

사고를 위한 도구로는 『오르가논』, 『범주론』, 『문장론』, 『분석론』, 『토피카』, 『소피스트들의 논박』이 있다.

자연에 관한 저서로는 『자연학』, 『천체론』, 『생성과 소멸에 관하여』, 『기상학』, 『소자연론』, 『동물기』, 『동물구조론』, 『동물들의 공간 이동에 관하여』, 『동물들의 운동에 관하여』 등이 있다.

존재를 분류하는 작업에서는 약 400여 종의 동물을 8가지 대범주로 나누는 '존재의 거대한 사슬(The Great Chain of Being)' 이론을 제시했다.

초월적 존재에 관해서는 『형이상학』을 저술했다.

윤리와 정치에 관한 저서로는 『니코마코스 윤리학』, 『에우데모스 윤리학』, 『정치학』, 『아테네의 헌법』이 있다.

창작과 표현에 대해서는 『수사학』과 『시학』을 집필했다.

이 외에도 수많은 책이 있는데 한 명의 철학자가 거의 모든 주제에 관해 방대한 저작을 남긴 사실은 실로 경이롭다.

— 아리스토텔레스의 삶과 메시지, 요약하다

"상실과 혼란 속에서, 어떻게 다시 일어설까?"

삶에 대한 갈망이 사라지고, 상실감으로 하루를 버티기 힘든 우리에게 누군가 이렇게 말한다면 어떨까?

"그럼에도 불구하고, 갈망이 있는 자는 행복하다."

이렇게 답한 인물이 있다. 바로 철학자 아리스토텔레스다.

그는 17세에 아테네로 유학을 떠나 플라톤의 아카데메이아에서 천재로 불리며 학문의 정점에 선다. 이후 마케도니아 알렉산드로스 대왕의 스승으로 활동하며 제국의 사상적 기반을 닦았다. 그러나 그의 인생은 평탄하지 않았다. 부모의 갑작스런 죽음, 스승 플라톤에게 외면당한 배신, 아내와의 사별을 겪고, 정치적 이유로 사형 선고를 받은 후 야반도주해 외로운 섬에서 생을 마감한다.

이토록 파란만장한 그가 우리에게 전하는 철학은 역설적이게도 행복에 관한 것이다.

고대 그리스어 '에우다이모니아(εὐδαιμονία)'는 단순한 쾌락이나 고통의 부재를 뜻하지 않는다. 아리스토텔레스에게 행복이란 단순히 기분이 좋은 상태나 만족스러운 감정이 아니다. 행복은 형용사처럼 어떤 상태가 아니라 우리의 영혼(정신)이 미덕과 조화를 이루며 살아가는 동적인 '움직임' 자체다. 덕을 실천하는 삶의 방식이다. 참된 행복은 그냥 느끼는 게 아니라 바르게 살며 이루어가는 것이다.

아리스토텔레스는 인간을 정치적 동물이라고 정의하고, 사람은 함께라야 삶을 완성할 수 있다고 강조한다. 그는 이렇게 말한다.

"좋은 계획과 재료만으로는 부족하다. 실행하는 자의 탁월함. 즉 아레테(ἀρετή)가 필요하다."

이때 필요한 것이 실천적 지혜, 프로네시스(φρόνησις)이다. 그저 지식이 많고 머리가 좋은 게 아니라 지혜롭게 행동하는 사람, 상황 속에서 바른 결정을 내리는 사람이야말로 진정한 의미의 탁월한 인간이다.

우리에게 아리스토텔레스는 묻는다.

나는 어떤 '갈망'을 붙들고 있는가?
나는 어떤 '더 높은 명분'을 위해 삶을 바치고 있는가?
나는 어떤 방식으로 '행복'에 도달하려 하는가?

아리스토텔레스의 철학을 MBTI에 적용하면 그는 ESTJ 유형에 속할 가능성이 크다. 그는 세상을 논리적이고 체계적으로 분석하는 Te(외향적 사고)를 중심으로 사고하며, 모든 문제를 사실과 구조, 논리로 풀고자 했다. 동시에 그는 Si(내향적 감각)를 통해 과거의 경험과 구체적인 현실을 바탕으로 신중하고 실용적으로 결정했다.

그는 갈망과 목적, 미덕과 공동선, 그리고 행동하는 지혜를 강조했다. 상실의 고통 속에서도 고상한 가치에 헌신하는 삶, 그것이야말로 인간답게 사는 길임을 믿었다.

"당신이 추구하는 행복은 더 높은 가치와 의미를 위한 헌신으로 나아가고 있는가?"
아리스토텔레스라면 이렇게 묻고 싶었을 것이다.

행복을 위한 변화를
이끄는 사람

2021년, 한국 드라마 〈오징어 게임〉은 전 세계 시청자들을 충격과 공감 속에 몰아넣었습니다. 인생 역전을 노리고 게임에 뛰어든 이들이 서로를 잔인하게 죽이는 장면들은 자본주의 사회의 냉혹함과 불평등을 적나라하게 보여 주었습니다.

드라마에서 승자 성기훈과 대화를 나누는 오일남은 돈이 전혀 없어도, 지나치게 많아도 삶에 흥미를 잃는다는 말을 남깁니다. 그는 재미를 위해 어린 시절의 놀이를 극단적으로 재현한 게임을 만들고, 큰 돈을 미끼로 절박한 이들을 끌어들여 그 모습을 관람하는 괴이한 시스템을 고안해 냅니다. 그 왜곡된 행태는 비판받아 마땅하지만, 그의 말은 돈과 행복의 관계를 다시 생각하게 만듭니다.

자본주의 사회에서 경제적 기반이 없으면 일상을 유지하는 것도 버겁습니다. 돈은 소비 수단을 넘어 생존을 가능하게 하고 미래의 불안을 잠재우는 필수 장치입니다. 사람들은 하루하루 견디느라 돈을 버는 데 급급합니다.

그럼에도 불구하고 우리 마음속에는 여전히 '더 나은 삶'에 대한 갈망이 있습니다. 인간은 본래 공동체에서 의미를 찾고, 함께 가치를 실현하고자 합니다. 세상이 불합리하다고 분노하는 것은 우리 안에 열정이 살아 있다는 증거입니다. 이상을 현실로 만들려 하지만, 현실은 좀처럼 바뀌지 않습니다. 변화에 대한 열망과 현실의 괴리 속에 우리는 질문합니다. 삶을 더 나은 방향으로 바꿀 수 없을까?

아리스토텔레스

이 질문에 대해 고대 철학자 아리스토텔레스는 오늘날에도 유효한 지혜를 제시합니다. 아리스토텔레스는 문제를 비판하고 개선하는 데 뛰어난 T(사고)이며, S(감각)로서 '지금 여기'의 시간을 어떻게 변화시킬지 고민했습니다.

그의 해답은 '4변화원인설'입니다. 이는 사물이 왜 존재하는지를 설명합니다. 아리스토텔레스의 4변화원인은 질료인, 형상인, 목적인, 운동인입니다.

질료인은 재료로, 예를 들어 나무나 금속이 질료인입니다.

형상인은 계획이나 설계도를 말합니다. 좋은 가구를 만들기 위해서는 좋은 재료와 계획이 필요합니다.

그러나 어떤 목적으로 사용할 가구인지에 따라 만드는 과정이 달라집니다. 따라서 무엇을 위해 쓸지 미리 정해야 합니다. 여기서 목적인은 중요한 변화의 원인입니다. 아리스토텔레스가 말한 '목적'은 그리스어 Τήλος(telos)로, 가치를 실현하는 과정입니다. 목적적 관계란 현실에 존재하지 않는 가치를 현실로 구현하는 과정입니다.

그러나 목적인 만으로는 변화가 불가능합니다. 운동인, 즉 누군가 그것을 만들기 위해 개입해야 변화가 이루어집니다. 변화를 가능하게 만드는 것은 운동인 역할을 하는 사람입니다.

아테네의 민주정이 무너지고 나라가 혼란스러워졌습니다. 전문가들이 여러 가지 진단을 했습니다. 어떤 사람들은 시스템의 뿌리, 즉 좋은 재료가 문제라고 했습니다. 다른 사람들은 설계가 잘못되었거나 창의력이 부족하다고 말했습니다. 어떤 이들은 목표가 없거나 일관성이 없다고 했습니다. 이런 잘못된 진단은 새로운 갈등을 일으켰습니다.

이런 상황에서 아리스토텔레스는 변화의 가능성을 이야기했습니다. 변화의 가능성은 어디에 있을까요? 바로 '운동인', 즉 사람이 변화의 중심입니다. 우리는 위기와 갈등 속에서 삶의 의미를 새롭게 이해해야 합니다. 그리고 덕과 공평, 정의를 실천해야 합니다. 당면한 문제를 두고 갈팡질팡하지 말고, 한 걸음 물러서서 객관적으로 바라보는 능력이 필요합니다. 시스템을 개선하고 목표를 세우는 것도 중요하지만, 변화의 핵심은 사람의 개입입니다. 누가 변화를 일으키느냐가 중요합니다. 그래서 변화의 최종 단계는 운동인입니다.

이런 의미에서 아리스토텔레스는 '인간은 정치적(사회적) 동물'이라고 말했습니다. 명예, 부, 권력, 건강, 지식 등이 없이도 인간은 서로 영향을 미칩니다. 유대인 철학자 마르틴 부버는 그의 책 『나와 너』에서 인간을 '사이적 존재'라고 정의했습니다. '너'는 또 다른 '나'로서, '너'를 인격적으로 대할 때 내가 완성된다고 했습니다. 모든 인간은 '정치적' 존재입니다. 우리는 서로의 존재를 인정하고, 관계를 통해 변화의 가능성을 실현해야 합니다.

아리스토텔레스의 일생을 살펴보면, 그가 새로운 삶의 에너지를 얻는 과정이 분명하게 드러납니다. E(외향)인 그는 사람을 통해 힘을 얻고 치유됩니다. 아리스토텔레스는 만남과 대화를 통해 철학적 사고를 발전시키고, 이를 통해 자신과 비슷한 운명에 처한 사람들에게 희망을 주고 싶어 했습니다. 그는 자신과 타인의 삶을 변화시키는 운동인이 되어 사람들이 운명을 바꾸고, 삶을 개선하며, 사회를 변화시킬 영감을 불어 넣으려 했습니다.

37세에 아테네에서 도망친 아리스토텔레스는 49세에 다시 그곳으로 돌아왔습니다. 그는 도시 외곽에 '리케이온(Lyceum)'이라는 학교를 세웠습니다. 여기서 '행복'과 '변화'의 가능성, 그리고 '인간은 사회적 동물'이라는 것을 제자들에게 가르쳤습니다.

그의 덕에 아테네 사람들은 갈등과 분노로 절망하는 대신 꿈을 이룰 방법을 찾았습니다. 그가 아테네로 돌아왔을 때 얼마나 큰 위로와 용기가 되었을까

아리스토텔레스

요? 아리스토텔레스는 운동인이 되어 그들의 삶에 개입했습니다.

아리스토텔레스가 말하는 정치적 동물은 사람입니다. 그는 아무나 다른 사람을 변화시킬 수 없다고 보았습니다. 아무리 좋은 재료와 완벽한 계획이 있어도, 이를 실행하는 사람이 아레테의 힘, 즉 탁월한 능력을 지녀야 한다고 말했습니다.

아레테란 프로네시스(φρόνησις)라는 실천적 지혜를 뜻합니다.

아리스토텔레스의 철학은 그의 용어에서 잘 드러납니다. 그리스어에 프로니모스(φρόνιμος)라는 단어가 있는데 '신중하고 사려 깊은 사람'을 의미합니다. 프로니모스가 되려면 실천적 지혜가 필요하며, 아리스토텔레스는 이를 최고의 덕목으로 강조했습니다.

실천적 지혜를 가진 프로니모스는 자기 유익만 생각지 않고, 공동의 행복에 도움이 되는지 곰곰이 따져 봅니다. 그는 현실을 감안하여 최선의 선택을 합니다. 탁월한 전문성은 타인의 아픔을 나의 아픔처럼 느끼는 공감 능력과 옳은 일을 올바르게 하려는 도덕적 판단력을 필요로 합니다. 이런 상태를 아레테라고 부릅니다. 아레테는 전문 지식과 덕을 모두 갖춘 상태를 의미합니다.

각자 몸담은 전문 분야의 뛰어난 기술이 도덕적인 행동으로 나타나야 합니다. 전문성이 덕을 통해 표현될 때, 탁월한 사람이라고 할 수 있습니다.

아리스토텔레스가 제시한 탁월함과 실천적 지혜는 오늘날도 여전히 중요합니다. 우리는 이를 마음에 새기고, 일상에서 실천하며 더 나은 세상을 만들어야 합니다.

아무도 빼앗을 수 없는
행복을 찾는 법

행복이란 어떤 조건에서 가능할까요? 사람들이 힘들 때 주로 찾는 책의 주제가 '행복'이라고 합니다. 고통에서 벗어나고 싶은 마음, 지금보다 나은 삶에 대한 갈망이 크다는 뜻입니다. 그러나 아무리 책을 읽어도 지식만으로 행복해지는 건 아닙니다. 먼저 왜 내가 행복하지 않은지 진지하게 들여다보아야 합니다.

세계적으로 유명한 장기 연구인 하버드 성인 발달 연구에서도 행복의 조건은 환경보다 개인이 고통을 받아들이고 다루는 방식에 달려 있다는 결과가 나왔습니다. 고통이 없는 게 아니라 고통을 대하는 태도가 행복의 핵심이라는 뜻입니다.

이와 관련해 고대 철학자 아리스토텔레스는 독특한 관점을 제시합니다. 그는 진정한 행복은 외적 조건에 좌우되지 않는다고 보았습니다.

누구도 빼앗을 수 없는 내면의 상태, 즉 인간의 본성에 따라 잘 사는 삶. 이를 그는 '에우다이모니아(εὐδαιμονία)'라고 불렀습니다. 이 말은 흔히 '행복'으로 번역되지만, 그리스어 본래의 의미에 가까운 표현은 '좋은 정신 상태의 삶'입니다. 여기서 '에우'는 '좋은', '다이몬'은 '정신' 또는 '영혼'을 뜻합니다. 다시 말해, 행복이란 외부에서 얻는 게 아니라 정신이 선한 방향으로 작동할 때 이뤄진다고 본 것입니다.

그가 말하고자 한 행복은 단순히 기분이 좋거나 괴롭지 않은 상태가 아닙니

아리스토텔레스

다. 그는 행복이 "인간이 가장 고귀하고 좋은 것을 성취할 때 느끼는 기쁨"이라고 설명했습니다. 여기서 '고귀한 것'은 어떤 불행 속에서도 인간으로서 품위를 유지하는 것을 의미합니다. '좋은 것'은 올바른 행동을 뜻합니다.

예를 들어, 가난하고 아픈 사람이 비참한 상황에 절망하기보다 더 가난하고 아픈 사람을 도와주는 것입니다. 이런 관점에서 아리스토텔레스는 행복이 외부 조건에만 의존하기보다 내적 품격과 도덕적 행동에 기반한다고 강조했습니다. 반면 불행은 나쁜 성격과 행동을 통해 나타납니다.

아리스토텔레스는 "매일 가장 좋은 일을 함으로써 누구에게도 빼앗기지 않는 행복을 찾을 수 있다"고 말했습니다. 행복은 하루아침에 오는 것이 아닙니다. 매일 실천하는 습관에서 옵니다. 행복은 지금 여기에서 최고의 행동을 통해 얻는 결과입니다.

우리는 왜 좌절할까요? 오직 자신만을 위해 외적이고 일시적인 행복을 추구하는 까닭입니다. 내 행복, 내 가정, 내 공동체와 기업, 내 나라에 지나치게 매달리다 보니 어려움에 부딪히고 공허함을 느낍니다.

주위를 둘러보면 가진 것 하나 없이 행복한 사람도 있습니다. 반면 다 가졌는데 불행한 사람도 있습니다. 둘의 차이는 무엇일까요? 바로 인생을 바라보는 시선입니다. 행복을 느끼려면 인생에 대해 생각을 잘 정리하고, 좋은 행동을 해야 합니다. 이를 위해 우리는 자신의 삶을 돌아봐야 합니다. 이 과정을 관조(θεορία, theoria)라고 합니다.

관조는 지혜를 통해 인간 최고의 능력을 발휘하는 지적 행동입니다. 쉽게 말해, 깊이 생각하거나 고민하는 것입니다. 내가 겪는 사건이나 상황이 어떤 의미를 가지는지를 숙고합니다. 무슨 일이 일어났는지, 왜 발생했는지, 어떻게 문제를 해결할지 고민하는 과정입니다. 이러한 사유는 우리가 계속 성장하고 스스로 치유하도록 돕고, 더 나은 이해와 통찰력을 키워 줍니다.

ESTJ

164

아리스토텔레스는 '행복'을 유지하는 방법으로 관조적 삶을 제안했습니다. 여기서 '관조적 삶'은 자기 마음과 세상을 심도 있게 이해하고, 진리를 구하며, 삶의 의미를 생각하는 것입니다.

아리스토텔레스는 모든 경험이 행복을 일구는 데 도움이 된다고 보았습니다. 즉, 우리가 매일 겪는 일과 그에 대한 생각이 행복으로 이어진다고 믿었습니다. 이런 관점에서 삶의 경험을 소중히 여기고, 그 의미를 고민하는 것이 행복을 찾는 길이 됩니다.

Si(내향적 감각)로서 아리스토텔레스는 관조를 위해 혼자만의 시간을 갖거나 조용한 장소를 찾았습니다. 내향 감각은 내면을 깊이 들여다보고, 감정이나 생각을 정리하는 능력입니다. 그는 이를 통해 순간의 감정이나 상황에 흔들리지 않고, 현재의 삶에 최선을 다하는 방법을 알려 줍니다.

우리는 운명을 예측하거나 통제할 수 없습니다. 그럼에도 불구하고, 사람들은 공식대로 하면 누구나 성공하고 행복해진다고 믿습니다. 이 믿음은 사실과 다르며, 행복은 각자 스스로 찾아야 합니다. 그러므로 우리는 아리스토텔레스의 행복론에 주목해야 합니다. 그는 어떤 상황에서도 빼앗길 수 없는 행복이 있다고 믿었기 때문입니다. 수천 년 동안 전 세계 사람들이 그의 철학을 공부하며 참된 행복을 발견했습니다. 이것이 그의 가르침이 여전히 가치 있는 이유입니다.

아리스토텔레스를 통해 본
ESTJ의 천부적 재능

ESTJ 유형은 프로젝트, 운영, 절차, 그리고 사람들을 조직하는 활동을 좋아합니다. 이들은 계획대로 행동하며, 명확한 기준과 신념에 따라 삽니다. 체계적인 노력을 중요시하고, 다른 사람도 자신과 같기를 기대합니다. 이들은 능력, 효율성, 결과에 가치를 두고, 일과 놀이 속에서 이를 표현합니다.

슈퍼파워 Te(외향적 사고)로서 세상을 논리적이고 체계적으로 분석하고, 문제를 해결하기 위해 객관적으로 접근합니다. 아리스토텔레스도 사고를 통해 인간의 행동과 사회 구조를 이해하려 했습니다. 그는 사회의 정의와 공정성에 관해 고민했습니다.

아리스토텔레스는 서포터 능력 Si(내향적 감각)로서 자신의 과거 경험을 바탕으로 현재를 이해하고, 문제를 해결합니다. 경험과 전통을 중시하며 이를 통해 깊이 성찰했습니다. 그는 과거에서 배운 것을 현재에 적용하고자 했습니다.

사춘기 아이 N(직관)으로서 다른 사람이 미래에 대한 비전을 품도록 도와줍니다. ESTJ들은 큰 그림을 보려 하며, 새로운 가능성에 대해 생각합니다. 아리스토텔레스 또한 존재의 본질과 의미에 대해 탐구했으며, N(직관)은 그가 직관적으로 미래를 보는 데 유용했습니다.

비뚤어진 악동 Fi(내향적 감정)가 개발되면, ESTJ는 결정을 내릴 때 다른 사람을 존중하게 됩니다. 즉, 남의 감정이나 생각을 이해하려 노력합니다.

반면, 비뚤어진 악동 Fi(내향적 감정)가 개발되지 않으면, ESTJ는 타인의 감정이나 가치를 제대로 이해하지 못할 때도 있습니다. 그래서 결정을 서두르거나 일을 중시하다가 다른 이의 감정을 무시합니다.

결론적으로, 아리스토텔레스를 통해 본 ESTJ의 천부적 재능은 슈퍼파워 Te(외향적 사고)로 세상을 체계적으로 분석하고, 서포터 능력 Si(내향적 감각)로 과거의 경험을 바탕으로 판단합니다. 비뚤어진 악동 Fi(내향적 감정)는 감정적 어려움을 겪는 부분으로, 아리스토텔레스의 철학도 개인의 감정과 사회적 책임 사이의 균형을 찾으려는 노력이 엿보입니다.

10

ENTJ

관자

(기원전 720~기원전 645)

진성 리더십으로 여는
성공의 길

슈퍼파워 Te, 서포터 능력 Ni,
사춘기 아이 S, 비뚤어진 악동 Fi

"지도자는 사람을 알아보고, 시대를 읽으며,
길을 설계할 줄 알아야 한다."

ISTJ 임마누엘 칸트	ISFJ 율곡 이이	INFJ 마르틴 부버	INTJ 마키아벨리
책임감과 도덕으로 사회를 이끄는 사람	겸손한 마음으로 사람을 보살피는 사람	'무리'를 '우리'로 변화시키는 사람	비전과 신념으로 산도 옮길 수 있는 사람
ISTP 프랜시스 베이컨	ISFP 퇴계 이황	INFP 소크라테스	INTP 한나 아렌트
현실을 직시하고 문제를 꿰뚫는 사람	따뜻한 마음으로 누군가의 부족함을 채우는 사람	가치를 위해 산다는 것, 그 불꽃 같은 삶을 사는 사람	조용히 앉아 가장 큰 질문을 던지는 사람
ESTP 장 자크 루소	ESFP 공자	ENFP 도산 안창호	ENTP 마르틴 하이데거
어려움 속에서도 사람을 행동하게 만드는 사람	공동묘지에서도 휘파람을 불 수 있는 사람	불같은 열정으로 마음을 움직이는 사람	틀을 깨고 새로운 가능성을 여는 사람
ESTJ 아리스토텔레스	ESFJ 다산 정약용	ENFJ 플라톤	ENTJ 관자
행복을 위한 변화를 이끄는 사람	사람 사이, 따뜻한 다리를 놓는 사람	성장의 잠재력을 끌어내는 사람	'리더의 리더'로서 진성 리더십을 발휘하는 사람

관자(管子), 그는 누구인가?

기원전 725년~기원전 645년

본명은 이오(夷吾)이고, 자(字)는 중(仲)이며, 춘추시대 영상(潁上, 현재의 안휘성 북부 지역)에서 태어났다. 그의 정확한 생존 연대는 알려지지 않았다. 관자는 제나라 왕 제희공(齊僖公)의 명을 받아 왕족인 규(糾)와 소백(小白)을 가르쳤으며, 포숙아와 함께 선생으로 활동했다. 이후 포숙아의 추천에 힘입어, 소백이 제환공으로 즉위한 뒤 재상으로 임명되었다고 『춘추좌전』은 전한다.

관자는 『관자(管子)』를 집필하여 정치, 경제, 행정, 법률, 외교, 군사 등 국가 경영에 필요한 다양한 분야의 지식을 종합했다.

그의 저작에는 경제 논리에 기반한 실용적 통찰이 담겨 있는데, 중국 베이징대학교 연구원 자이위중(翟玉忠)은 『관자』를 서양 경제학의 아버지 애덤 스미스의 『국부론』보다 깊이 있는 정치경제서로서 평가했다.

70세의 나이로 생을 마감했다.

– 관자의 삶과 메시지, 요약하다

"리더는 타고나는가, 만들어지는가?"

이 질문은 오늘날 가장 중요한 문제 중 하나다. 정치적 신뢰가 흔들리고, 혼란이 반복되는 현대사회에서 진정한 지도자는 어떤 사람이어야 할까?

한 사람의 생각과 통찰이 시대를 바꿀 수 있을까?

이 질문에 답할 수 있는 한 인물이 있다. 바로 춘추시대 제나라의 재상, 관중이다.

기원전 7세기 제나라에서 태어난 관중은 뛰어난 통찰과 정치적 안목을 발휘한 인물이다. 그는 젊은 시절 궁핍했으나 친구 포숙아의 천거로 제환공의 재상이 되었고, 제나라를 강대국으로 이끌며 춘추오패(춘추시대에 패권을 쥔 5대 패자 또는 강국)의 길을 열었다. 그의 정치철학은 『관자』에 담겨 있으며, "나라에는 네 가지 근본이 있다. 예(禮), 의(義), 염(廉), 치(恥)다. 이 넷이 무너지면 나라도 무너진다"며 도덕을 국가의 기초로 삼았다.

관중의 정치철학은 현실 정치에 도덕과 질서를 접목시킨 점에서 의미가 있다. 그는 인간의 욕망을 부정하기보다 욕망을 인정하고 조절하며, '부민부국(富民富國)'의 신념을 실천했다. 즉, 백성이 부유해야 나라가 부유하다는 것이다. 그는 국가를 이끌 때 단기적 처방에 의존하지 않고, 시대의 흐름과 사람의 마음을 읽는 통찰을 바탕으로 정책을 설계했다.

그는 "명확한 생각 없이 계획하면 실패하고, 준비 없이 시작하면 곤란을 겪는다"며 준비된 리더십을 강조했다.

오늘날 리더를 생각할 때 리더십이 관계 속에서 형성된다는 관중의 철학은 여전히 유효하다. 리더는 능력만으로 세워지는 게 아니다. 관계와 신뢰, 철학이 기반이 돼야 한다. 그는 말한다.

"지도자는 사람을 알아보고, 시대를 읽으며, 길을 설계할 줄 알아야 한다."

ENTJ

이 말은 오늘날의 리더들에게 의미심장한 메시지를 전한다. 진정한 리더십은 주변 사람과의 신뢰를 바탕으로 하며, 시대를 읽고 사람들의 필요와 가치를 제대로 인식하는 능력을 요한다는 것이다. 이러한 리더십은 정치인에게만 필요한 게 아니다. 리더십을 발휘하려는 모두에게 중요하다.

오늘의 우리는 어떻게 더 나은 관계를 맺고, 실용적이고 도덕적인 방향으로 사람들을 이끌 수 있을까?

관중의 철학을 MBTI에 적용하면 그는 ENTJ 유형에 속할 가능성이 크다. 이 유형은 '강한 논리와 체계로 미래의 방향을 정하고, 목표를 향해 추진하는 유형'이다. 관중은 예의염치를 중심에 둔 명확한 정치철학을 바탕으로 나라의 방향을 정립하였고, ENTJ 유형의 특성인 '리더의 리더' 면모를 잘 보여 준다.

그는 복잡다단한 정치 상황을 면밀히 분석하고, 필요한 정보를 바탕으로 명확한 판단을 내리며, 뚜렷한 방향성과 전략으로 국가를 이끌었다. 그의 Te(외향적 사고) 기능은 논리적 판단과 체계적 의사결정을 가능하게 했고, Ni(내향적 직관) 기능은 장기적인 안목으로 미래를 설계하는 데 기여했다. 이 두 조화는 관중으로 하여금 혼란 속에서 사람들을 하나로 모으고 지속 가능한 국가 시스템을 구축하게 했다.

"당신은 어떤 이의 친구가 될 수 있는가? 누구의 리더가 될 준비가 됐는가?"
관중이라면 이렇게 묻고 싶었을 것이다.

관자와 관중은 동일 인물이다.

관자

173

'리더의 리더'로서
진성 리더십을 발휘하는 사람

진정한 리더란 무엇일까요? 시대를 이끄는 '리더의 리더'는 단지 자리를 차지한 사람이 아니라 '사람들의 삶을 책임지고 바른 방향으로 이끄는 자'입니다. 정치는 민생을 돌보는 행위이며, 한 나라의 삶의 질을 결정합니다. 그런데 현실적으로 우리는 정치를 지역 개발이나 시설 유치 경쟁 정도로 인식합니다. 선거 공보에는 지역 내 대학 유치, 교통 인프라 확충, 체육관 건립 같은 공약이 가득하지만, 정작 구조적 불평등이나 취약 계층을 위한 근본적인 정책은 찾기 어렵습니다.

정치인은 민생을 위한 정책 설계자여야 합니다. 표를 얻기 위한 이벤트성 행동이 아니라 사회의 가장 낮은 곳에서 삶을 건져 올리는 고민이 필요합니다. 실패한 사람도 다시 일어설 수 있는 사회, 가난과 소외로부터 보호받는 사회를 만드는 일이 정치가 할 일입니다.

이와 같은 정신을 실천한 인물로는 『가난한 사람들을 위한 은행가』(2002)의 저자인 방글라데시의 경제학자 무하마드 유누스를 들 수 있습니다. 그는 '그라민 은행'을 설립하여 담보 없이 소액 대출을 제공함으로써 수많은 빈곤 가정에 재기의 기회를 열었고, 그 공로로 노벨평화상을 수상했습니다. 한 사람의 철학과 실천이 많은 사람의 삶을 바꾸는 변화의 씨앗이 되었습니다.

단 한 사람의 정치인이라도 사회적 책임감과 철학을 바탕으로 소명을 인식하고 공공의 이익을 위해 일한다면 사회는 달라질 것입니다.

정치란 무엇인가? 이 질문에 오래전에 답을 제시한 철학자가 있습니다. 바로 관중(管仲)입니다.

관중이 살던 춘추시대는 혼란스러웠습니다. 그는 위기를 극복할 해법이 바른 정치에서 나온다고 믿었습니다. 그의 생각은 오늘날의 리더십에서도 여전히 중요합니다. 특히 현대에 주목받는 진성 리더십은 리더십의 본질을 회복하고, 좋은 영향력을 통해 올바른 변화를 만드는 것을 목표로 합니다.

진성리더십은 기존의 비윤리적인 자본주의 방식을 피하고, 착한 경영을 통해 충분히 성공할 수 있음을 보여 줍니다. 이와 관련해 구글 창업자들이 중요하게 여긴 진정성과 혁신은 관중의 사상과 맞닿아 있습니다. 그들은 기술에 윤리를 접목하여 사회에 긍정적인 영향을 주었습니다. 현대의 리더들은 관중의 사상을 바탕으로 진정한 리더십을 실천함으로써 사람들을 하나로 모으고 사회를 발전시킬 수 있습니다.

관중의 리더십은 두 가지 요소로 나타납니다. 첫째는 '사유(四維)'의 개념으로, 바른 정치와 도덕을 강조하는 것이며, 둘째는 9가지 복지 정책으로 국민의 삶을 개선하고 사회의 안정성을 높이기 위한 구체적인 실천입니다.

첫째, 관중은 나라의 존망을 결정하는 '사유'를 정의했습니다. 이 사유는 예(礼), 의(义), 염(廉), 치(恥)입니다. '예'는 규칙을 지키는 행동, '의'는 부정한 부탁을 하지 않는 것입니다. '염'은 잘못을 숨기지 않는 행동이고, '치'는 잘못된 것을 따르지 않고 부끄러움을 아는 행동을 가리킵니다. 그는 리더가 예의와 염치를 잃으면 백성이 따르지 않는다면서 '예의염치'를 강조했습니다. 그리고 "규칙을 지키면 지도자의 자리는 안전해지고, 부정한 부탁이 없으면 백성이 남을 속이지 않습니다. 잘못을 숨기지 않으면 행동이 바르게 되고, 잘못된 것을 따르지 않으면 나쁜 일이 생기지 않습니다"라고 설명했습니다.

관자

관중과 같은 NT(직관 사고)는 정의, 공평, 진리를 매우 중요시합니다. 이들은 논리적이고 분석적인 사고를 바탕으로 세상을 이해하고 문제를 해결하며, 객관적인 사실과 원칙에 가치를 부여합니다. 이러한 가치관은 그들의 결정이나 정책을 좌우하는데, NT(직관 사고)는 공정과 진실 같은 원칙이 사회 안정과 발전에 기여한다고 믿기 때문에 이를 실현하기 위해 지속적으로 노력합니다.

한 예로 관중은 백성과의 신뢰 관계를 강조했습니다. 그는 '법을 쉽게 바꾸지 말고 공정하게 시행해야 한다'고 말했습니다. 이 원칙은 백성이 스스로 정직하고 성실하게 행동하도록 돕습니다. NT(직관 사고)에게 신뢰는 무척 중요합니다. 신뢰 관계가 형성되면 더 효과적으로 문제를 해결하고 목표를 달성할 수 있습니다. 이들은 사람과의 관계에서 진실성과 공정성을 중시하며, 이 가치가 신뢰를 쌓는 데 도움이 된다고 믿습니다.

두 번째로, 관중은 9가지의 복지 정책을 시행했습니다. 관중이 제나라에 온 지 40일 만이었습니다. 이는 국민의 삶을 개선하고 사회 안정성을 높이기 위한 실천이었습니다. 관중은 리더십을 통해 혼란스러운 시대에 긍정적인 변화를 이끌었으며, 이는 부강한 제나라를 이루는 든든한 기반이 되었습니다.

관중의 9가지 복지 정책은 다음과 같습니다.

첫째, '노인을 존경하라'입니다. 이는 세대 간의 유대감을 형성하여 사회 안정성을 높입니다.

둘째, '어린이를 사랑하라'입니다. 이는 사회의 기본 도덕과 가치를 강화하여 미래 세대를 위한 긍정적인 환경을 만듭니다.

셋째, '고아를 돌보라'입니다. 이는 모든 시민을 존중하고 보호하는 사회 안전망을 강화합니다.

넷째, '장애인에게 복지를 베풀라'입니다. 이는 사회 통합을 촉진하고 장애인을 포함한 전 국민의 삶의 질을 향상시킵니다.

ENTJ

다섯째, '혼자 사는 사람들을 결혼시키라'입니다. 이는 개인의 행복을 증진시키고 공동체의 결속력을 높입니다.

여섯째, '병자를 격려하라'입니다. 이는 사회적 연대를 강화하고 아픈 이들을 돌보는 문화를 형성합니다.

일곱째와 여덟째는 '가난한 사람을 돕고, 흉년 때 민생을 챙기라'입니다. 경제적 어려움이나 재난 상황에서 사회 안전망을 강화하고 취약 계층을 지원하는 것은 필수입니다. 물가 상승이나 실업 등으로 어려움을 겪는 이웃을 위한 지원은 불평등을 해소하고 국가의 안정과 지속 가능한 발전을 촉진합니다.

아홉째, '사회에 기여한 사람들을 존중하라'입니다. 이는 긍정적인 행동을 장려하고 시민들이 서로 돕고 존중하는 문화를 형성하게 합니다.

시대를 넘어 명재상으로 추앙받는 관중의 정치를 살펴보면 ENTJ로서의 강점이 드러납니다. 그는 상황을 철저히 분석하고, 필요한 정보를 바탕으로 명확하게 판단을 내렸습니다. 목표를 달성하기 위해 인적, 물적 자원을 효율적으로 동원한 것도 중요한 특징입니다. 이러한 능력 덕분에 그는 효과적으로 국가를 이끌고, 국민의 삶을 개선하는 긍정적인 변화를 일으켰습니다. 관중의 리더십은 나라를 관리하는 데 그치지 않고, 백성들에게 용기를 주고 그들이 발전할 수 있는 환경을 조성하는 데 중점을 두었습니다.

사람을 보는 눈,
리더십의 핵심

리더십에서 가장 중요한 요소는 사람을 알아보는 능력입니다. 사람을 잘 관리하는 것이 중요하다는 뜻이기도 합니다. 그렇다면 어떤 사람을 세워야 할까요?

관중은 이렇게 말합니다.

"똑똑한 사람을 비하하는 사람, 능력이 부족한 사람을 높이 평가하는 사람은 올바른 결정을 내리기 어렵습니다. 따라서 그런 사람에게 중요한 일을 맡기면 안 됩니다. 큰일을 계획하는 사람만이 큰일을 이룰 수 있고, 미래를 생각하는 사람만이 큰 목표를 달성할 수 있습니다. 크게 성공하려면 잘 계획하고 준비해야 합니다. 또한, 미래를 고려하여 그에 맞는 목표를 세우는 사람이 목표를 이룹니다. 일을 대충 처리하고 문제를 일으키는 사람은 멀리 보내고 다시 불러서는 안 됩니다. 즉, 신뢰할 수 없는 사람에게는 다시 기회를 주지 말라는 것입니다. 똑똑하고 능력 있는 사람을 선택해야 국민이 혜택을 받으며, 군주가 뛰어난 자질을 갖추어야 국민이 믿고 따릅니다."

사람을 알아보는 능력이 얼마나 중요한지를 보여 주는 관중의 일화가 있습니다. 이 이야기는 『관자』 〈내언편〉에 나옵니다.

명재상이던 관중이 병환으로 드러눕자 제환공은 매일 그를 찾아가 쾌유를 기원했습니다. 그러나 관중의 병은 점차 심해졌습니다. 어느 날 제환공은 그의 손을 잡고 물었습니다.

"불행히도 관중이 다시 일어나지 못하면 나라의 일을 누구에게 맡길까요?"

제환공은 관중처럼 현명한 후계자를 찾고 싶었습니다.
"포숙아는 어떻습니까?" 제환공이 물었습니다.

"포숙아는 정직하지만 고집이 세다는 단점이 있습니다. 지혜로운 리더는 유연하게 대처하고 타협해야 합니다. 리더가 유연하지 않으면 다른 사람과 갈등이 생기고, 효과적인 리더십을 발휘하기 힘들 것입니다."

"개방은 어떻습니까?" 제환공이 물었습니다.

"위나라의 왕족인 개방이 제나라로 온 이유는 제나라가 더 강했기 때문입니다. 그는 위의 왕위 계승권을 포기하고 제나라의 군주를 섬기고 싶어 합니다. 그는 가족과 친척을 사랑하지 않고, 오로지 성공만 바라봅니다. 개방은 15년 동안 부모를 모시지 않았습니다. 언제나 이익을 따져 행동하는 사람이라 친척도 쉽게 버릴 수 있습니다. 제나라에서도 자신에게 이익이 되지 않으면 언제든 나쁜 일을 할 겁니다."

"수초는 어떤 사람인가요?" 제환공이 계속해서 물었습니다.

"수초는 권력을 얻기 위해 스스로 고환을 제거하여 내시가 된 사람입니다. 그가 과연 군주에 대한 진실한 사랑이나 충성을 품고 있을지 의문입니다."

"역아는 어떤 사람인가요?" 제환공이 마지막으로 물었습니다.

관자

"역아는 자식을 삶아 군주에게 먹인 사람입니다. 역아는 제환공이 음식을 좋아하는 걸 잘 알고, 군주를 기쁘게 하려고 자식을 삶아 대접한 것입니다. 자식을 사랑하지 않는 사람이 군주를 사랑할 수 있을까요? 그런 사람은 절대 정치적으로 신뢰해서는 안 됩니다."

제환공은 각자의 장단점을 신중하게 고려하며 누가 관중이 남긴 정치적 이상과 철학을 이어받아 나라를 이끌지 생각했습니다. 관중은 정의롭고 올바른 통치를 강조하며, 민중을 위해 헌신하는 지도자의 중요성을 일깨웠습니다.

그렇다면 관중은 누구를 후임으로 추천했을까요? 『한비자』 〈십과〉에 그 답이 나옵니다.

"제환공이 누가 좋은지를 묻자 관중은 '습붕이 좋습니다. 그는 어떤 어려움이 있어도 흔들리지 않는 강한 마음을 지녔고, 겸손하고 정직하며 욕심이 적습니다. 자신의 생각이나 원칙을 잘 지킵니다. 겸손하면 큰일을 맡길 수 있고, 욕심이 적으면 국민을 잘 다스릴 수 있습니다. 신의가 두터우면 이웃 나라와 친하게 지낼 수 있습니다. 그를 쓰도록 하십시오.'라고 했습니다."

이 이야기는 『한비자』에만 나오기 때문에 역사적 사실로 단정하기는 쉽지 않지만, 관중과 제환공의 대화에서 빠진 마지막 부분을 보충하는 점에서 의미가 있습니다.

NT(직관 사고)로서 관중은 이처럼 논리적이고 분석적인 사고를 바탕으로 세상을 이해하고 문제를 해결했습니다. 감정이나 개인적인 의견에 휘둘리지 않고 객관적인 사실과 원칙에 집중했기에 훌륭하게 자신의 직무를 감당했습니다. TJ(사고 판단)인 관중은 자기 생각이나 의견을 분명하고 직접적으로 표현합니다. 예를 들어, "이 방법이 가장 좋다"고 에두르지 않고 확실히 전달합니다.

ENTJ

관중이 죽은 후 제나라를 맡은 사람은 습붕이었을 것입니다. 그러나 그도 얼마 안 되어 세상을 떠났습니다. 습붕 다음에는 누가 재상을 맡았던 걸까요?

『춘추좌전』과 『사기』에 따르면, 관중이 염려했던 역아, 수초, 개방이 뒤를 이은 것으로 보입니다. 관중이 죽은 후 후계자를 두고 치열한 다툼이 벌어지면서 제나라가 어지럽게 되었습니다. 역아, 수초, 개방은 반란을 일으켰고 제환공은 관중이 죽은 지 2년 만에 참혹한 최후를 맞이했습니다.

이 이야기가 보여 주듯이 조직의 흥망성쇠는 누가 리더인가, 또 리더의 주위에 어떤 사람들이 있는가에 달려 있습니다.

관자로 본
ENTJ의 천부적 재능

슈퍼파워 Te(외향적 사고)는 문제 해결과 목표 달성을 위한 체계적이고 논리적인 접근을 강조합니다. 관중은 정치경제적 문제를 해결하기 위해 상황을 면밀히 분석하고, 필요한 정보를 수집하여 실질적인 결과를 도출했습니다. 그는 제환공에게 "먼저 국민을 잘 돌보고, 그 다음 그들이 쉽게 이동할 수 있는 길과 기회를 만들어야 한다"고 제안하며, 효율적으로 목표를 달성하는 데 집중했습니다. 이러한 Te(외향적 사고)는 ENTJ가 리더로서 조직을 효과적으로 이끌고, 문제를 해결하는 데 큰 도움이 됩니다.

서포터 능력 Ni(내향적 직관)는 장기적인 비전과 전략적 사고를 가능하게 합니다. 관중은 복잡한 정치 환경 속에서 미래를 예측하고, 이를 바탕으로 장기 계획을 수립했습니다. '부민부국'이라는 그의 사상은 국민의 부유함이 국가의 부유함으로 이어진다는 점을 강조하는데, 이는 내향적 직관의 결과로 볼 수 있습니다. ENTJ는 비전과 통찰력을 통해 목표를 설정하고 그 목표를 달성하기 위한 전략을 개발합니다.

사춘기 아이 F(감정)는 ENTJ가 사람과의 관계를 깊이 이해하고, 팀워크를 조화롭게 형성하는 데 도움을 줄 수 있습니다. 관중은 타인의 감정과 역량을 존중하며 함께 성장할 환경을 만들고자 했습니다. 그는 "똑똑한 사람을 낮추고 비하하는 사람은 올바른 결정을 내리기 어렵다"고 말하며, 신뢰와 존중의 관계가 의사결정에 얼마나 중요한지를 강조했습니다. ENTJ도 F(감정)가 성숙하게 개발될 경우, 타인의 감정을 민감하게 파악하고 진심 어린 공감을 통해 동기를 부여하는 리더로 성장할 수 있습니다.

비뚤어진 악동처럼 작용하던 Fi(내향적 감정)가 개발되면, ENTJ는 자신의 감정과 가치관을 더 잘 이해하게 됩니다. 자기 느낌과 생각을 솔직하게 표현하고, 다른 사람의 감정도 공감할 수 있게 됩니다. 그렇게 되면 사람들과 더 가까워지고, 중요한 결정을 내릴 때도 타인을 자연스럽게 배려할 수 있습니다. 예를 들어, 누군가의 기분이 좋으면 그에 맞게 행동하게 됩니다. 결과적으로, 비뚤어진 악동 Fi(내향적 감정)가 개발되면 ENTJ는 감정적으로 성숙해지고, 사람과의 관계가 좋아질 수 있습니다.

반면, 비뚤어진 악동 Fi(내향적 감정)가 개발되지 못하면 ENTJ는 자기 감정을 무시하고, 오로지 사실이나 규칙만 고수합니다. 이렇게 되면 사람들과 감정적 연결이 약해지고, 타인의 기분이나 생각을 이해하지 못하는 결과로 이어집니다. 예를 들어, 다른 사람이 슬퍼도 그 이유를 생각하지 않고 "일이나 해"라고 명령할 수 있습니다. 이런 태도는 다른 사람과의 관계를 어렵게 만듭니다.

관자

183

11

ISTP

프랜시스 베이컨

(1561~1626)

현실을 꿰뚫는 힘,
생각의 함정을 넘어

슈퍼파워 Ti, 서포터 능력 Se,
사춘기 아이 N, 비뚤어진 악동 Fe

"지혜는 실천이어야 하며,
진리는 감탄의 대상이 아니라 삶의 기준이어야 한다."

ISTJ	ISFJ	INFJ	INTJ
임마누엘 칸트	**율곡 이이**	**마르틴 부버**	**마키아벨리**
책임감과 도덕으로 사회를 이끄는 사람	겸손한 마음으로 사람을 보살피는 사람	'무리'를 '우리'로 변화시키는 사람	비전과 신념으로 산도 옮길 수 있는 사람
ISTP	ISFP	INFP	INTP
프랜시스 베이컨	**퇴계 이황**	**소크라테스**	**한나 아렌트**
현실을 직시하고 문제를 꿰뚫는 사람	따뜻한 마음으로 누군가의 부족함을 채우는 사람	가치를 위해 산다는 것, 그 불꽃 같은 삶을 사는 사람	조용히 앉아 가장 큰 질문을 던지는 사람
ESTP	ESFP	ENFP	ENTP
장 자크 루소	**공자**	**도산 안창호**	**마르틴 하이데거**
어려움 속에서도 사람을 행동하게 만드는 사람	공동묘지에서도 휘파람을 불 수 있는 사람	불같은 열정으로 마음을 움직이는 사람	틀을 깨고 새로운 가능성을 여는 사람
ESTJ	ESFJ	ENFJ	ENTJ
아리스토텔레스	**다산 정약용**	**플라톤**	**관자**
행복을 위한 변화를 이끄는 사람	사람 사이, 따뜻한 다리를 놓는 사람	성장의 잠재력을 끌어내는 사람	'리더의 리더'로서 진성 리더십을 발휘하는 사람

프랜시스 베이컨, 그는 누구인가

1561년~1579년

1월 22일, 런던에서 태어났다. 프랜시스 베이컨의 아버지는 국왕의 인장을 관리하는 고위 공직자였고, 어머니는 엘리자베스 시대의 재무 담당 벌리 경의 처제였다. 외할아버지는 국왕 에드워드 6세의 교육 책임자였다. 그의 가정환경은 정치와 지식의 중심에 있었으며, 어머니는 언어학자이자 신학자로 아들을 직접 교육했다. 그 결과 프랜시스 베이컨은 어려서부터 정치 문제에 대한 대화에 익숙했다. 그의 성장기는 문화와 예술, 과학이 발전한 엘리자베스 시대와 맞물렸다.

12세의 나이로 케임브리지 대학교 트리니티 칼리지에 입학했다.

프랜시스 베이컨은 교재와 교육 방식에 강한 반감을 느껴 학교를 떠났다.

16세가 된 그는 프랑스 주재 영국 대사의 참모직을 제안받았고, 이 선택은 그를 정치로 이끄는 전환점이었다.

아버지가 세상을 떠나면서 그의 삶은 급변했다. 재산을 상속받지 못한 18세의 젊은 외교관이던 그는 소박한 삶에 적응해야 했다. 그는 변호사로 일하며 정치에 입문하고자 했지만 성과를 거두지 못했다.

1605년~1618년

그는 『자연의 해석』(1605)을 출간하고, 서문에서 자신이 인류에 봉사하려고 태어났다고 믿는다고 밝혔다.

45세에 결혼하고 법무차관에 임명되었다. 1613년에 법무장관이 되었고, 아버지와 마찬가지로 왕의 인장을 관리하는 공직자가 되었다.

1618년, 대법관에 올랐지만, 뇌물 수수 혐의로 유죄 판결을 받고 공직에서 물러나 런던탑에 4일간 수감되었다.

1620년~1662년

『신기관(Novum Organum)』(1620)을 출간했다. 이 책은 아리스토텔레스의 『기관(Organon)』(기원전 3세기경)에 대한 대응으로, 그는 아리스토텔레스의 논리적 추론 방법을 넘어서야 한다고 주창했다.

그는 철학 연구에 몰두했다. 가난 속에서 그는 사유를 통해 위안을 얻었으며, 라틴어 저작 『학문의 진보』, 『수상록』 증보판, 『헨리 7세의 통치사』(1622), 『숲들의 숲』(Sylva Sylvarum, 1627)을 남겼다.

고기를 눈으로 덮으면 부패를 막을 수 있는지 실험하던 중 독감에 걸려 65세의 나이로 생을 마감했다.

사후 36년 뒤 영국에 왕립학회가 설립됐다. 학회는 프랜시스 베이컨을 사상적 모범이자 영감의 원천으로 삼았다. 그의 철학은 영국 사상의 기초와 방향을 형성했으며, 홉스와 같은 철학자들에게 막대한 영향을 미쳤다.

– 프랜시스 베이컨의 삶과 메시지, 요약하다

우리는 지식을 어떻게 대하는가?

우리는 하루에 수백 개의 정보를 접한다. 그러나 그 정보들은 어떤 변화를 일으키는가?

지식이 그냥 머릿속을 채우는 데 그치는 것은 아닐까?

감정적 만족이나 즐거움보다 삶을 바꾸는 실천적 지혜가 필요한 것은 아닐까?

지금 필요한 것은 '이해한 진리'가 아니라 '살아 내는 지혜'다.

앞서 한 질문에 답할 수 있는 한 인물이 있다. 그는 근대 과학의 문을 열었고, '앎'과 '삶'을 분리하지 않았다. 바로 프랜시스 베이컨이다.

프랜시스 베이컨은 근대 과학의 기반을 마련한 영국의 철학자이자 사상가다. 그는 기존의 연역적 사고가 아닌 귀납적 방법을 통해 지식을 쌓아야 한다며 경험 기반의 탐구 정신을 강조했다.

그는 "지식은 힘이다(Knowledge is power)."라는 말을 남겼지만, 이는 암기한 정보를 의미하지 않았다. 그가 말한 지식은, 삶을 바꾸고 현실을 이끄는 실천적 힘을 뜻했다.

프랜시스 베이컨은 인간의 인식이 얼마나 많은 오류와 편견에 사로잡혀 있는지를 날카롭게 지적했다. 그는 사람들이 진실보다 '믿고 싶은 결론'을 먼저 구축하고, 그에 맞게 자료를 끌어오는 습성을 경계했다. 이 인식론적 비판은 훗날 프랑스 계몽주의자들에 큰 영향을 끼쳤고, 『백과사전』 운동의 철학적 토대가 되었다. 계몽주의자들은 그를 "가장 위대하고, 가장 보편적이며, 가장 웅변적인 철학자"로 평했다. 그의 핵심 메시지는 분명하다.

"지혜는 실천이어야 하며, 진리는 감탄의 대상이 아니라 삶의 기준이어야 한다."

프랜시스 베이컨의 철학은 오늘날도 강력한 울림을 준다. 우리는 수많은 지식과 데이터를 소비하지만, 그것이 삶의 기준이 되는 경우는 드물다. 그는 묻는다.

"당신의 지식은 삶을 바꾸고 있는가?"

프랜시스 베이컨

자연의 질서를 감탄하는 데 머물지 않고, 그 질서를 이해하고 활용할 수 있어야 한다는 것이다.

프랜시스 베이컨은 우리 생각의 틀, 즉 프레임을 돌아보라고 권한다. 프레임은 판단을 왜곡하고 경험을 제한한다. 진리를 알려면 자신의 인식 틀과 그 오류를 직시해야 한다. 그것이 지식이 삶이 되는 길이다.

프랜시스 베이컨의 철학을 MBTI에 적용하면 그는 ISTP 유형에 속할 가능성이 크다. 이 유형은 '논리적 분석과 실제 경험을 통해 문제를 해결하는 유형'이다. ISTP는 Ti(내향적 사고)를 통해 명확하고 구조적인 논리를 세우며, Se(외향적 감각)를 통해 실제 데이터를 기반으로 현실을 파악한다.

프랜시스 베이컨은 인식의 오류를 논리적으로 분석하고, 경험적 탐구를 통해 지식을 정립하려 했다. 그는 '앎은 실천으로 완성되어야 한다'며, 관찰과 실험에 근거한 실천적 철학을 펼쳤다. 이는 ISTP 유형의 대표적 특징과 맞닿아 있다.

"당신의 지식은 삶을 바꾸는가?"
프랜시스 베이컨이라면 이렇게 묻고 싶었을 것이다.

ISTP

현실을 직시하고
문제를 꿰뚫는 사람

오늘날 우리는 지식이 폭증하는 시대에 살고 있습니다. 20세기 중반, 미래학자 버크민스터 풀러는 인류가 축적한 지식이 일정한 주기로 기하급수적으로 증가할 거라고 예측한 바 있습니다. 실제로 1년도 채 되지 않는 시간에 인류 지식의 총량이 두 배로 늘어난다는 전문가도 있으며, 머지않아 이 주기가 하루 혹은 시간 단위로 단축될 거라는 전망도 나옵니다.

변화의 속도는 실로 무서울 정도입니다. 244년의 전통을 지닌 브리태니커 백과사전이 2010년 인쇄본 발행을 중단한 이유도, 학교에서 배운 지식이 몇 년 새 현실과 어긋나는 이유도 이와 무관하지 않습니다. 한 번 배운 것으로 평생을 살던 시대는 지나갔고, 우리는 새로운 질문 앞에 서 있습니다.

'지식이란 과연 무엇인가?'

앞으로 어떤 세상이 펼쳐질지 누구도 정확히 예측할 수 없습니다. 생성형 인공지능은 우리의 일상 깊숙이 들어와 있으며, 스마트폰 하나로 방대한 정보에 손쉽게 접근하는 시대입니다. 챗GPT와 같은 AI는 정보를 정리하고 응답하는 수준을 넘어, 인간의 사고 영역까지 파고듭니다. 이런 세상에서 많은 것을 아는 게 과연 어떤 의미가 있을까요?

중요한 것은 한 사람이 머릿속에 담은 지식의 양이 아니라 세상의 변화를 감지하고, 필요할 때 적절히 지식을 활용하는 능력입니다. 이 역량은 단순 암기

프랜시스 베이컨

로 길러지는 것이 아니라, 사고하는 힘, 즉 '생각하는 능력'에서 비롯됩니다.

지금 우리는 지식의 의미와 인간의 역할을 새로 정의해야 하는 시대를 맞이했습니다. 그리고 이 질문에 대한 통찰을 프랜시스 베이컨에서 찾을 수 있습니다.

프랜시스 베이컨은 지식의 한계를 인정하는 것이 중요하다며, 겸손이 지혜의 시작이라고 말했습니다. 아는 것이 많아도 그 지식이 완전하지 않음을 인식해야 한다는 뜻입니다. 이는 자신을 돌아보고 더 나은 이해를 위해 노력하라는 메시지를 전했습니다. 그는 자신이 지닌 지식을 고집하기보다 다른 사람의 의견을 듣고 새로운 정보를 받아들이는 태도를 기르도록 조언했습니다.

프랜시스 베이컨은 세상을 보는 방식이 우리의 생각과 판단에 상당한 영향을 미친다고 주장했습니다. 문제를 바라보는 관점이나 사고방식, 고정관념은 세상을 이해하는 틀을 만듭니다. 프랜시스 베이컨은 이러한 틀을 인식하고 비판적으로 사고할 것을 권장합니다. 그는 이를 통해 사람들이 고정관념을 깨고 다양한 시각에서 문제를 파악하고, 더 나은 결정을 내리는 데 기여했습니다.

프랜시스 베이컨은 사람들에게 지혜로우려면 한계를 인정하고 편견을 극복해야 한다고 강조했습니다. 그래야 타인의 의견을 경청하고 자기 신념을 재검토하게 됩니다.

프랜시스 베이컨은 철학이 오랫동안 정체된 이유를 설명하면서 새로운 방법이 요구된다고 주장했습니다. 철학 발전이 더딘 것은 아리스토텔레스의 논리학적 방법을 고수했기 때문입니다. 그는 철학이 새로운 정신으로 빈 서판에서 다시 시작해야 한다며, 전통에 얽매이지 말고 새로운 사고방식을 받아들이라고 촉구했습니다.

프랜시스 베이컨의 사상은 진보적인 사고와 혁신을 촉진했습니다. Ti(내향적 사고)와 Se(외향적 감각)가 조화를 이루며, 생각이나 기준을 바꾸는 데 능숙한 그는 새로운 정보를 통해 더 나은 판단을 하려고 노력했습니다. 또한, S(감각)도 혁신이 가능하며, 그들은 과거의 정보와 경험을 바탕으로 새로운 아이디어를 생산하는 데 능숙합니다. 특히 ISTP는 도전을 두려워하지 않고 시도합니다. 이들은 실제적이고 구체적인 문제 해결을 중시하며, 직관적으로 상황에 적응합니다.

프랜시스 베이컨의 철학과 사상은 여러 변화를 통해 당대에 기여했습니다. 그는 경험적 관찰과 실험을 통해 과학적 방법론을 강조하여 과학 혁명의 기초를 든든히 했습니다. Ti(내향적 사고)와 Se(외향적 감각)가 조화를 이룬 그의 접근 방식은 자연 현상을 이해하는 데 있어 체계적이고 실증적인 접근을 가능하게 했습니다. ISTP는 무엇이 옳고 그른지 판단하기 위해 여러 자료와 구체적 정보를 활용, 논리적으로 결정합니다.

프랜시스 베이컨은 지식을 모든 사람을 위한 자원으로 여기고 지식의 대중화를 촉진하여, 학문과 자연에 대한 이해를 증진하는 토대를 마련했습니다. ST(감각 사고)로서 그는 추상적 이론보다 실제 적용할 수 있는 해결책을 선호했으며, 이는 교육 제도의 발전에 기여했습니다. 프랜시스 베이컨은 전통적인 믿음을 맹목적으로 따르기보다 비판적으로 사고하는 것이 중요하다고 주장하며, 개인이 스스로 질문하고 자신의 판단을 확립하도록 도왔습니다.

비판적 사고는 활발한 사회적 토론과 논의를 낳았으며, 민주주의 발전에 긍정적인 영향을 미쳤습니다. ST(감각 사고)답게 그는 논리적이고 비판적인 사고에 능숙하며, 문제를 분석하고 해결책을 찾는 데 능합니다.

프랜시스 베이컨은 『학문의 진보』(1605)에서 "아는 것이 힘이다."라는 기존의 격언을 새롭게 해석했습니다. 그는 "교활한 사람은 학문을 무시하고, 단순한 사람은 학문을 찬양하며, 현명한 사람은 학문을 활용한다"면서, 지식은 실제 생활에 적용되어야 한다고 강조했습니다. 이 주장은 산업 혁명과 기술 발전을 촉발했으며, 과학적 발견이 실제로 활용될 수 있는 길을 열었습니다.

프랑스 철학자 콩디야크(Condillac, 1715~1780)는 "인간 오류의 원인을 프랜시스 베이컨보다 잘 아는 사람은 없다"고 말했습니다. 프랜시스 베이컨은 우상이 인간의 사고와 해석을 왜곡한다면서 우상들로부터 자신을 지키지 않으면 학문을 혁신하려다 곤경에 빠질 것이라고 경고했습니다.

그는 '과거의 오류를 피하고 현재를 개선하기 위해 배워야 한다'고 강조했습니다. Ti(내향적 사고)로서 그는 비판적 사고로 전통적 믿음을 재검토하고, 새로운 증거에 기반한 판단을 내리라고 권장했습니다. 이 과정을 통해 사람들은 더 나은 선택을 할 수 있습니다.

또한 그는 '실험과 관찰을 통해 자연과 인간에 대한 이해를 확장해야 한다'고 했습니다. ISTP로서 실용적인 분석가다운 면모입니다. ISTP는 사실을 중요시하며, 정보를 체계적으로 정리합니다.

SP(감각 인식)로서 그는 외향적 감각을 써서 외부 세계를 탐색합니다. SP(감각 인식)들은 주변 세계에 호기심이 많고, 예기치 않은 상황에 유연하게 대응할 수 있습니다. 그래서 실패를 두려워하지 않습니다. 이 태도는 개인의 삶을 풍요롭게 할 뿐만 아니라, 사회 전체의 발전에 기여하는 길이 됩니다.

생각을 흐리는 네 가지
착각에서 벗어나기

    현대 사회는 정보와 지식으로 넘쳐납니다. 그럼에도 우리는 진실을 명확히 보지 못하고 판단이 흐려질 때가 잦습니다. 지식이 부족한 때문만이 아닙니다. 인간의 인식에 뿌리내린 왜곡과 착각, 즉 '생각의 함정'에서 비롯된 문제입니다.

    영국의 철학자 프랜시스 베이컨은 이 문제를 해결하고자 '네 가지 우상(idols)'이라는 개념을 제시했습니다. 그는 '인간의 지성이 타고난 편견과 왜곡에 사로잡혔다'며, '진리에 도달하기 위해 우상을 직시하고 벗어나고 노력해야 한다'고 강조했습니다. 프랜시스 베이컨이 말하는 네 가지 우상은 다음과 같습니다.

    첫째, 종족의 우상(Idols of the Tribe)입니다. 이 우상은 모든 사람이 타고나는데 믿고 싶은 것만 믿으려는 경향입니다. 우리는 세상을 주관적으로 바라보고 욕망에 쉽게 휘둘립니다. 사람들은 원하는 것을 사실이라고 믿습니다. 합리적인 생각이라도 자신의 바람과 반대되면 거부합니다. 프랜시스 베이컨은 "인간의 감각이 만물의 척도다"라고 말했습니다. 종족의 우상은 '인간이 지닌 편견을 인식하고 극복하기 위해 비판적 사고가 필요하다'는 점을 강조합니다.

    둘째는 동굴의 우상(Idols of the Cave)입니다. 프랜시스 베이컨은 '동굴의 우상'을 개인의 편견으로 설명합니다. 종족의 우상이 모든 인간에 공통된 한계라면, 동굴의 우상은 개인마다 다릅니다.

"모든 사람은 자기만의 동굴을 가졌다. 그 동굴은 자연의 빛을 왜곡한다."

이 비유는 플라톤의 『국가』에 나오는 '동굴의 비유'를 떠올리게 합니다. 동굴에 갇힌 사람은 벽에 비친 그림자를 진리로 여깁니다. 프랜시스 베이컨은 '동굴에 갇힌 사람이 자기가 본 그림자만 진리라고 여기며 오류를 저지른다'고 합니다. 동굴은 개인의 성격, 교육, 이야기, 책, 존경하는 인물 등 여러 요인에 의해 생깁니다. 동굴의 우상은 개인의 편견을 인식하고 극복하기 위해 성찰이 필요하다는 점을 강조합니다.

셋째, 시장의 우상(Idols of the Market Place)입니다. 시장의 우상은 사람 사이의 교섭과 소통에서 생기는 편견으로 주로 언어의 불완전성에서 비롯됩니다. 프랜시스 베이컨은 "인간은 언어를 통해 대화하지만, 말은 군중의 이해를 따른다"고 지적합니다. 잘못된 언어는 우리의 생각에 큰 장애물이 됩니다.

예를 들어, "왕은 한 국가의 지배자다. 따라서 백성은 왕에게 복종해야 한다"는 주장은 언어를 왜곡하여 백성이 잘못된 판단을 하게 만듭니다. 반면에 "왕역시 한 인간이다. 왕이 통치자라 해도 잘못을 저지르면 백성은 왕을 심판해야 한다"는 주장은 합리적입니다. 프랜시스 베이컨은 시장의 우상이 '언어의 우상'이라고 강조합니다. 사람들이 모여 소통하는 공간에서 언어가 잘못 사용되면 판단이 흐려집니다. 시장의 우상은 언어의 불완전성이 우리의 사고를 어떻게 왜곡하는지 보여 주며, 명확한 소통의 중요성을 강조합니다.

넷째, 극장의 우상(Idols of the Theater)입니다. 프랜시스 베이컨은 철학의 다양한 학설과 잘못된 증명 방법에서 생기는 우상을 극장의 우상이라고 부릅니다. 이는 기존의 철학 체계와 권위에 의존해 판단하는 편견을 의미합니다. 그는 '우리가 극장에서 영화를 보며 그것이 사실인 것처럼 착각하는 것과 같다'고 설명합니다. 극장의 우상은 기존의 사상이나 권위를 진리로 맹신하게 하여 판단을 흐리게 만듭니다.

'극장의 우상'은 지나간 권위에 기대는 태도입니다. "아버지의 말은 무조건 따라야 한다"거나 "공자나 맹자의 말씀은 항상 옳다"는 주장입니다. 프랜시스 베이컨은 '극장의 우상에 빠지면 진리에 다가가지 못한다'고 경고했습니다.

"우리가 모퉁이를 돌 때마다 이런 우상에 발이 걸리면, 가장 나은 사람이라도 진리를 향해 나아가지 못할 것이다."

프랜시스 베이컨은 "사람들은 보통 작은 것에서 너무 많은 것을 끌어내거나, 많은 것에서 아주 적은 것만 끌어내어 철학의 바탕을 만든다"고 지적합니다. 즉, 사람들은 적은 정보로 큰 결론을 내리거나, 많은 정보 중에 중요한 점을 놓칩니다. 불완전한 정보로 잘못된 판단을 내려 잘못된 이론이나 믿음이 형성됩니다. 이로 인해 그들의 철학은 실험과 자연적 기초가 부족하고 불충분한 사례로 채워져 신뢰성을 잃습니다.

프랜시스 베이컨의 철학적 통찰은 심오한 의미를 지닙니다. 우리는 편견을 인식하고, 다양한 관점을 수용하며, 비판적 사고를 통해 진리를 탐구해야 합니다. 그렇게 함으로써 깊이 있는 이해를 얻고, 사회적, 개인적 발전을 이룰 수 있습니다. 그의 가르침은 지식의 탐구가 단순한 사실의 축적이 아니라 끊임없는 질문과 성찰의 과정임을 일깨워 줍니다.

프랜시스 베이컨의 사상은 사회적 맥락에서 긍정적 변화를 이끌었습니다. 그의 경험적 접근은 과학 혁명을 촉진했습니다. 사람들이 자연 현상을 이해하고 설명하는 새로운 방법론을 받아들여 물리학, 화학, 생물학 등 과학 분야의 발전으로 이어졌습니다.

또한, 프랜시스 베이컨은 비판적 사고의 중요성을 강조하여 개인이 사회 문제를 인식하고 해결하는 데 기여하게 했습니다. 교육의 역할이 부각되면서 비판적 사고를 위한 교육 프로그램이 확산되었습니다. 이로 인해, 시민들은 능동적으로 사회에 참여하게 되었습니다.

프랜시스 베이컨의 사상은 정치 및 사회 개혁에도 긍정적으로 작용했습니다. 그는 인간의 이성에 대한 신뢰를 바탕으로 합리적 접근을 도모했습니다. 그 결과, 민주주의 발전과 인권 존중으로 이어져 개인의 권리와 자유에 대한 인식이 고취되었습니다.

기술 혁신도 그의 영향을 받았습니다. 프랜시스 베이컨의 경험적 방법론은 기술 발전에 큰 영향을 미쳤습니다. 실험과 관찰을 통해 기술적 문제를 해결하는 접근 방식이 확산되면서 산업 혁명이 가능해졌고, 생산성 향상과 경제적 발전으로 이어졌습니다.

프랜시스 베이컨은 지식의 대중화를 주창하며 지식이 사회 전체에 이익이 되어야 한다고 말했습니다. 그의 사상은 학문과 지식의 대중화를 촉진하여 일반인도 과학과 철학에 친숙해지게 도왔습니다. 많은 이가 교육을 받았고, 사회적으로 적극 참여했습니다.

이처럼 프랜시스 베이컨의 철학은 개인의 사고방식과 더불어 사회 전반에 긍정적인 변화를 미쳤습니다. 우리가 네 가지 우상을 인식하고 극복하는 일이 지식의 탐구를 위한 첫걸음임을 프랜시스 베이컨은 분명히 제시합니다.

프랜시스 베이컨은 Ti(내향적 사고)와 Se(외향적 감각)로 실용적인 분석가의 면모를 보여 줍니다. ISTP는 구체적인 정보에 기반하여 논리적으로 결정하며, 실질적인 자료를 바탕으로 사고하고 결정합니다. ST(감각 사고)로서 원인과 결과를 잘 연결하여 사고하며, 문제를 해결하기 위해 체계적으로 접근하는 모습을 보입니다. 또한 IP(내향 인식)로서 그는 핵심 가치관이나 신념에 대해 확고하며 타협하지 않으려 합니다.

프랜시스 베이컨으로 본
ISTP의 천부적 재능

슈퍼파워 Ti(내향적 사고)를 가진 이들은 논리적이고 분석적으로 생각합니다. 문제 해결에 능하며, 실질적인 경험을 중요하게 여깁니다. 프랜시스 베이컨의 실험적 접근과 경험적 탐구는 ISTP의 사고 방식과 잘 맞습니다. 그는 지식이 행동으로 이어져야 한다고 강조했습니다. ISTP는 복잡한 문제를 간결하게 정리하고, 효율적인 방법을 잘 찾아냅니다. 또 그들은 실질적 데이터를 중시하며 데이터를 바탕으로 명확한 결론을 도출합니다.

서포터 능력 Se(외향적 감각)는 ISTP가 현실에서 직접적인 경험을 거쳐 배운다는 의미입니다. 프랜시스 베이컨은 경험이 지식의 기초라고 했습니다. ISTP는 실험과 관찰을 통해 세상을 탐구하며, 새로운 지식을 발견하는 데 탁월합니다. 이들은 감각을 통해 얻은 정보를 즉각 활용하여 문제를 해결합니다. 또한, 이들은 변화하는 상황에 즉흥적이고 능동적으로 대응할 수 있습니다.

사춘기 아이 N(직관)은 미래를 예측하고, 깊은 통찰을 얻는 데 도움이 됩니다. 프랜시스 베이컨은 과학적 방법론을 통해 사물의 본질을 이해하고자 했습니다. 직관을 통해 복잡한 상황에서 통찰을 얻고, 전략을 세울 수 있습니다. 이들은 직관적으로 상황을 파악하여 문제 해결을 위한 새로운 접근 방식을 발굴합니다.

프랜시스 베이컨

비뚤어진 악동 Fe(외향적 감정)가 개발되면, ISTP는 다른 사람과의 관계를 개선할 수 있습니다. 자신의 감정을 표현하고, 다른 사람의 감정을 이해하는 데 능숙해집니다. 그러면 친구나 가족과 관계가 깊어지고, 감정적으로 가까워집니다. 예를 들어, 감사한 마음이나 고마움을 잘 표현하여 주변 사람이 그의 진심을 이해하게 됩니다. 이로 인해 더 많은 사람과 소통하고 감정적 교감을 느낄 수 있습니다.

반면, 비뚤어진 악동 Fe(외향적 감정)가 개발되지 않으면, ISTP는 타인의 감정이나 사회 상황에 둔감해집니다. 감정을 표현하기 힘들어 억제하게 됩니다. 그래서 우울한 분위기를 조성하거나 타인과 표면적인 관계에 머뭅니다. 적절히 감정을 표현하지 못합니다. 예를 들어 고마움을 느끼더라도 그 감정을 표현하지 않아 사람들이 그의 마음을 이해하지 못합니다. 중요한 결정을 내릴 때도 혼자 고민하는 경향이 있습니다. 결과적으로 감정적 교감이 부족하고 인간관계가 소원해질 위험이 있습니다.

12

INTP

한나 아렌트

(1906~1975)

무심한 일상이
악이 되는 순간

슈퍼파워 Ti, 서포터 능력 Ne,
사춘기 아이 S, 비뚤어진 악동 Fe

"악은 괴물처럼 드러나는 게 아니라
사유하지 않는 평범함 속에 자란다."

ISTJ 임마누엘 칸트	ISFJ 율곡 이이	INFJ 마르틴 부버	INTJ 마키아벨리
책임감과 도덕으로 사회를 이끄는 사람	겸손한 마음으로 사람을 보살피는 사람	'무리'를 '우리'로 변화시키는 사람	비전과 신념으로 산도 옮길 수 있는 사람
ISTP 프랜시스 베이컨	ISFP 퇴계 이황	INFP 소크라테스	INTP 한나 아렌트
현실을 직시하고 문제를 꿰뚫는 사람	따뜻한 마음으로 누군가의 부족함을 채우는 사람	가치를 위해 산다는 것, 그 불꽃 같은 삶을 사는 사람	조용히 앉아 가장 큰 질문을 던지는 사람
ESTP 장 자크 루소	ESFP 공자	ENFP 도산 안창호	ENTP 마르틴 하이데거
어려움 속에서도 사람을 행동하게 만드는 사람	공동묘지에서도 휘파람을 불 수 있는 사람	불같은 열정으로 마음을 움직이는 사람	틀을 깨고 새로운 가능성을 여는 사람
ESTJ 아리스토텔레스	ESFJ 다산 정약용	ENFJ 플라톤	ENTJ 관자
행복을 위한 변화를 이끄는 사람	사람 사이, 따뜻한 다리를 놓는 사람	성장의 잠재력을 끌어내는 사람	'리더의 리더'로서 진성 리더십을 발휘하는 사람

한나 아렌트, 그녀는 누구인가

1906년~1923년

유대인 한나 아렌트는 독일 하노버에서 태어났다. 그녀는 임마누엘 칸트의 고향 쾨니히스베르크에서 어린 시절을 보냈다.

제1차 세계대전이 발발하여 타지로 잠시 피신했으나 대부분의 시간을 쾨니히스베르크에 머물렀다.

전쟁이 끝나기 전 2년간 한나 아렌트의 집은 사회민주당 당원들의 모임 장소로 사용되었다. 고등학교 2학년 때 반항적이라는 이유로 퇴학당했다.

베를린 대학에서 고전과 신학을 공부했다.

1924년~1940년

마르부르크 대학에 입학하여 마르틴 하이데거의 철학 강의에서 현상학을 접했고 마르틴 하이데거와 사랑에 빠졌다.

하이델베르크 대학으로 옮겨 야스퍼스의 지도 아래 철학을 연구하고, 「아우구스티누스의 사랑의 개념」을 주제로 박사학위를 취득했다.

같은 해, 첫 번째 남편 귄터 슈테른과 결혼했다.

베를린으로 이주해 유대인 여성 파른하겐 폰 앙제의 전기를 집필하며 유대인 운동에 참여했다.

프랑스 파리로 이주한 뒤 히틀러가 집권하자 좌파 인사들에게 은신처를 제공했고, 이로 인해 투옥됐다. 출감 후 어머니와 파리로 옮겨 미국 망명 전까지 18년간 무국적자로 체류했다.

첫 번째 결혼이 실패한 후, 평생의 반려자 하인리히 블뤼허를 만났다. 두 사람은 유대인 단체에서 동포들의 미국 망명을 돕는 데 헌신했다.

하인리히 블뤼허와 결혼했다.

1941년~1975년

미국으로 망명해 새 삶을 시작했다. 한나 아렌트는 '유대인문화재건위원회'에 참여했고 유대인 문제에 깊은 관심을 보였다.

미국 시민권을 획득하고, 같은 해 『전체주의의 기원』(1951)을 출간했다. 이듬해 학계에 본격적으로 등장하여 세계적 명성을 얻었다.

『인간의 조건』(1958)을 출간하여 현대사회의 문제를 분석한 명저로 평가받았다.

독일 함부르크시에서 수여하는 레싱(Lessing) 상의 첫 수상자로 수상 연설을 했으며, 『어두운 시대의 사람들』(1959)을 출간했다.

『예루살렘의 아이히만』(1963)을 출간했다. 예루살렘에서 열린 전범 아이히만의 재판 과정을 지켜보고 쓴 이 책은 엄청난 반향을 일으켰고, '악의 평범성(banality of evil)'이라는 개념을 제시했다. 이 외에도 『정신의 삶』, 『칸트 정치철학 강의』 등을 남겼다.

미국에서 심장마비로 생을 마감했다.

– 한나 아렌트의 삶과 메시지, 요약하다

누가 세상을 혼란에 빠뜨리는가?

우리는 '성공'이라는 미명 하에 도덕과 진실을 외면하고 산다.

정치와 교육은 과연 인간을 위한 것인가? 아니면 체제와 권력을 위한 것인가?

왜 평범하고 성실한 이들이 끔찍한 범죄를 저지르는가?

그들이 악해서일까, 아니면 사유를 멈추었기 때문일까?

이 질문에 답할 수 있는 한 인물이 있다. 바로 '악의 평범성'을 최초로 언급한 철학자, 한나 아렌트다.

한나 아렌트는 20세기 정치철학을 대표하는 독일 출신 유대계 철학자다. 그녀는 인간 존재의 존엄성과 자유, 책임의 문제에 천착했으며, 특히 전체주의와 권력, 인간의 조건에 대한 통찰로 현대사회에 널리 영향을 미쳤다.

한나 아렌트는 제2차 세계대전 후 나치의 유대인 학살을 지휘한 아돌프 아이히만의 재판을 취재하면서 그가 괴물이나 사이코패스가 아니라 '주어진 일'을 무비판적으로 수행한 관료임을 목격했다. 그는 대량학살의 대리자이면서도 "명령을 따랐을 뿐"이라 말했다.

그녀는 "악은 괴물처럼 드러나는 게 아니라 사유하지 않는 평범함 속에 자란다"면서 '악의 평범성(Banality of Evil)'이라는 개념을 제시했다. 그리고 이것을 악의 본질로 보았다.

한나 아렌트는 인간의 사유 부재가 재앙을 낳는다고 지적했다. '무사유(thoughtlessness)'는 단지 생각이 모자란 게 아니다. 자신이 무엇을 하는지, 왜 그렇게 하는지를 되묻지 않는 무비판적 복종, '사회적 성공'에 함몰된 삶의 태도 자체가 악의 기원이라는 것이다.

이 메시지는 오늘날의 교육, 정치, 조직문화에도 적용된다. 도덕적 판단 없이 성과만 추구하는 사회는 '합리적인 괴물'을 양산한다. 한나 아렌트는 묻는다.

"자기 일에 대해 한 번도 비판적으로 사유하지 않은 당신도 '악'에 기여하는 건 아닌가?"

그녀의 철학은 비판을 넘어 우리 모두에게 윤리적 주체가 되라고 요구한다. 침묵하지 말고 질문하라. 복종하지 말고 사유하라.

악은 굳이 거창한 의도가 없이도 '사고를 멈춘' 사람들 틈에서 저절로 자란다.

한나 아렌트의 철학을 MBTI에 적용하면 그녀는 INTP 유형에 속할 가능성이 크다. INTP는 독립적이고 분석적인 사유를 중시하며, 기존 체계에 대한 비판적 거리두기를 통해 진실을 탐구한다.

한나 아렌트는 비뚤어진 악동 Fe(외향적 감정)를 발달시켜서 인간성과 윤리에 관심을 기울였고, Ti(내향적 사고)와 Ne(외향적 직관)를 바탕으로 복잡한 정치 현실과 인간 조건을 분석하며 철학적 사유를 이어 갔다. 그녀의 철학은 감정적 호소가 아닌 냉철한 이성적 분석과 윤리적 책임의식으로 구성된다. 이러한 면모는 INTP의 전형적인 특징으로 통한다.

"당신은 지금 스스로 생각하며 살고 있는가?"
한나 아렌트라면 이렇게 묻고 싶었을 것이다.

조용히 앉아 가장 큰
질문을 던지는 사람

김경일 교수는 그의 책 『적정한 삶』(2021)에서 타인의 감정에 무감각하고 자기 이익을 우선시하는 인격 유형에 대해 설명했습니다. 이들은 공감 능력이 부족하고, 타인을 조종하거나 이용하는 데 거리낌이 없습니다. 상황에 따라 선량하게 행동하더라도 뒤로는 자신의 욕망과 목적을 추구하는 이중적 태도를 취하곤 합니다.

심리학자와 뇌과학자들은 이러한 '반사회적 인격'은 평범한 얼굴로 사회 도처에 존재한다고 경고합니다. 드라마와 영화에서도 '사이코패스'나 '소시오패스'라는 단어가 곧잘 등장합니다. 악이 얼마나 교묘하게 일상에 숨어 있는지 일깨우는 예시입니다.

충격적인 것은 '사이코패스'나 '소시오패스'가 때로 존경받거나 호감을 끄는 인물로 비쳐진다는 사실입니다. "그 사람이 그런 일을 했다고?"라는 의심과 놀라움은 사람에 대해 얼마나 그릇된 믿음을 지니기 쉬운지를 보여 줍니다. 특히 집단의 이해관계에 따라 형성된 왜곡된 믿음이 무비판적으로 받아들여질 때, 우리는 모르는 사이 악에 동조하게 됩니다.

과연 악의 실체는 무엇일까요? 이 질문에 대한 해답을 한나 아렌트의 철학에서 찾을 수 있습니다.

한나 아렌트는 자신의 책 『혁명론』(1963) 제2장 「사회 문제」에서 멜빌(Herman Melville)의 『빌리 버드』(1924)를 인용하며, 선과 악의 갈등 속에

한나 아렌트

서 개인의 도덕적 책임을 어떻게 이해할지 탐구합니다. 빌리 버드의 이야기는 프랑스 혁명을 배경으로 하며, 순수하고 젊은 선원 빌리 버드와 교활한 하사관 클래가트, 재판을 맡은 베르 선장이 등장합니다.

빌리 버드는 '타고난 선함(natural goodness)'을 가진 인물로 사람들을 돕고 싶어 합니다. 하지만 그의 순수함이 문제를 일으킵니다. 빌리는 벨리포텐트 군함에 강제 징집되어 그곳에서 선임 하사관 클래가트와 갈등을 겪습니다. 클래가트는 빌리 버드를 시기한 나머지 그가 선상 폭동을 일으켰다고 거짓말을 합니다. 빌리 버드는 격분하여 클래가트를 때려 죽입니다. 힘으로 악을 처치함으로써 빌리 버드에게는 절대적인 선과 악이 공존할 수 없는 세상이 펼쳐집니다.

한나 아렌트는 이 소설이 이론의 절대주의에 관해 경고하고 대안을 제시한다고 평가합니다. 절대 선은 정치 질서를 무너뜨릴 위험이 있으며, 빌리 버드는 불의한 세계와의 갈등에서 자신의 도덕적 정체성을 드러냅니다. 그는 선한 마음으로 악과 맞서지만, 결정적인 순간에 폭력을 선택합니다. 이것이 한나 아렌트가 아돌프 아이히만의 사례를 통해 깊이 탐구한 주제입니다.

제2차 세계대전 중 유대인 학살의 주범으로 지목된 아돌프 아이히만(Adolf Eichmann, 1906~1962)은 나치의 강제 이주 정책을 책임진 인물로, 그의 행동은 단순한 악의 전형이 아니라 무사유의 결과입니다. 그는 '좋은 사회'의 기준인 성공을 열렬히 신봉했습니다. 이처럼 성공과 명예가 목표가 될 때 개인은 비인간적인 행동도 서슴지 않습니다.

한나 아렌트는 아이히만의 재판을 통해 '악의 평범성'을 논합니다. 아돌프 아이히만은 유대인에 반감을 가진 게 아니었습니다. 그는 순순히 명령에 따르고 자기 일에 관해 진지하게 생각하지 않았습니다. 그는 인간을 물건 취급하고 기계적으로 행동했습니다. 이러한 무사유는 개인의 '인격'을 해치고 본성을 왜곡합니다.

한나 아렌트는 아돌프 아이히만이 평범한 사람이라면서 그가 법과 도덕을 지키는 시민임을 강조합니다. 아이히만이 가족, 친구와 정상적 관계를 맺으면서 어떻게 대량 학살에 참여했는지 설명하기는 매우 복잡합니다. 그는 사회적 맥락에서 형성된 '정상' 인물이었습니다. 이 모순은 현대사회의 도덕적 딜레마와 밀접한 연관이 있습니다.

한나 아렌트의 사상을 구체적으로 이해하기 위해 베른하르트 슐링크(Bernhard Schlink)의 소설 『책 읽어 주는 남자』(1995)를 살펴보겠습니다. 이 책의 주인공 한나는 무사유의 상징이며, 소설은 40개국에서 번역되고 영화로도 제작되어 많은 이에게 감동을 주었습니다. 영화는 1958년부터 1995년까지의 이야기를 교차 편집하여 15세 소년 마이클과 21세 연상인 한나 사이의 사랑을 그립니다.

한나는 외로운 여자였습니다. 전차 검표원인 그녀는 사람들과 교류가 별로 없었습니다. 마이클은 한나에게 독일 고전 작품들을 읽어 줍니다. 한나는 글을 읽을 줄 몰랐으나 문맹이라는 사실을 숨기고 살았습니다. 어느 날 한나가 갑자기 사라지자 마이클은 슬픔에 빠집니다.

법대에 진학한 마이클은 나치 전범 재판에서 한나를 다시 만납니다. 자신이 나치 아우슈비츠 수용소의 감시원으로 일한 과거가 드러났는데도 한나는 죄를 제대로 깨닫지 못합니다. 그녀는 "먹고 살려고 상부 지시에 따랐다"며 선처를 호소합니다.

한나는 20대 때 지멘스 군수공장에서 일하다 아우슈비츠 수용소의 감시원으로 취직했습니다. 나치의 광기가 수백만의 유대인을 죽음의 가스실로 내몰던 시절, 한나는 대량살상을 저지르는 악행에 암묵적으로 동조했습니다. 결국 한나는 종신형을 선고받고 감옥살이를 합니다.

한나 아렌트

한나 아렌트는 『책 읽어 주는 남자』의 주인공 한나와 같은 '무사유'가 변함없이 계속되고 있다고 경고합니다. 사람들은 자신의 행동이 미치는 영향을 크게 고민하지 않고 사회적 압력에 따라 행동합니다. 그래서 우리는 여전히 과거의 비극을 반복할 위험에 노출됩니다.

한나 아렌트는 개인의 책임과 도덕적 선택이 얼마나 중요한지를 강조하며, 이에 대한 성찰이 사회를 정의롭고 평화롭게 만드는 데 필수적임을 각인시킵니다. 성찰은 인간이 지닌 잠재력을 불러일으키고, 공감과 이해를 바탕으로 사회적 연대를 이루기 위한 길입니다.

INTP로서 한나 아렌트는 지적 호기심을 바탕으로 문제를 분석하고, 이론적 원칙을 찾는 데 뛰어납니다. 그녀는 논리적인 접근을 통해 사회 현상을 이해합니다. 또한, IT(내향 사고)로서 한나 아렌트는 조용한 환경에서 생각을 정리하고, 사건의 원인과 결과를 분석하는 데 탁월합니다. 이러한 특성은 그녀가 이론적 지식과 원리를 이해하고 깊이 있게 사유하도록 만듭니다.

또한 한나 아렌트는 악을 완벽하게 척결하는 데 집착하지 않습니다. 이는 Ne(외향적 직관)의 특성으로, 그녀는 기존의 관습이나 해결책에 매이지 않고 광범위한 시각에서 문제를 보았습니다. 사람들은 맑은 물을 더럽히는 미꾸라지 한 마리를 잡으면 세상이 좋아진다고 믿지만, 한나 아렌트는 '그렇게 단순하지 않다'고 말했습니다.

생각을 멈춘 시대의
우리 모습

한나 아렌트는 현대사회에서 겪는 위기의 본질을 '부조리한' 현실에 둡니다. 그녀는 어두운 시대에 인간성의 발현이 축소되는 현상에 주목하며, 우리로 하여금 어떻게 살지 고민하게 만듭니다. 한나 아렌트의 분석은 아이히만 사건에서 시작되어 선과 악이 대립하는 복잡한 현실을 이해하는 시작점이 됩니다.

아돌프 아이히만 사건 이후, 한나 아렌트는 연구 결과를 정리하여 책으로 출간하기로 결심했습니다. 그리고 2년 후, 연구보고서는 후기를 더해 책으로 출간되었습니다. 이 책의 제목이 『예루살렘의 아이히만』이며, 부제는 '악의 평범성에 대한 보고서'입니다.

아돌프 아이히만은 평범한 배경에서 태어났고 유대인과 결혼한 친척이 있었습니다. 그는 가족을 잘 챙기는 아버지이며 성실한 독일 시민이었습니다. 한나 아렌트는 '아돌프 아이히만이 자신의 도덕적 신념과 체제가 요구하는 행동 사이에서 갈등하지 않았다'고 분석했습니다.

아돌프 아이히만은 자기가 악행에 연루된 것은 '우연히 거기 있었기 때문'이라고 했습니다. 그는 "좋은 정부의 신하가 되는 것은 행운이고, 나쁜 정부의 신하가 되는 것은 불운이다. 나는 운이 없었다."라고 주장하며 책임을 회피했습니다. 이러한 태도는 1차원적이고 피상적인 생각에 안주하는 '무사유'를 보여줍니다.

한나 아렌트는 아돌프 아이히만의 행동을 세 가지 무능력의 결과로 분석합니다.

첫 번째는 '말하기의 무능력'입니다. 아돌프 아이히만은 상투적인 표현 뒤에 숨어 진실한 소통을 거부합니다. 그는 행동을 기계적으로 나열하며, 감정이나 생각 없이 말합니다.

두 번째는 '생각하기의 무능력'입니다. 아돌프 아이히만은 자기 행위의 불행한 결과를 이해 못하고, 공무원으로서 국가의 명령을 따랐다고 주장합니다. 양심의 가책을 느끼지 않는 것입니다.

세 번째는 '판단의 무능력'입니다. 판단 능력이란 옳고 그름을 가리는 능력입니다. 아돌프 아이히만은 타인의 입장에서 생각하고 판단하는 능력이 부족했습니다.

한나 아렌트는 『예루살렘의 아이히만』에서 평범한 사람이 어떻게 극악한 범죄에 가담하는지를 기술합니다. 아돌프 아이히만은 특별한 증오심이나 악한 의도가 없었습니다. 그는 시스템의 일원으로서 명령을 수행했고, 그 과정에서 도덕적 판단을 경시했습니다. 한나 아렌트는 '악의 평범성'이라는 개념을 위주로, 평범한 사람이 극단적인 상황에서 어떻게 인간성을 박탈당하고 악의 도구가 되는지 탐구했습니다.

다른 이의 고통에 무덤덤한 아돌프 아이히만의 태도는 우리에게 두려움을 불러일으킵니다. 그는 평범한 독일인처럼 생각하고 행동했고, 그가 사는 세상과 완벽한 조화를 이루었습니다. 아돌프 아이히만이 '따분'한 인간, 어디에도 있을 법한 사람이라는 사실은 가히 충격적입니다. 누구든 같은 처지에 놓이면 아이히만처럼 행동할 가능성이 충분합니다. 이런 점에서 우리는 질문해야 합니다. 나는 현대의 아돌프 아이히만이 아닐까?

INTP

IP(내향 인식)는 내부 세계(생각, 감정)에 집중하며, 성격이나 가치관에 관한 입장이 확고합니다. 한나 아렌트도 자신의 가치관과 신념에 대한 견해가 확고했습니다. IP(내향 인식)는 조용한 환경을 선호하며, 자신을 이해하는 데 시간을 투자합니다. 사건의 원인과 결과를 분석하고, 이를 통해 세상을 이해하려는 욕구가 있습니다.

　INTP인 한나 아렌트는 아돌프 아이히만의 행동을 철저히 연구하며, 사회적 맥락에서 그의 행동이 어떻게 일어났는지 이해하려 했습니다. 그녀는 호기심 많은 분석가로서 문제를 깊이 파고들어 그 속에서 논리적 원칙을 찾아냅니다.

한나 아렌트로 본
INTP의 천부적 재능

슈퍼파워 Ti(내향적 사고)는 한나 아렌트의 사고 과정에서 핵심적인 역할을 합니다. 이 기능은 그녀가 문제를 논리적으로 분석하고, 사건의 원인과 결과를 명확히 이해하는 데 기여했습니다. 한나 아렌트는 깊이 있는 사고를 통해 사회적 이슈를 탐구하여 도덕적 기준을 정립하고, 현대사회의 복잡성을 명쾌히 설명했습니다. Ti(내향적 사고)의 특성으로 인해 그녀는 명확한 논리와 체계적인 접근으로 문제를 해결하고, 자신의 주장을 뒷받침하는 강력한 근거를 제시했습니다.

서포터 능력 Ne(외향적 직관)는 한나 아렌트가 새로운 가능성을 탐구하고, 다양한 아이디어를 생성하는 데 도움을 주었습니다. Ne(외향적 직관)는 그녀가 사회의 변화와 문제를 포착하며, 기존의 틀에 얽매이지 않고 창의적으로 사고하는 데 기여했습니다. 한나 아렌트는 다각적인 시각에서 문제에 접근해 혁신적인 해결책을 제시했습니다. Ne(외향적 직관)는 그녀가 사회 현상을 포괄적인 관점에서 바라보는 데 필요한 직관적 통찰력을 제공했습니다.

사춘기 아이 S(감각)는 한나 아렌트가 현실 세계와 연결되는 과정에 필요합니다. S(감각)는 그녀가 주변을 세심하게 관찰하고, 실질적인 경험을 통해 지식을 쌓는 데 도움을 줍니다. 한나 아렌트는 이론에 의존하지 않고, 실제 사건과 상황을 기반으로 한 경험적 접근을 중시했습니다. 이를 통해 그녀는 복잡한 상황을 이해하고 실질적인 해결책을 제시했습니다.

비뚤어진 악동 Fe(외향적 감정)가 개발되면, INTP는 다른 사람과의 관계를 개선하려고 노력하고 성숙한 인간관계를 맺습니다. 자신의 감정 표현 및 타인의 감정 이해에 능숙해져 소통이 용이해 집니다.

반면, 비뚤어진 악동 Fe(외향적 감정)가 개발되지 않으면, INTP는 타인의 감정이나 상황에 둔감해집니다. INTP는 논리와 분석에 무게를 두기 때문에, 감정보다 객관적인 사실을 우선시하는 경향이 있습니다. 따라서 팀 활동에 소극적이고, 대인관계에서 비판적이고 분석적인 태도로 거리감을 느끼게 합니다. 지나치게 이론적이고 추상적으로 생각하여 문제 해결에 어려움을 겪기도 합니다. 이 경우 실행력이 약해져 이론만 나열하고 행동으로 옮기지 못합니다.

한나 아렌트

13

ESFJ

다산 정약용

(1762~1836)

청렴함이
무기가 되는 세상

슈퍼파워 Fe, 서포터 능력 Si,
사춘기 아이 N, 비뚤어진 악동 Ti

"공정하고 청렴한 세상,
우리는 그 꿈을 꾸고 있는가?"

ISTJ 임마누엘 칸트	ISFJ 율곡 이이	INFJ 마르틴 부버	INTJ 마키아벨리
책임감과 도덕으로 사회를 이끄는 사람	겸손한 마음으로 사람을 보살피는 사람	'무리'를 '우리'로 변화시키는 사람	비전과 신념으로 산도 옮길 수 있는 사람
ISTP 프랜시스 베이컨	**ISFP 퇴계 이황**	**INFP 소크라테스**	**INTP 한나 아렌트**
현실을 직시하고 문제를 꿰뚫는 사람	따뜻한 마음으로 누군가의 부족함을 채우는 사람	가치를 위해 산다는 것, 그 불꽃 같은 삶을 사는 사람	조용히 앉아 가장 큰 질문을 던지는 사람
ESTP 장 자크 루소	**ESFP 공자**	**ENFP 도산 안창호**	**ENTP 마르틴 하이데거**
어려움 속에서도 사람을 행동하게 만드는 사람	공동묘지에서도 휘파람을 불 수 있는 사람	불같은 열정으로 마음을 움직이는 사람	틀을 깨고 새로운 가능성을 여는 사람
ESTJ 아리스토텔레스	**ESFJ 다산 정약용**	**ENFJ 플라톤**	**ENTJ 관자**
행복을 위한 변화를 이끄는 사람	사람 사이, 따뜻한 다리를 놓는 사람	성장의 잠재력을 끌어내는 사람	'리더의 리더'로서 진성 리더십을 발휘하는 사람

다산 정약용 그는 누구인가

1762년~1783년

경기도 광주에서 태어났다. 4남 1녀 중 막내로 형 정약현 · 정약종 · 정약전과 함께
성장했다. 아버지 정재원은 첫 번째 부인이 일찍 세상을 떠나자 해남 윤씨와 재혼했
다. 윤씨는 다산 정약용의 어머니였다.

9살이 되던 해 어머니가 세상을 떠났다. 윤씨 부인은 실용적인 학문에 밝고 그림에
능한 인물로 집에는 경제와 농업에 관한 서적이 가득했다. 다산 정약용은 이러한 환
경 속에서 학문적 토대를 다졌다.

15세에 홍화보의 딸과 혼인했다. 다산 정약용은 여섯 아들과 세 딸을 두었으나, 네
아들과 두 딸은 어린 나이에 세상을 떠나고 아들 둘과 딸 하나만 남았다.

22세에 과거에 합격, 성균관에서 정조를 처음 만났으며, 추후 학문과 정치를 논하는
규장각에도 초대되어 신임을 얻었다. 20대 초반부터 30대 중반까지 15년간의 관료
생활은 다산 정약용의 인생에서 가장 안정적이고 찬란한 시기였다.

1791년~1801년

천주교에 대한 첫 박해로 신해박해가 일어났다. 다산 정약용은 정치적 · 사상적 중심
에 놓이며 갈등의 소용돌이에 휘말렸다.

중국 천주교 신부 주문모가 조선에 입국하면서 천주교 문제가 더 첨예해졌다. 정조
는 다산 정약용을 배려하여 군사와 경비 업무를 담당하는 금정찰방에 임명했다.

11세의 순조가 즉위하고 벽파가 정권을 장악하면서 천주교 관련 사상가들과 실학자
들에 대한 대대적인 탄압이 시작됐다. 다산 정약용은 이단으로 몰려 경상도로 유배

되고, 형 정약전은 흑산도로, 동지였던 이기양은 단천으로 유배되었다. 이가환 · 권철신 · 정약종은 감옥에서 숨졌고, 이승훈은 처형당했다. 다산 정약용은 마흔 살이 되던 해부터 18년간 유배지에서 지냈다.

1818년~1836년

57세 때 『목민심서』(1818) 48권 16책을 완성했다. 이는 지방 관리가 백성을 어떻게 섬겨야 하는지를 담은 실용적 행정 지침서로 다산의 학문과 실천 정신이 집약된 대표작이었다. 같은 해 음력 3월 16일, 『목민심서』 완성 5개월 뒤 오랜 유배 생활에서 풀려났다.

75세를 일기로 파란만장한 삶을 마무리했다.

– 다산 정약용의 삶과 메시지, 요약하다

요즘 우리는 이런 질문을 자주 듣는다.

"왜 세상은 여전히 불공평할까?"

"왜 누구는 특혜를 받고 누구는 아무리 애써도 기회를 얻지 못할까?"

"정의로운 사회는 가능한 걸까?"

이 질문에 답할 수 있는 한 인물이 있다. 바로 조선 후기의 철학자 다산 정약용이다.

다산 정약용은 혼란과 불의가 일상이었던 시대에 '정의로운 사회는 어떻게 가능한가'를 고민한 인물이다. 그는 부패한 제도를 비판하고 공정과 청렴의 기준을 제시했으며, 모든 이가 함께 사는 사회를 위해 글을 쓰고 제도를 설계했다.

그가 살던 조선 후기는 겉보기엔 질서정연한 듯 했으나 실제로는 썩어 문드러졌다. 백성은 굶주리고 권력자들은 법 위에 군림했다. 다산 정약용은 이를 개인의 게으름이 아닌 제도의 실패탓으로 보았다.

다산 정약용은 무려 500여 권의 책을 남겼고, 대표작인 『목민심서』는 오늘날로 치면 공직자의 윤리와 실무를 담은 행동 지침서라 할 수 있다.

그는 이렇게 말한다.

"백성을 먹이고, 살리고, 기회를 주는 것이 관리의 첫 번째 역할이다."

그리고 공정과 청렴에 대해 이렇게 덧붙인다.

"공정이란 누구에게나 같은 기준을 적용하는 것이다."

"청렴이란 단순히 돈을 안 받는 게 아니라, 욕심을 버리고 백성을 위한 마음을 품는 것이다."

그는 청렴의 기준을 세 가지로 나눈다.

첫째, 뇌물을 받지 않는다.

둘째, 공금을 사적으로 쓰지 않는다.

셋째, 백성을 위해 뜻을 품는다.

그는 말한다.

"진짜 욕심내야 할 것은 돈이 아니라 큰 뜻이다."

우리는 요즘도 심심찮게 불공정을 접한다. 한 조사에 따르면 국민 95%가 공직자의 부패를 심각하게 여기는 반면, 공직자 중 70%는 그렇게 생각지 않는다고 한다.

그 이유는 간단하다. 기준이 다르기 때문이다.

누군가는 "나는 법을 어기지 않았다"고 하고, 다른 누군가는 "그건 법의 빈틈을 악용한 부정"이라 한다.

다산 정약용

다산 정약용은 이런 혼란 속에서 명확한 기준을 세웠다. 그는 말로만 정의를 외치기 보다 실천을 담보로 한 제도를 만든 현실 개혁가였다. 그는 시대의 고통을 외면하지 않고 실현 가능한 이상을 제시했다. 그는 묻는다.

"공정하고 청렴한 세상, 우리는 그 꿈을 꾸고 있는가?"

다산 정약용의 철학을 MBTI에 적용하면 그는 ESFJ 유형에 속할 가능성이 크다. Fe(외향적 감정)로서 그는 타인과 조화를 추구하고 사회적 책임을 다하려 했다. 백성의 고통에 민감하게 반응했고 그들을 위해 제도적 해법을 모색했다.
Si(내향적 감각)의 강점은 다산 정약용의 철저한 기록성과 경험 기반 실천에서 드러난다. 그는 전통과 역사의 교훈을 중시하면서도 그 안에서 시대가 요구하는 정의를 구체화하려 했다. ESFJ 유형은 '따뜻한 조직자'로 불린다. 사람들의 필요를 세심하게 파악하고, 그에 따라 제도와 관계망을 설계하는 유형이다.

"당신은 청렴을 선택하는가 아니면 적당히 타협하며 사는가?"
다산 정약용이라면 이렇게 묻고 싶었을 것이다.

사람 사이,
따뜻한 다리를 놓는 사람

산다는 게 늘 쉽지 않지만 오늘날처럼 문제가 겹겹이 쌓인 시대는 없을 것입니다. 기후 위기, 바이러스, 정신 질환, 정치적 불신, 혐오와 차별, 환경 파괴… 하루하루가 위기와 혼란의 연속입니다. 원인은 무엇일까요?

오늘날 우리는 '가치의 부재'라는 문제에 직면해 있습니다. 윤리와 상식, 신뢰는 무너지고, 공감보다 판단이 앞서며 마음은 허기집니다. 이럴 때일수록 우리는 근본적인 질문 앞에 서야 합니다.

어떻게 살아야 할까? 무엇을 회복해야 할까?
중요한 질문이 하나 더 있습니다. '윤리적 삶'은 무엇인가?

이 질문에 진지하게 답했던 한 사람이 있습니다. 바로 다산 정약용입니다.

그는 혼란스러운 시대에 공정과 청렴의 가치를 지키고, 사람과 사람 사이에 따뜻한 다리를 놓으려 했던 사상가였습니다.

18세기 말, 조선은 무너져가고 있었습니다. 중앙 정치의 타락, 지방 행정의 붕괴, 귀족의 횡포로 민초들은 절망에 빠져 허우적댔습니다. 그들은 집도 없이 길바닥에서 살며, 마을은 텅 비고, 농토는 황폐해졌습니다.

"풀 한 포기, 고기 한 마리까지 '우리 것'이라며 세금을 매긴다"는 다산 정약용의 기록은 얼마나 많은 백성이 억울하게 살았는지를 보여 줍니다. 부유한 상류 농민 6%가 전체 농토의 44.3%나 차지하고 절반이 넘는 농민은 땅 한 평 없이 살았습니다. 죽은 자에게도, 갓난아이에게도 세금을 매겼습니다.

다산 정약용은 여러 권의 책을 써서 이렇게 병든 세상을 치료할 방법을 제안했습니다. 그는 Fe(외향적 감정)를 발휘하여 타인의 기대를 채우고 조화로운 사회를 만들 해결책을 모색했습니다. 그의 사상은 희망을 찾는 사람들에게 영감을 불어넣었습니다.

다산 정약용의 일생은 몇 가지 시기로 나뉘는데, 특히 두 시기가 주목할만합니다.

첫 번째 시기는 그가 28세에 과거 시험에 합격하여 38세에 법무부 형조 참의를 그만두기까지의 시기입니다. 이 시기 다산 정약용은 학문적 경험과 행정적 지식을 쌓았습니다. 과거에 합격한 그는 규장각에서 정조를 모시며 학문과 정치를 논했습니다. 고위 관리 후보가 된 후에는 이런 시를 썼습니다.

"저는 둔하고 서툴러 맡은 일을 잘 수행하기는 어렵습니다. 그래도 공정하고 청렴하게 최선을 다하고 싶습니다."

여기서 '공정'은 공평과 정의를 가리킵니다. 다산 정약용은 불공정하고 불평등한 세상을 고치고자 했습니다. 그는 타인의 고통을 이해하며 공감의 가치를 사회에서 실현하기 원했습니다. 이는 ESFJ가 지향하는 조화롭고 협력적인 사회를 위한 노력과 일맥상통합니다. ESFJ인 다산 정약용은 주위 사람의 필요를 충족시키기 위해 적극적으로 활동했습니다. 정조 18년(1794) 33세에 암행어사로 활동하면서 다산 정약용은 나라의 앞날을 걱정했습니다. 그는 탐욕스러운 관리의 부정을 들추어내도 임금과 가깝다며 처벌하지 않자 분노했습니다. 법이 일관성 없이 적용되면 세상이 바로잡히지 않는다고 믿었기 때문입니다. 그는 민생을 중요하게 생각하고 법의 권위와 실효성을 강조했습니다.

ESFJ

두 번째 시기는 다산 정약용의 유배기입니다. 40세에서 57세까지의 기간에 그는 많은 글을 쓰고 경전을 공부했습니다. 이 시기에 쓴 그의 대표작 『목민심서』는 공정함을 핵심축으로 합니다. 다산 정약용은 공직자가 청렴해야 세상이 평화로워진다고 믿었습니다. 다산 정약용의 『목민심서』의 요지는 "현행법 안에서 백성을 구하자"입니다. 그는 법과 제도를 당장 뜯어 고치지는 못해도, 공직자가 마음과 몸을 잘 다스려야 한다고 강조했습니다. 청렴을 공직자의 핵심 덕목으로 삼아야 세상이 바르게 된다고 확신했습니다.

다산 정약용은 병들고 부패한 세상을 고칠 방법을 고심하며 500여 권의 책을 썼습니다. 그는 공정한 사회를 만들기 위해 현실에 적용 가능한 개혁안을 준비했습니다. ESFJ인 그는 주위 사람의 고통에 공감하며 세상을 고치고자 했으나 권력에서 밀려 유배 생활을 시작한 후 저술에 힘썼습니다.

그의 Si(내향적 감각)는 역사적 사실과 경험을 바탕으로 백성의 필요를 충족할 방안을 제시하는 데 도움을 주었습니다. 그는 저술을 통해 사상을 체계적으로 정리하며 마음의 여유와 희망을 잃지 않았습니다. 그래서 자신의 호를 '사암(思庵, 기다리는 집)'으로 정했습니다. 이는 현재의 고통 너머에 있는 미래의 희망을 잃지 않겠다는 의지의 표현입니다.

우리는 다산 정약용이 꿈꾸던 공정하고 청렴한 세상을 어떻게 만들까요?
어떻게 세상을 개혁하여 올바른 나라를 만들 수 있을까요?

길이 막히면 돌아가야 하고, 다른 길을 찾아야 합니다. 당대의 시대정신으로 세상을 구할 수 없다면, 선현들의 정신을 되새기고 성현의 말씀을 다시 생각해야 합니다.

지금은 다산 정약용의 사상을 살려 사회적 고통의 해법을 모색할 때입니다. 과거의 지혜와 오늘의 경험을 융합하여 새 길을 열어 갈 책임이 우리에게 있습

다산 정약용

니다. 다산 정약용의 호 '사암'이 뜻하듯, 희망을 간직하고 끊임없이 더 나은 내일을 향해 나아가야 합니다.

청렴함으로 이끄는 리더,
그래서 빛난다

청렴은 리더십의 본질적 덕목으로 리더의 역할 수행에 있어서 선결조건이라고 할 수 있습니다. 다산 정약용은 청렴을 국가를 운영하고 백성을 돌보기 위한 필수 요건으로 보았습니다. 그의 철학에서 말하는 청렴은 외형적 행동 규범을 넘어 마음 깊은 곳에서 우러나오는 진정성과 연결됩니다.

다산 정약용은 리더가 청렴을 바탕으로 자애로운 마음, 즉 '자애(慈愛)'를 가져야 한다고 믿었습니다. Fe(외향적 감정)를 지닌 그는 자애가 타인의 필요와 감정을 깊이 이해하는 데서 나온다고 여겼습니다. 리더는 다른 사람의 고통과 요구를 파악해 해결해야 한다고 강조했습니다. 『목민심서』의 요점은 '목민'을 실천하는 것입니다. '목민'이란 백성을 보살피고 보호한다는 뜻이며, 통치자가 백성을 향해 사랑과 배려를 품어야 함을 시사합니다. '심서(心書)'는 백성을 사랑하지만 이를 실천하지 못하는 안타까운 상황을 암시합니다. 하지만 다산 정약용은 마음만 있으면 안 된다고 경고했습니다. 행동이 따르지 않는 마음은 공허한 이상에 불과하다는 그의 철학은 오늘날 새겨야 할 중요한 교훈입니다.

다산 정약용 철학의 또 하나의 핵심은 '자신을 다스리기'입니다. 그는 『목민심서』의 〈율기(律己)편〉에서 청렴을 강조하면서 공직자가 공정하고 도덕적으로 바르게 행해야 한다고 반복해서 말했습니다. '청심(淸心)'이란 마음을 맑고 깨끗하게 다스린다는 의미입니다. 공직자들이 내면을 다스리지 않으면, 외부의 부패와 부정이 방치될 수 있기 때문입니다. 청렴한 마음은 유혹이나 압력에 흔들리지 않고 정의롭고 공정하게 처신하는 힘을 줍니다.

다산 정약용은 "청렴은 지방 관리의 기본 임무이며, 모든 선의 원천이고, 모든 덕의 근본이다"라고 말했습니다.

청렴하지 않은 관리는 백성을 제대로 돌보지 않고 결과적으로 국가와 사회의 기반을 흔듭니다. 청렴은 부패 예방을 넘어 공공의 이익을 우선하는 가치관입니다. 다산 정약용은 청렴한 리더가 되려면 주변 사람을 경계해야 한다고 조언했습니다. 특히 개인적인 이유로 친분을 쌓으려는 사람을 멀리하라고 강조했습니다. 지방 자치단체장에게 접근하는 사람이 불법적인 목적을 품고 관계 맺는 것을 막기 위해, 그는 "해당 지역과 이웃 지역 사람을 관청에 부르면 안 된다"며, '공정성을 해치는 불법적인 관계를 엄중히 차단해야 한다'고 경고했습니다.

이러한 가르침은 다산 정약용이 가진 Fe(외향적 감정)와 Si(내향적 감각)의 특성을 잘 보여 줍니다. 그는 사람들의 감정에 민감하게 반응하면서도 비리와 부정을 막는 구체적 조치를 실행하려 했습니다. 다산 정약용은 "손님을 만날 수 없다"는 규칙을 제시하며, 관리가 지나치게 친근하거나 불필요한 연을 맺지 않아야 한다고 말했습니다.

다산 정약용은 '공정함'을 리더십의 핵심으로 삼았습니다. 그는 불법적이거나 비합리적인 행동을 강력히 반대했습니다.

예를 들어, "반대 편의 탐욕, 부도덕, 사치는 신랄하게 지적하면서 자기 편이라고 무조건 비호해서는 안 된다"고 말했습니다. 그는 편파적이지 않고 모든 이에게 공정하게 대해야 한다는 원칙을 세웠습니다. 이 교훈은 오늘날에도 여전히 가치를 지닙니다. 이익에 따라 공정을 저버리거나 부정하게 행동하면 사회 전체의 발전도 저해한다고 다산 정약용은 일갈했습니다.

이는 FJ(감정 판단)의 특징을 보여 줍니다. 다산 정약용은 주변에 조화롭고 협력적인 분위기를 만들기 위해 노력했으며, 타인의 필요와 요구에 귀 기울였습니다. 이러한 FJ(감정 판단)의 특성은 사회의 불공정을 개선하고자 하는 그의 노력을 뒷받침했습니다.

서울대학교 사범대학 명예교수이자 기독교윤리실천위원회 소속인 손봉호 교수는 다산 정약용의 철학을 '약자 중심의 윤리'로 재해석하며, 사회의 약자와 소외된 사람에 대한 공정한 대우와 보호의 중요성을 강조합니다. 그는 다산 정약용의 공정성 개념을 지금도 유효한 윤리적 원칙으로 간주하며, 각자 자신의 책임과 태도를 돌아보도록 촉구합니다.

다산 정약용의 철학은 개인의 도덕적 책임과 사회 정의를 실천하는 데 중요한 지침입니다. 비판과 평가는 품격 있게 하고, 타인의 고통에 공감하며 신중하게 결정하는 태도가 무엇보다 중요합니다.

다산 정약용으로 본
ESFJ의 천부적 재능

슈퍼파워 Fe(외향적 감정)로서 다산 정약용은 타인의 감정과 필요를 중시합니다. Fe(외향적 감정)는 그가 공직자 역할을 수행하는 과정에서 중심적 역할을 했습니다. 예를 들어, 다산 정약용은 농민의 고통을 이해하고 이를 해결하기 위한 정책을 제안합니다. 이는 그가 감정을 존중하고 사회의 필요에 민감하게 반응한다는 증거입니다.

서포터 능력 Si(내향적 감각)는 다산 정약용의 철학과 행동에 깊게 영향을 미쳤습니다. 그는 과거의 경험과 전통을 바탕으로 문제를 해결하고자 했습니다. Si(내향적 감각)는 그가 역사적 사례와 교훈을 통해 현재 상황을 분석하고, 이를 바탕으로 실질적 정책을 제시하는 데 기여했습니다.

사춘기 아이 N(직관)은 다산 정약용이 사회 변화에 대한 인식을 확장하는 토대가 되었습니다. 그는 새로운 아이디어와 가능성을 탐구하며, 이를 통해 사회를 개선하고자 했습니다. 다산 정약용은 외향적 직관력을 살려 다양한 관점을 고려하고, 이를 철학에 통합하여 실천 가능한 방법을 찾았습니다. 그럼으로써 사회의 부조리를 해결하고자 힘썼습니다.

비뚤어진 악동 Ti(내향적 사고)가 개발되면, ESFJ도 공정하고 정확한 논리를 사용할 수 있습니다. 다산 정약용은 자신의 철학을 체계적으로 정리하고,

논리적이고 분석적으로 문제를 해결했습니다. 그는 도덕과 윤리를 기준 삼아 사회에 적용하려 했습니다. 다시 말해, 감정에 치우침 없이 냉정하게 사고하고 분석하는 태도로 철학을 세웠습니다.

반면, 비뚤어진 악동 Ti(내향적 사고)가 개발되지 않은 ESFJ는 객관적 비판 없이 타인의 의견에 쉽게 동조합니다. 다른 사람의 견해에 지나치게 집착하여 자신의 판단을 소홀히 할 위험이 있습니다. 또 논리적으로 사고하지 못하고 전체적인 맥락을 놓치거나 충분히 이해하기 전에 성급하게 결론을 내리는 경우도 생깁니다. 그러다 보면 다른 사람의 무관심이나 비판에 쉽게 상처 받고, 자기 기준에만 의존해 객관성을 잃게 됩니다. 따라서 타인이 필요로 하는 게 무엇인지 진지하게 듣고 이해해야 합니다.

결국 다산 정약용의 철학은 슈퍼파워 Fe(외향적 감정)와 서포터 능력 Si(내향적 감각)의 균형을 통해 이루어졌으며, 그의 청렴한 마음과 공정한 판단을 바탕으로 삼았습니다. 그는 사회 문제를 해결하는 실천적 방안을 제시하며, 철학을 통해 긍정적인 영향을 미치고자 했습니다. 다산 정약용은 자신이 주장하는 원칙이 실제로 적용되도록 애썼고, 이는 그의 외향적 감정이 사회적 책임을 다하는 방식으로 나타났습니다.

다산 정약용

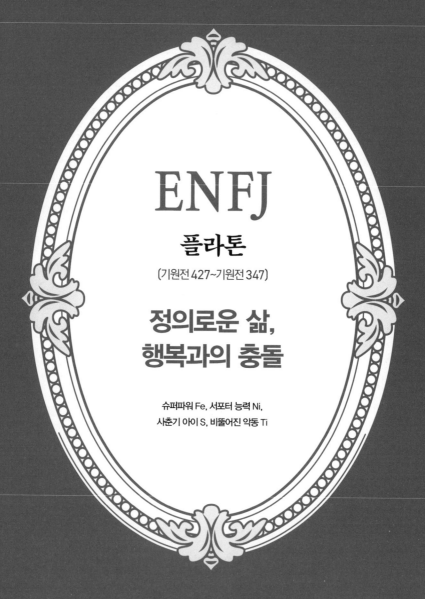

14

ENFJ

플라톤
(기원전 427~기원전 347)

정의로운 삶,
행복과의 충돌

슈퍼파워 Fe, 서포터 능력 Ni,
사춘기 아이 S, 비뚤어진 악동 Ti

"올바른 판단과 지혜가 가져오는 '좋음'은 나쁜 즐거움을 압도합니다.
정의의 편에 서서 아픈 눈물을 흘려도
행복을 경험할 수 있는 비밀이 여기 있습니다."

ISTJ **임마누엘 칸트** 책임감과 도덕으로 사회를 이끄는 사람	**ISFJ** **율곡 이이** 겸손한 마음으로 사람을 보살피는 사람	**INFJ** **마르틴 부버** '무리'를 '우리'로 변화시키는 사람	**INTJ** **마키아벨리** 비전과 신념으로 산도 옮길 수 있는 사람
ISTP **프랜시스 베이컨** 현실을 직시하고 문제를 꿰뚫는 사람	**ISFP** **퇴계 이황** 따뜻한 마음으로 누군가의 부족함을 채우는 사람	**INFP** **소크라테스** 가치를 위해 산다는 것, 그 불꽃 같은 삶을 사는 사람	**INTP** **한나 아렌트** 조용히 앉아 가장 큰 질문을 던지는 사람
ESTP **장 자크 루소** 어려움 속에서도 사람을 행동하게 만드는 사람	**ESFP** **공자** 공동묘지에서도 휘파람을 불 수 있는 사람	**ENFP** **도산 안창호** 불같은 열정으로 마음을 움직이는 사람	**ENTP** **마르틴 하이데거** 틀을 깨고 새로운 가능성을 여는 사람
ESTJ **아리스토텔레스** 행복을 위한 변화를 이끄는 사람	**ESFJ** **다산 정약용** 사람 사이, 따뜻한 다리를 놓는 사람	**ENFJ** **플라톤** 성장의 잠재력을 끌어내는 사람	**ENTJ** **관자** '리더의 리더'로서 진성 리더십을 발휘하는 사람

플라톤, 그는 누구인가

기원전 427년~기원전 404년

고대 아테네에서 출생했으며 본명은 아리스토클레스였다. 아버지 아리스톤과 어머니 페릭티오네 사이에서 태어나 형제로 글라우콘과 아데이만토스, 여동생 포토네가 있었다. 플라톤의 친가는 아테네를 개국한 코드로스의 후손이며, 외가는 민주정의 기초를 세운 솔론의 혈맥이었다. 아버지는 일찍 세상을 떠났고, 어머니는 재혼하여 이복 동생 안티폰을 낳았다.

젊은 시절, 플라톤은 디오니소스 학파에서 읽고 쓰기를 배웠으며, 전설적인 레슬링 선수로 세 번의 우승을 차지하고 전쟁에 나가 여러 차례 무공훈장을 받았다. 또 시와 문학에도 재능을 보였다.

20세 여름에 그는 소크라테스를 만나 제자가 되었으며, "인간은 자신의 믿음과 행동에 합당한 이유를 설명할 수 있어야 한다"는 교훈에 깊이 감명 받았다.

그의 23세 생일에 펠로폰네소스 전쟁에서 아테네가 패배했다. 기원전 399년 그가 28세였을 때 소크라테스가 사형을 선고받자, 플라톤은 정치 집단에 혐오감을 품고 이집트와 지중해를 떠돌며 철학 여행을 했다. 한번은 노예시장에 팔려 갔으나 키레니 사람 안니케리스 덕분에 고향으로 돌아왔다.

기원전 387년~기원전 347년

40세에 아테네 최초의 철학 학교 아카데메이아를 설립했다. 이 학교는 영웅 아카데모스에게 헌납된 숲속의 철학 공간이며, 유럽 대학의 원조로 900년간 명맥을 유지했다.

마지막 저작 『법률』(기원전 347)을 남겼다.

플라톤의 저술은 편의상 초기, 중기, 후기 작품으로 나뉜다.

초기 대화편은 소크라테스의 철학을 충실히 기록했고, 대표작으로는 『소크라테스의 변론』, 『크리톤』, 『이온』이 있다.

중기 작품에서는 플라톤이 학생들을 가르치며 집필한 작품이 포함되며, 『프로타고라스』, 『메논』, 『파이돈』, 『파이드로스』, 『국가』, 『향연』이 대표적이다.

후기 작품은 그의 나이 67세부터 죽음을 맞이할 때까지 사유의 결실을 담았으며, 『정치가』, 『소피스트』, 『필레보스』, 『티마이오스』, 『법률』이 포함된다.

플라톤은 기원전 347년 80세의 나이로 생애를 마감했다.

– 플라톤의 삶과 메시지, 요약하다

우리는 무엇에 휘둘리며 사는가?

더 비싼 차, 더 높은 연봉, 더 많은 팔로워를 좇는 삶에 왜 만족하지 못하는가?

성공과 욕망에 이끌리는 시대에 우리는 한 가지 질문을 놓치고 산다.

"잘 사는 삶이란 무엇인가?"

이 질문에 답할 수 있는 한 인물이 있다. 바로 철학자 플라톤이다.

플라톤은 정의롭지 못한 사회를 변화시키려는 이상을 품었다. 정치에 입문하고 싶었지만, 음모와 비방, 부패와 대립이 만연한 현실에 실망한다. 그러나 그는 그 절망을 가르침과 철학으로 승화시켰고, 그 전환점이 된 인물은 소크라테스였다.

당시 아테네 사람들은 이렇게 믿었다.

"정의란 친구에게 이롭고 적에게 해로운 것"
"강자의 이익이 곧 정의다."

오늘날 우리 삶의 방식과도 다르지 않다. 남의 기준, 사회적 위치, 외적인 성취를 기준 삼아 살아가기에 도덕은 선택적으로 작동한다. 플라톤은 당대의 혼란 속에 '아레테(탁월함)'의 의미를 묻는다. 진정한 탁월함은 진리를 깨달은 사람이 그 빛으로 타인을 돕는 과정에서 발휘된다. 자기만 잘나면 되는 게 아니라 공동체에 덕이 되어야 한다. 그는 '동굴의 비유'를 들어 무지와 환상을 극복하게 만드는 진리를 향한 용기에 관해 말한다.

플라톤은 외친다.

"정의로운 사회는 정권을 바꾼다고 이뤄지지 않는다. 적폐를 몰아낸다고 되는 게 아니다. 정의는 각자 자신의 역할을 다하고, 스스로 성찰하며, 타인에게 덕을 베풀 때 실현된다."

그는 정의를 정치적 구호나 제도 개혁 선에서 이해하지 않았다. 정의는 삶에서 실천되는 내면의 질서이자 공동체 안에서의 조화였다.

우리는 어떤 사회를 꿈꾸는가?
삶에서 '정의'는 어떤 모습으로 살아 숨 쉬는가?
정의가 강물처럼 흐르는 사회는 누군가 만드는 게 아니라 우리가 선택하고, 실천하고, 감내할 삶의 방식이다. 플라톤은 각자의 자리에서 자신을 돌아보고, 타인에게 덕을 끼치며 살아야 한다고 말한다. 그럴 때 정의는 이념이 아니라 '살아 있는 질서'가 된다.

플라톤

플라톤의 철학을 MBTI에 적용하면 그는 ENFJ 유형에 속할 가능성이 크다. 그는 Fe(외향적 감정)로 조화를 중시하고 타인의 감정에 민감하게 반응했다. 공동체를 위한 이상을 품고, 개개인이 잘 살 수 있는 길을 가르치려 했다.

또한, Ni(내향적 직관)를 통해 이상적인 사회의 청사진을 그리고, 이상을 실현하기 위한 철학과 교육 제도를 제시했다. 플라톤에게 '정의'란 단순히 제도가 아니라 각자 자신의 본성과 역할에 맞게 살아갈 때 실현되는 것이었다. 그는 깊은 사유와 실천의 힘으로 한 개인의 정의가 공동체 전체의 정의로 확장된다고 믿었다.

"당신은 정의롭게 살고 있는가?
아니면 남들도 다 그렇다고 타협하며 사는가?"
플라톤이라면 이렇게 묻고 싶었을 것이다.

성장의 잠재력을 끌어내는 사람

최연혁 교수님은 『우리가 만나야 할 미래』(2012)에서 스웨덴 국회의원들의 놀라운 업무 환경을 소개합니다. 스웨덴은 4년 임기 후 약 30%의 의원들이 정치 현장을 떠나 국회의원 이직률이 매우 높습니다. 의원들에게 이유를 물으면 "도저히 감당할 수 없는 업무 강도"를 1순위로 꼽습니다.

스웨덴 의회는 상시 회기제로 운영되며, 여름 두 달을 제외하고 10개월 동안 거의 매일 회의가 열립니다. 의원들은 매일 출근하며 보좌관 없이 대부분의 업무를 처리합니다. 상임위원회 활동도 많고 원내 회의까지 겹치면서 개인 시간은 거의 없습니다. 실제로 한 의원은 4년 동안 437건의 법안을 발의하는 기록을 세웠습니다. 하루가 멀다 하고 법안을 준비하고 제출한 셈입니다.

의원들의 사무실은 약 20㎡에 불과하고 전화응대와 손님맞이도 혼자 해야합니다. 입법을 위해 대학생보다 더 많이 공부하며, 언론과 국민은 의원의 작은 실수 하나에도 엄격한 기준을 적용합니다. 국회의원은 '권력자'가 아니라 '국민의 청지기'이며 자발적으로 훈련하고 절제하는 사람이어야 합니다.

그 대표적 인물이 스웨덴의 전 총리 타게 에를란데르입니다. 그는 23년간 총리직을 수행하며 복지국가의 기초를 다졌지만, 퇴임 후 집 한 채 없이 검소하게 살았습니다. 국민을 위한 정치에 인생을 바치고 평범한 시민으로 돌아간 그의 철학은 이렇게 요약됩니다.

"정치인은 나라와 국민을 위해 희생할 각오가 되어야 한다."

플라톤

241

그를 보며 우리는 묻게 됩니다.

"정의롭고 헌신적인 삶은 그 자신에게도 행복이었을까?"

그리고 이어지는 더 근본적인 질문이 있습니다.

"정의롭게 살면 진정한 행복을 찾을 수 있을까?"

이 오래된 질문에 대한 해답을 찾기 위해 우리는 이제 철학자 플라톤에게로 향합니다.

플라톤의 대표적인 저서 『국가』(기원전 375년)의 첫 번째 독자는 기원전 378년 전성기가 지나 쇠락해가는 아테네의 시민이었습니다. 이들은 민주정을 회복하고자 했으나 과거의 영광은 이미 사라지고 없었습니다. 『국가』는 '잘 사는 것이란 무엇인가?' 또는 '좋은 삶이란 무엇인가?'를 주제로 한 책으로 당시의 현실과 관련이 있습니다. 책의 주 무대인 피레우스 항구는 아테네의 정치를 좌우하는 토론의 장이었습니다. 『국가』의 독자인 아테네인들은 역사상 가장 빛나던 기원전 432년 소크라테스와 주인공들이 나눈 대화를 읽으며 마음이 아팠을 것입니다.

정의 사회 구현은 더없이 중요한 시대적 과제입니다. 그러나 정권을 바꾸고 나쁜 세력을 몰아낸다고 곧바로 좋은 세상이 이뤄지는 건 아닙니다. 정의는 부정의를 없애면 자동으로 실현되는 게 아니라 적극적으로 추구해야 하는 목표입니다.

『국가』의 주인공들은 "어떻게 정의로운 나라를 만들 것인가?"를 묻습니다.

케팔로스는 '정의란 남에게 빚지지 않고 사는 것'이라고 했습니다. 그는 재산이 많아야 편안한 노년을 보낸다고 믿습니다. 소크라테스는 그와 대화하며 노년의 의미와 삶의 방식에 질문을 던집니다. 소크라테스는 부자가 되면 진정한 만족이 있는지 의문을 제기합니다. 케팔로스는 '부가 올바르게 사는 데 도움을 준다'며, 남을 속이거나 빚지지 않는 삶을 강조합니다.

그러나 소크라테스는 그의 정의에 '두 가지 오류가 있다'고 지적합니다.

첫째, 정의가 빌린 것을 갚는 것이라면 예외적인 상황을 무시하는 게 아닐까요? 예를 들어, 미친 친구가 무기를 돌려달라고 할 때는 돌려주지 말아야 합니다. 둘째, 인간은 서로 덕을 입고 살므로 정의는 상호 의존이라고 소크라테스는 강조합니다.

플라톤이 생각하는 이상적인 국가는 '빚짐'의 관계를 잘 관리해 각 사람이 열심히 일하게 합니다. 더 많이 빚지거나 덜 빚지지 않게 지원하는 제도를 갖추어 정의롭고 올바른 사회를 만드는 기초로 삼습니다.

플라톤의 NF(직관 감정)는 마음이 따뜻하고 사람에 관심을 기울입니다. 이들은 인간의 가능성과 긍정적인 관계에 대한 신념을 가졌고, 공정함과 존중의 가치관에 따라 행동합니다. 특히 ENFJ는 타인의 문제에 깊이 관여합니다. 다른 사람의 감정을 열린 가슴으로 받아들이고 자신의 감정인 양 느낍니다. 공감능력이 뛰어나며 자연스럽게 유대감을 형성합니다. 플라톤의 국가관에는 그러한 특성이 잘 드러납니다.

이후 대화는 폴레마르코스로 넘어갑니다. 그는 정의를 '각자에게 마땅한 것을 돌려주는 것'이라고 정의하며, 특히 '친구는 이롭게, 적은 해롭게 해야 한다'고 주장합니다. 이는 고대 그리스의 상식적 정의관을 반영합니다. 하지만 소크라테스는 이렇게 질문합니다.

"친구와 적을 정확히 구분할 수 있는가?"

사람들은 자신에게 호의적인 사람을 친구로, 비우호적인 사람을 적으로 판단합니다. 그러나 그 판단은 빗나갈 수 있습니다. 내게 좋은 사람처럼 보이지만, 사실은 해를 끼칠 수 있기 때문입니다. 이처럼 잘못된 판단은 선한 사람에게 해를 입히고, 악한 사람에게 이익이 됩니다. 이 점에서 폴레마르코스의 정의는 한계를 드러냅니다.

소크라테스는 정의로운 사람은 어떤 경우에도 타인에게 해를 끼쳐서는 안 된다고 강조합니다.

"누구에게든 해를 입히는 것은 불의한 행위입니다. 따라서 정의로운 사람은 그 누구에게도 해를 입히지 않습니다."

정의로운 사람은 상대가 누구든 해를 끼쳐서는 안 됩니다. 참된 정의란 선한 사람을 보호하고 어느 누구도 해치지 않는 것입니다.

그렇다면 정의에 대한 또 다른 관점은 무엇일까요? 이번에는 트라시마코스가 대화에 나섭니다. 그는 정의를 "강자의 이익"이라고 단언합니다. 즉, 권력을 가진 자들이 자신에게 유리한 법을 만들고, 그 법을 따르지 않는 이를 처벌함으로써 사회 질서를 유지한다는 것입니다. 이런 관점에서 보면, 정의는 결국 지배자의 편에 서 있으며 약자에게는 불리합니다.

소크라테스는 트라시마코스에게 "강자란 누구인가?"라고 묻습니다. 이에 그는 '가장 엄밀한 의미에서 통치자, 즉 실수하지 않는 통치자'라고 답합니다. 그러나 소크라테스는 "과연 누가 실수하지 않겠는가?"라고 되묻습니다.

트라시마코스는 또 "정의로운 삶은 행복을 가져다주지 않는다"고 주장합니다. 이에 소크라테스는 "부정한 상태는 진정한 행복이 아니다"라고 반박합니다.

만약 누군가 "정의가 밥 먹여 주냐?"고 묻는다면, 소크라테스는 이렇게 말할 것입니다.

"정의야말로 사람을 가장 인간답게 한다."

그는 불의한 삶의 대표로 독재자를 들며 그 비참함을 '노예 상태'에 비유합니다. 모든 것을 가진 듯 보이는 독재자는 결국 아무와도 진정한 관계를 맺지 못하고, 외로움과 고립 속에 살아갑니다. 소크라테스는 진정한 행복은 정의로운 삶에서 비롯된다고 강조합니다.

이제 또 다른 인물, 글라우콘이 등장합니다. 그는 정의에 대해 더 근본적인 질문을 던집니다.

"사람들은 왜 정의롭게 살려 하는가?" 글라우콘은 사람들이 정의를 따르는 이유가 선의가 아니라 타인의 시선과 평판이라고 말합니다. 그리고 이 주장을 뒷받침하기 위해 '기게스의 반지' 이야기를 꺼냅니다.

기게스는 어느 날 지진으로 갈라진 땅속에서 반지를 발견합니다. 이 반지를 끼면 다른 사람의 눈에 안 보이는 놀라운 능력이 생깁니다. 왕의 양치기 기게스는 반지를 이용해 왕을 죽이고 왕비를 차지합니다. 그는 자기가 하는 행동이 들키지 않는다고 믿고 더 이상 바르게 살려 하지 않습니다. 글라우콘은 이 이야기를 바탕으로 심각한 문제를 제기합니다.

"이런 반지가 두 개 있다고 가정합시다. 하나는 정의로운 사람에게, 다른 하나는 부정한 사람에게 주어진다면 어떻게 될까요? 반지를 낀 사람은 들킬 염려 없이 물건을 훔치고, 남의 집에 침입해서 원하는 사람과 지내며, 심지어 사람을 죽이거나 죄수를 풀어줄 수도 있습니다. 이런 상황에서 정의로운 사람이 도덕성을 지키며 살까요? 아마 그렇지 않을 겁니다. 결국 정의란 강한 도덕적 의지의 결과가 아니라 사회적 처벌에 대한 두려움에서 오는 건 아닐까요?"

글라우콘은 우리에게 묻습니다.

"당신이 어떤 잘못을 저질러도 들키지 않고 들켜도 처벌받지 않으면, 그래도 정의롭게 행동하겠습니까?"

글라우콘은 대부분의 사람들은 정의보다 자신의 이익을 좇을 거라고 장담합니다. 기게스의 이야기는 우리가 얼마나 '타인의 시선과 평판'에 의존하는지를 날카롭게 보여 줍니다.

그러나 소크라테스는 정의를 단순히 사회적 평판과 결과에 따른 외적 행위로 보지 않았습니다. 그는 정의가 개인의 '영혼의 상태'와 관련이 있다고 주장합니다. 정의로운 행동은 외적 보상을 넘어 내면의 조화와 만족을 주며, 이 조화로운 상태가 참된 행복이라고 말합니다. 소크라테스는 말합니다.

"정의롭게 사는 것이야말로 가장 귀중한 삶이다."

소크라테스는 '기게스의 반지'가 제시한 상황에서 도덕성이 흔들리는 것은 인간 내면의 상반된 본능 때문이라고 설명합니다. 하나는 이익을 추구하는 본능이고, 다른 하나는 도덕적 원칙을 따르는 본능입니다. 때로 유혹에 흔들리지만, 소크라테스는 우리가 도덕적 본능을 따를 때 진짜 행복하다고 말합니다.

그러나 과연 정의롭게 살면 행복해질까요? 기게스의 반지를 낀다면 우리는 어떤 선택을 할까요? 이 질문은 여전히 풀리지 않은 채 남아 있습니다.

ENFJ

아레테의 힘,
덕을 통한 탁월한 전문성

플라톤의 '동굴의 비유(우화)'는 그의 철학을 잘 표현합니다. 이 비유는 진리를 알기 위한 '오르막 길'과 그 진리를 실현하기 위한 '내리막 길'을 다루며, 진리 탐구를 위한 복잡한 과정을 상징적으로 그립니다. 플라톤처럼 NF(직관 감정)는 언어에 관심이 있고, 갖가지 사실이나 사람 간의 관계에 숨은 의미를 이해하려고 노력합니다. NF(직관 감정)는 상상과 비유로 자기 생각과 아이디어를 능숙하게 풀어내며, 복잡한 개념을 쉽게 전달합니다.

플라톤은 『국가』에 담긴 '동굴의 비유(우화)'에서 어떤 죄수들을 언급합니다. 땅속에 널찍한 동굴이 있고 그 안에 태어날 때부터 쇠사슬에 묶인 채 앞만 보며 앉아 있는 죄수들이 있습니다. 플라톤은 세상을 현실과 이데아로 나누고 이데아가 진짜 세계라고 말합니다. 현실의 인간은 캄캄한 동굴에 갇힌 죄수 같은데 그들은 벽만 보고 있고, 뒤에는 횃불이 타오릅니다. 어느 날 사람들이 동굴에 들어와 횃불 앞에서 모형을 조종합니다. 그 그림자가 벽에 비치고 죄수들은 이를 보며 모든 것을 안다고 착각합니다. 그러나 그들은 실물이 아니라 벽에 드리운 그림자를 봅니다.

플라톤은 '인공물의 그림자가 사람들에게 인지되는 유일한 실재'라는 점을 강조하려고 '동굴의 비유'를 썼습니다. 죄수가 경험한 세계는 동굴이 전부이고, 그들은 동굴 속의 그림자가 실재라고 믿습니다. 모두 똑같은 그림자를 보고 아

플라톤

무도 의심하지 않으니 자기가 경험한 사실이 진짜라고 믿습니다. 그들에게는 다른 세계에 대한 지식이 없기에 다수와 다른 행동은 용납되지 않습니다.

어느 날 한 죄수가 동굴을 벗어나 몹시 혼란을 겪습니다. 자기가 알던 세상은 전부 가짜임을 알고, 그는 호기심에 끌려 실재하는 세상으로 떠납니다. 태양 아래에서 그는 진짜를 깨닫고 동굴 속 동료들을 떠올립니다. 진짜 세계의 즐거움을 만끽한 그는 거짓된 정보를 믿는 친구들에게 연민과 동정을 느낍니다. 그리고 진실을 알리기 위해 다시 동굴로 향합니다.

NF(직관 감정)가 말하는 '진실'은 단순한 사실 이상입니다. 그들에게 진실이란 타인의 아픔에 공감하고 이타적인 마음으로 행동하는 태도를 의미합니다. FJ(감정 판단)는 중요한 가치와 이념을 현실 속에서 실현하려 노력합니다. 이들은 사람을 돕는 일이 의미 있고 가치 있다고 믿습니다. 그래서 그들이 추구하는 진실은 공감과 헌신, 그리고 더 나은 세상을 만들려는 의지와 맞닿아 있습니다.

동굴 밖의 세계에서 죄수가 본 태양을 플라톤은 '이데아(idea)'라고 부릅니다. '이데아'는 원래고대 그리스어 '이데인(idein)'에서 왔으며 '보다'라는 뜻의 고대 그리스어 '보라오(borao)'나 '블레포(blepo)'에서 기원했습니다. '보라오(borao)'와 '블레포(blepo)'는 영어로 'to see' 또는 'to look at'을 의미합니다. 반면 '이데인(idein)'은 'to have seen'을 뜻하며, 우리가 못 본 것일 뿐 언제나 볼 수 있는 곳에 있었다는 의미입니다.

동굴 안의 그림자 세계는 우리가 감각으로 보고 경험하는 현실을 뜻합니다. 하지만 그 바깥에 있는 '이데아(idea)'의 세계는 눈에 보이지 않지만 참된 진리와 의미가 살아 있는 정신의 세계입니다. '이데아'를 경험한 사람은 선하고 아름다운 삶이야말로 진정한 행복이라는 것을 깨닫습니다. 한 번 이데아의 빛을 보면 스스로 그 기준을 따르며, 더 나은 삶과 사회를 향해 나아가고자 합니다. '이데아'에 압도된 벅찬 감정과 깨달음을 통해 이상적인 삶을 추구합니다. 그래서 참된 행복은 외부의 조건보다 '이데아'로부터 얻는 깊은 이해와 진리 속에서 찾을 수 있습니다.

플라톤은 왜 진리를 이야기하면서 '이데아', 즉 태양이라는 소재를 사용했을까요? 플라톤이 살기 훨씬 전부터 고대 이집트와 그리스 사람들은 빛을 신성시했습니다. 아마 당대 아테네인에게 익숙한 '빛'이라는 소재를 끌어와 무엇이 진짜인지 알려 주고 싶었던 걸지도 모릅니다.

플라톤은 아테네인들에게 질문을 던집니다.

"왜 그렇게 살기 힘든지 아는가?"

이유는 단 한 가지, 잘못 보기 때문입니다. 진짜 봐야 할 것을 안 보기 때문입니다.

플라톤의 '동굴의 비유'에서 진리를 깨달은 사람은 어디로 향했습니까? 그는 연민과 동정을 품고 도움을 필요로 하는 타인을 찾아 나섭니다. '탁월한 사람 (arete), 곧 아는 자가 가진 힘'을 상징합니다.

플라톤이 산 시기는 기원전 약 427년에서 기원전 347년 사이이며, 국가가 약자를 배려하는 정치를 해야 부강해진다고 믿은 맹자는 기원전 372년에서 기원전 298년 사이에 생존했습니다. 이들의 공통된 교훈은 사람을 소중히 여기는 '인간다운 마음'의 기초를 다지고 올바른 윤리로 무장하지 않으면, 유능한 사람도 진정한 승리자가 될 수 없다는 것입니다.

이것이 바로 소크라테스가 참된 인간의 조건으로 여긴 아레테, 즉 탁월한 힘입니다.

우리는 위기의 시대를 살며 철학자들이 '좋은 삶', '행복한 삶'에 대해 한결같이 전한 메시지를 기억해야 합니다. 소크라테스는 말했습니다. "좋다고 해서 반드시 즐겁지만은 않고, 나쁘다고 해서 늘 괴로운 것도 아니다."

올바른 판단과 지혜가 가져오는 '좋음'은 나쁜 즐거움을 압도합니다. 정의의 편에 서서 아픈 눈물을 흘려도 행복을 경험할 수 있는 비밀이 여기 있습니다.

동일한 맥락에서 불우한 과거와 환경도 얼마든지 다르게 해석할 수 있습니다. 바른 지성을 의지해 자신이 탄 배의 방향타를 행복을 향해 조정하면서 전진할 수 있습니다. 가계의 저주에 속절없이 매이지 말아야 합니다. 슬픈 현실을 넘어 승화와 초월에 다다른 자의 치유력은 세상을 변화시키는 강력한 힘입니다. 숨기고 싶은 불행한 과거조차 같은 고통과 상처로 신음하는 이에게 새로운 삶을 시작하는 용기를 불러일으킬 수 있습니다. 이것이 인간이 지닌 지혜의 능력입니다. 소크라테스가 말한 참된 지성은 현실이 암담할수록 빛을 발합니다.

아레테의 힘, 즉 '타자의 고통'에 눈물로 함께하는 연민(compassion)을 품은 사람이 '지식인'입니다.

이들은 동굴을 벗어나 진정한 빛과 진리를 경험하고 타인에게 도움의 손길을 내밉니다. 그들은 깨달음을 나누며 다른 이들도 진리의 빛을 보게 돕습니다. 진리를 깨달은 자는 혼자 행복을 누리는 대신에 공동체의 행복을 위해 힘씁니다.

이러한 가치관을 염두에 두고 우리는 『국가』의 주인공들이 정의와 공평이 사라진 시대에 던진 질문을 다시 떠올려야 합니다.

"어떻게 정의로운 나라를 만들어 갈 것인가?"

ENFJ

250

플라톤으로 본
ENFJ의 천부적 재능

슈퍼파워 Fe(외향적 감정)는 다른 사람의 감정과 필요를 잘 이해합니다. 이들은 좋은 관계를 맺고 서로 돕는 것을 중요하게 생각합니다. 플라톤이 말한 공동체의 행복과 정의를 추구하며 타인의 감정을 고려해 행동합니다. 이들은 타인을 돕고 세상을 더 나은 곳으로 만들고자 노력합니다. 이 과정에서 그들은 아레테, 즉 탁월함을 표현합니다. ENFJ는 친구와 가족, 그리고 사회를 위해 헌신합니다.

ENFJ는 서포터 능력 Ni(내향적 직관)로 깊은 통찰력과 미래에 대한 비전을 제공합니다. 이들은 내면의 직관을 통해 세상의 본질을 이해합니다. 전체적인 상황을 파악하고 어떤 방향으로 나아갈지 고민합니다. ENFJ 플라톤의 성향은 이데아와 진리를 탐구하는 그의 가치관과 목표 설정에 도움이 되었습니다.

플라톤의 슈퍼파워 Fe(외향적 감정)와 서포터 능력 Ni(내향적 직관)가 조화롭게 작용할 때, 그는 타인의 내적 성장과 발전에 관심을 둡니다. 그래서 사람들이 잠재력을 발휘하기 위한 방안을 찾고 실행합니다. NF(직관 감정)로서 그는 의사소통 과정에서 사실이나 사람 간의 관계에서 숨겨진 의미를 이해하려 노력했습니다.

플라톤

플라톤은 디오니소스 문하에서 읽고 쓰기를 배웠습니다. 그는 전도유망한 레슬링 선수이자 시인을 꿈꾸는 청년이었습니다. 아르고스의 레슬링 선수 아리스톤에게 체육을 배우고 세 번이나 레슬링 대회에서 우승했습니다. 또 기병으로 전쟁에 참여해 무공훈장도 받았습니다. 문학에도 재능이 있어 시를 잘 썼다고 전해집니다.

이처럼 ENFJ로서 플라톤은 활동적이고 에너지가 넘쳤습니다. 그러나 사람들은 심리적 유형론을 잘못 이해한 나머지 E(외향)는 글쓰기보다 말하기를 좋아하기 때문에 '작가'라는 직업이 어울리지 않는다고 생각합니다. 유형을 잘못 이해한 결과입니다. ENFJ 같은 E(외향)도 칼 구스타프 융이 말한 대로 I(내향)를 능숙하게 활용할 수 있습니다. 따라서 E(외향)라 '작가'가 어울리지 않는다는 말은 옳지 않습니다.

ENFJ는 글을 쓰는 방식과 내용에서 다른 유형과 차이를 보입니다. 그들은 미래의 이상을 추구하며 타인의 문제에 깊숙이 관여합니다. 작가로서 ENFJ인 플라톤은 자신의 이상을 효과적으로 전파하기 위해 글을 도구로 활용했습니다. EJ(외향 판단)는 중요 사항이나 아이디어를 잊지 않도록 기록합니다. 이 특성은 생각과 가치를 명확히 전달하는 데 도움을 줍니다. NJ(직관 판단)는 비전을 명확하고 설득력 있게 전달하는 능력이 뛰어납니다. 그럼으로써 다른 사람이 그의 생각을 이해하고 따르게 합니다.

사춘기 아이 S(감각)는 구체적이고 현실적인 정보에 집중합니다. 이 유형은 직접적인 경험을 중요하게 여기며, 타인에게 실질적인 도움을 주고자 합니다. 플라톤의 철학에서 현실과 감각적 경험을 중시하는 특성은 공동체의 필요를 잘 파악하고 대응하는 데 큰 장점으로 작용합니다. ENFJ는 주변 상황을 세심하게 살피고 필요한 도움을 적극적으로 제공합니다.

ENFJ

비뚤어진 악동 Ti(내향적 사고)가 개발되면, ENFJ는 공평하고 정확한 논리를 사용할 수 있습니다. 즉, 자신의 생각을 분석하고 논리적으로 정리하여 더 나은 결정을 내립니다. 또한, 자기와 타인의 감정을 이해하고 공감하는 능력이 향상됩니다. 이로 인해 생각과 감정을 잘 표현하게 되어 인간관계가 깊어지고 소통도 원활해집니다. 칭찬이나 비판에 덜 민감하고, 타인의 좋은 점을 객관적으로 바라봅니다. 세부적인 조건을 검토하는 능력이 향상되어 성급하게 결론 내리는 일이 줄어듭니다. 이러한 변화는 업무와 개인 관계에서 균형 잡힌 접근을 가능하게 합니다.

반면, 비뚤어진 악동 Ti(내향적 사고)가 개발되지 않으면, ENFJ는 '내가 느끼는 것'보다 '남이 느끼는 것'에 더 집중하게 되어 자신의 생각과 감정을 솔직히 표현하기 어려워합니다. 이로 인해 자기 표현에 어려움을 겪고, 칭찬이나 비판에 민감하며, 타인의 좋은 면을 이상화하여 비현실적인 기대를 품거나 맹목적으로 따릅니다. 또한, 중요한 세부 사항을 꼼꼼히 살피지 못해 놓치고, 그 결과 충분히 생각 없이 성급하게 결론을 내립니다. 감정이 업무에 영향을 미쳐 인간관계에 신경 쓰느라 중요한 일을 소홀히 하기도 합니다. 결과적으로 타인의 말이나 행동을 객관적으로 판단하기 어려워 오해가 생기고 갈등이 발생할 위험이 큽니다.

플라톤

15

ISFP

퇴계 이황

(1501~1570)

사람을 귀하게
여긴다는 건,
어떻게 사는 걸까?

슈퍼파워 Fi, 서포터 능력 Se,
사춘기 아이 N, 비뚤어진 악동 Te

"사랑이란, 모든 생명에 대한
깊은 연민에서 비롯된 측은지심이다."

ISTJ 임마누엘 칸트	ISFJ 율곡 이이	INFJ 마르틴 부버	INTJ 마키아벨리
책임감과 도덕으로 사회를 이끄는 사람	겸손한 마음으로 사람을 보살피는 사람	'무리'를 '우리'로 변화시키는 사람	비전과 신념으로 산도 옮길 수 있는 사람
ISTP 프랜시스 베이컨	ISFP 퇴계 이황	INFP 소크라테스	INTP 한나 아렌트
현실을 직시하고 문제를 꿰뚫는 사람	따뜻한 마음으로 누군가의 부족함을 채우는 사람	가치를 위해 산다는 것, 그 불꽃 같은 삶을 사는 사람	조용히 앉아 가장 큰 질문을 던지는 사람
ESTP 장 자크 루소	ESFP 공자	ENFP 도산 안창호	ENTP 마르틴 하이데거
어려움 속에서도 사람을 행동하게 만드는 사람	공동묘지에서도 휘파람을 불 수 있는 사람	불같은 열정으로 마음을 움직이는 사람	틀을 깨고 새로운 가능성을 여는 사람
ESTJ 아리스토텔레스	ESFJ 다산 정약용	ENFJ 플라톤	ENTJ 관자
행복을 위한 변화를 이끄는 사람	사람 사이, 따뜻한 다리를 놓는 사람	성장의 잠재력을 끌어내는 사람	'리더의 리더'로서 진성 리더십을 발휘하는 사람

퇴계 이황, 그는 누구인가

1501년~1529년

예안현 온계리에서 진사 이식의 막내아들로 태어났다.

태어난 지 7개월 만에 부친이 세상을 떠났고, 홀어머니가 여러 남매를 키우며 힘들게 살았다.

12세에 숙부에게 『논어』를 배우며 '리'의 의미를 깨달았다.

허씨 부인을 아내로 맞이했다.

진사시에 합격하고 둘째 아들이 태어났으나 아내가 곧 세상을 떠났다.

진사 회시에 합격하고 『청량산백운암기』를 저술했다.

권씨 부인과 결혼했다.

1531년~1552년

지산 학당을 세웠다. 문과에 급제하고 승문원 정자, 저작, 박사에 임명되었다. 성균관 전적 겸 중학교수로 임명되고 호조좌랑으로도 일했다.

독서론 『무술일과』(1538)를 저술했다. 사가독서를 하며 『서당삭제』(1541), 『독서만록』(1541)을 저술하고 병으로 사직했다.

의정부 사인과 사헌부 장령으로 근무하며 『관동일록』(1542)을 지었다.

단양군수, 풍기군수를 역임했고 둘째 아들이 세상을 떠났다.

『유산록』(1549)을 저술하고 병으로 사직했다. 성균관 대사성에 임명되었으나 병으로 사임했다.

1553년~1570년

정지운의 『천명도』를 개정하고 『연평답문후어』(1553)를 지었다.

왕명으로 『역학계몽』(1555)을 연구하다 병으로 해직되고 『천명도설』을 다시 정리했다. 『주자서절요』(1556)를 완성하고 향약을 초안했다. 도산 남쪽에 서당 자리를 마련하고 『계몽전의』(1557), 『자성록』(1558)을 저술했다.

기대승에게 '사단칠정'을 논하는 편지를 보냈으며 『송계원명이학통론』 편찬을 시작했다(1559). 『영봉서원기』(1560)를 저술하고 기대승에게 '사단칠정' 논변의 답장을 보냈다.

도산서당이 건립되었고 『도산기』(1561), 『정존재잠』(1563), 『개녕향교성전중수기』(1563), 『서원십영』(1565), 『도산십이곡』(1565), 『심경후론』(1566)과 『전습록논변』(1566)을 저술하고 『주자서』를 강의했다.

홍문관과 예문관 대제학을 겸임했으며 『성학십도』(1568)를 올렸다.

도산서당에서 제자들과 『역학계몽』과 『심경』을 강론했고 기대승에게 보낸 편지에서 『심성정도』를 논했다. 1570년 12월, 세상을 떠났으며 유언으로 간소한 장례를 부탁했다.

- 퇴계 이황의 삶과 메시지, 요약하다

우리는 왜 결핍감을 느끼는가? 왜 충분히 가져도 마음은 허전한가?
왜 사랑하려고 애쓰면서 타인을 판단하고 밀어내는가?
내 안의 욕망과 고요 사이에서 어떻게 균형을 찾을까?

많은 이들이 명상, 요가, 기도로 마음의 평안을 구하지만 여전한 허무감과 무력감에 시달린다. 우울증과 강박증 등 심리적 고통이 현대인의 삶을 뿌리째 뒤흔들고 있다.

사람됨이란 내 안의 이기심을 닦고 타인을 품는 마음에서 시작되는 것은 아닐까?

단지 처세가 아니라 평생을 두고 수행할 '사람됨'의 여정을 걸어야 한다.

앞서 말한 질문들에 답할 수 있는 한 인물이 있다. 조선 중기의 대표적 철학자인 퇴계 이황이다.

퇴계 이황의 철학은 인간 존재의 근본에 대한 성찰을 바탕으로 한다. 그는 '본래의 마음'을 회복하는 것을 인간의 궁극적인 목표로 보았으며, '인간은 왜 결핍감을 느끼는가?'라는 문제를 파고 들었다. 퇴계 이황은 성찰을 통해 자아를 회복하고 타인과의 관계 속에서 사랑을 실천하는 삶을 강조했다.

퇴계 이황의 좌우명은 "생각을 조금도 불순하게 갖지 말고 마음을 경건히 하라"로 그는 자기성찰과 내적 청정을 강조했다. 그는 인간이 불만과 고립감을 느끼는 원인을 '본래의 마음'을 상실하기 때문으로 보았다. 외부의 자극과 욕심에 휘둘리는 삶은 인간을 고립시키고 본래의 존재감을 잃게 만든다.

퇴계 이황 철학의 정수는 '사랑'의 실천이다. 그는 "사랑이 근본이고 의로움은 실천 원리"라고 하며, 사랑 없이 의로움은 존재할 수 없다고 보았다. 그의 사랑은 타인의 고통에 대한 깊은 연민을 바탕으로 한다. 범죄자에 대한 처벌도 연민에서 출발하는 점에서 그의 철학은 인간적인 자비와 정의 실현에 초점이 있다.

퇴계 이황의 철학을 MBTI에 적용하면 그는 ISFP 유형에 속할 가능성이 크다. ISFP는 섬세하고 따뜻한 내면을 가진 조용한 이상주의자로 내면적 가치에 따라 타인의 고통에 민감하게 반응한다.

퇴계 이황은 '측은지심은 생명의 길'이라며 생명 사랑을 강조했으며, 이는 ISFP가 지닌 동정심과 인간 중심의 사고와도 맞닿아 있다. 또한 ISFP는 감정

퇴계 이황

적으로 타인과 긴밀히 연결되어 사랑과 연민을 실천한다. 퇴계 이황은 사변적인 사고에 그치지 않고 실제 삶에서 관계를 통해 철학을 실천한 인물이기 때문에 ISFP의 특성에 잘 부합한다.

"당신은 본래의 마음을 회복하고 사랑을 실천하며 살고 있는가?"
퇴계 이황이라면 이렇게 묻고 싶었을 것이다.

ISFP

따뜻한 마음으로
누군가의 부족함을 채우는 사람

우리는 누구나 타인의 도움을 필요로 합니다. 때로는 말 한마디의 온기, 때로는 조용한 배려 하나가 지친 마음을 일으켜 세웁니다. '따뜻한 마음으로 누군가의 부족함을 채우는 삶'은 언뜻 각자도생의 시대적 흐름과 동떨어져 보입니다. 하지만 진정한 인간다움이 무엇이냐고 묻는다면 이러한 태도에서 답을 찾을 수 있습니다.

그 중심에는 '겸손'이 있습니다. 겸손은 이따금 확신이나 자신감이 부족한 태도로 오해되지만, 진정한 겸손은 자신이 틀릴 수 있는 가능성을 받아들이고, 배우고 성장하려는 용기 있는 태도입니다. '겸손'의 어원은 '땅'이라는 뜻을 지닌 라틴어 후무스(humus)입니다. 이는 겸손이 단지 고개를 숙이는 게 아니라 단단한 기반 위에 자신을 세우는 자세임을 상기시킵니다.

겸손한 사람은 자신에게 모든 해답이 있다고 여기지 않습니다. 문제를 바라보는 열린 마음을 가지고, 타인의 지혜에 귀를 기울이며, 낡은 지식을 되짚는데서 새로운 혜안을 얻습니다. 자신에 대한 신뢰와 열린 학습 태도가 공존하는 이 태도는 빠르게 변화하는 시대에 더욱 필요합니다.

박노해 시인은 『걷는 독서』(2021)에서 "겸손한 자만이 당당할 수 있고, 당당한 자만이 겸손할 수 있다"고 말했습니다. 겉으로는 조용해도 단단한 내면을 가진 사람이야말로 진정으로 겸손한 존재입니다.

요즘을 일컬어 '자기 PR의 시대', '개인 브랜드의 시대'라고 합니다. 사람들은

퇴계 이황

자신을 효과적으로 드러내려고 하며, 경쟁 속에 살아남기 위해 끊임없이 자기를 포장합니다. 이런 풍조 속에서 '조용한 성실함'이나 '남의 부족을 채워 주는 삶'은 어느모로 보나 경쟁력이 떨어져 보입니다.

그렇다면, 이런 질문을 던지게 됩니다.

오늘날 겸손과 따뜻한 마음, 타인의 필요를 채우는 삶이 어떤 의미가 있을까? 우리가 가야 할 길은 무엇일까?

이 질문에 대한 실마리는 조선시대의 학자 퇴계 이황의 삶에서 발견할 수 있습니다.

퇴계 이황(1501~1570)은 고난과 어려움을 통해 빚어지는 진리와 도리의 중요성을 강조했습니다. 그는 "가난과 외로움, 걱정이 너를 더 나은 사람으로 만들어 준다"고 말했습니다. 힘든 상황에서 진정한 자신과 만나게 된다고 격려했습니다.

퇴계 이황이 살던 시대는 정치적으로 혼란기였습니다. 연산군의 폭정 아래 백성들은 고통을 겪었습니다. 이런 배경은 퇴계 이황의 철학에 심대한 영향을 주었습니다. 퇴계 이황은 제자들에게 진리와 도리를 강조하며 "고난 속에서 스스로를 돌아보라"고 권고했습니다. N(직관)으로서 사람의 행동과 요구 속에서 패턴을 찾고 성찰하는 태도를 보여 줍니다.

퇴계 이황은 '자주 끼니를 거르는 것은 익숙한 일'이라면서 '고난 속에서도 진리와 도리를 잃지 말라'고 힘주어 말했습니다. 역경 가운데 올바른 마음가짐을 유지하는 태도는 ISFP다운 면모입니다. 그는 "성인도 성찰하지 않으면 미치광이가 되고, 미치광이도 성찰하면 성인이 된다"고 하며 반성의 중요성을 강조했습니다.

퇴계 이황의 사랑은 모든 생명체에 대한 깊은 사랑을 뜻하는 '측은지심'에 방점을 둡니다.

측은지심은 소극적인 동정의 차원을 넘어 타인을 위한 적극적인 행동으로 이끕니다. 여기서 ISFP의 동정심과 사람 중심적 사고방식이 그대로 나타납니다. 퇴계 이황은 다른 사람의 고통에 민감하게 반응했습니다. Fi(내향적 감정)가 발현된 모습입니다. ISFP는 16가지 유형 중 가장 친절하고 겸손해서 기꺼이 어려운 사람들을 돕고 보살핍니다. 약자 중심의 윤리를 실천하며 도덕적 신념 앞에서 절대 타협하지 않을 만큼 강직합니다.

유형론을 오해하는 이들은 동정심과 공감 능력이 F(감정)에만 해당된다고 생각하지만, 이는 오해입니다. 동정심과 공감 능력이 풍부한 T(사고)도 있습니다. 두 유형의 차이는 공감하는 방법에 있습니다. 만약 T(사고)인 사람이 "나는 그 상황에서 왜 눈물을 흘리는지 이해가 안 돼"라고 말하면, T(사고)라서가 아니라 눈물샘에 문제가 있을 수 있으니 안과에 가야 합니다. 심하면 소시오패스일 가능성도 있습니다. 유형에 상관없이 인간이라면 동정, 연민, 공감의 정서가 있으며, 그 표현 방법이 다를 뿐입니다.

퇴계 이황은 "학문은 평생 갖은 노력을 해야 겨우 성인과 비슷해질 수 있다"며, 명성과 추앙을 인생의 목적으로 삼지 않았습니다. 이는 내면의 깊이를 중시하는 I(내향) 성향이 발현된 결과입니다. 그는 외적 만족을 구하기 보다 자신의 내면을 성찰하고, 스스로를 단련하는 데 집중했습니다. 퇴계 이황은 본연의 마음, 즉 순수하고 바른 마음을 지키는 게 중요하다고 보았습니다. 그는 결핍은 곧 불행이라고 여기지 않고, 오히려 하늘의 마음을 따르는 삶이 하늘과 연결된 존재로 사는 길이라고 믿었습니다.

퇴계 이황은 '리(理)'와 '기(氣)'라는 개념으로 세상의 원리를 설명했습니다. '리(理)'는 변하지 않는 이치나 원리로, 항상 적용되는 규칙이나 진리입니다. 예를 들어, 정의나 진실이 '리(理)'에 해당합니다. 반면 '기(氣)'는 이러한 원리가 구체적인 형태로 드러나는 물질적 세계이며 현실 속에 일어나는 일들입니다. 퇴계 이황은 '리(理)'를 통해 도덕적 진리를 깨닫고, '기(氣)'를 통해 진리를 실천해야 한다고 강조했습니다. 다시 말해, 앎에 그치지 않고 그것을 일상에서 살아 내야 한다는 것입니다.

퇴계 이황의 삶과 사상은 겸손한 성찰과 이타심을 통해 고난을 극복하고, 타인과의 관계 속에서 행복을 찾는 길을 보여 줍니다.

공감의 힘

퇴계 이황은 다른 사람과 소통하는 방법을 공자의 '충서(忠恕)'에서 찾았습니다. '충(忠)'은 진실한 마음, '서(恕)'는 타인의 입장을 이해하고 배려하는 마음입니다. 공자는 "내가 원하지 않는 일을 남에게 하지 말라"며, 두 개념이 얼마나 깊이 연결되었는지를 강조했습니다.

충서(忠恕)의 정신은 자기중심적 시야에서 벗어나 타인을 중심으로 삼는 관점의 전환을 가져옵니다. 다른 사람의 입장을 이해하면 배려와 도움을 낳고, 개인의 감정과 가치관을 바탕으로 한 행동 변화로 연결됩니다. 이는 ISFP나 IF(내향 감정)처럼 감정적 일관성을 중시하고 공감력이 있는 이들에게서 두드러집니다. 그들은 말보다 행동으로 따뜻함을 전하며 내적 가치에 따라 결단하고 움직입니다.

퇴계 이황은 공감의 정신을 행동으로 옮겼습니다. 그의 논에 물을 끌어다 쓰면 아랫마을의 농민들이 힘들 거라고 고민하다가 끝내 논을 밭으로 만든 것입니다. 타인의 입장을 마음으로 받아들이는 충서(忠恕)의 실천이었습니다.

퇴계 이황은 충서(忠恕)의 정신을 가정 교육에도 녹였습니다. 그는 자식들에게 "다른 사람이 네 아래에서 일하면 그들을 심하게 꾸짖지 말라"고 가르쳤습니다.

또한 정치적 사상으로도 확장했습니다. 그는 제자에게 "나라를 잘 다스리는 것은 혈구(血矩)에 달려 있다"고 말했습니다. 혈구(血矩)란 자신의 마음으로 타

퇴계 이황

인을 헤아려 공정하게 일하는 태도로 공감에서 비롯된 실천적 정의였습니다. 공감은 행동으로 이어질 때에야 개인의 내면을 변화시킵니다.

퇴계 이황은 아들이 봉화의 관리로 임명되었을 때, '지연'과 '혈연'에 치우친 판단을 할까 걱정하여 "차라리 일찍 사직해 처벌받는 게 낫다"고 말했습니다. 정해진 법을 존중하며 정의를 실현하려는 그의 신념이 엿보입니다.

충서(忠恕)의 정신은 인간관계에서 특히 윗사람에게 요구됩니다. 퇴계 이황은 "윗사람이 나를 대하는 태도가 싫으면 아랫사람에게 그렇게 하지 말고, 아랫사람이 나를 받드는 태도가 싫으면 윗사람에게 그렇게 하지 말라"는 『대학(大學)』(기원전 4세기경 추정)의 구절을 인용하며, 모든 관계에 적용되는 존중의 도리를 강조했습니다. 사회적 위계 속에서도 공감과 배려는 권위가 아니라 책임의 표현이어야 합니다.

퇴계 이황은 따뜻하고 겸손한 리더의 모습을 통해 혼란한 시대에 올바른 길을 제시했습니다. 그가 강조한 '충서(忠恕)'의 정신은 개인이 사회의 일원으로서 어떻게 행동해야 하는지를 설명합니다.

충서(忠恕)는 단지 도덕적 이상이 아닙니다. 사랑을 실천하는 구체적인 방법이며, 인간 사이의 갈등을 줄이고 공동체를 회복시키는 동력입니다. 이는 우리 사회에 만연한 '학연', '지연', '혈연'의 폐해를 극복하고, 모두가 서로 돕고 더불어 사는 정의롭고 따뜻한 공동체로 나아가는 발판입니다.

몇 년 전 겨울, ○○역에 있는 버스환승장 대기실에서 노숙자들을 접한 일이 기억납니다. 그들은 갑자기 추워진 날씨에 대기실 의자에 눕거나 힘없이 앉아 있었습니다. 필자는 우리 사회가 그들을 어떻게 도와야 할지를 고민해 보았습니다. 노숙자가 언제든 따뜻한 물로 샤워할 수 있는 시설과 중고 옷과 신발을 비치한 무료 나눔공간이 마련되면 얼마나 좋을까요? 이 내용을 담은 청원글을

ISFP

시청 게시판에 올려도 답변은 없었습니다.

어떤 이들은 이미 노숙자 쉼터와 자활센터가 있지 않느냐고 반문할 수도 있습니다. 하지만 노숙하는 분들은 대부분 마음의 상처 때문에 거리를 배회합니다. 사람과의 관계를 꺼리는 이들에게 "왜 쉼터에 가지 않느냐"고 묻는 것은 문제 해결에 도움이 되지 않습니다.

이분들이 일상을 회복하도록 돕는 원동력은 공동체의 따뜻한 관심과 사랑입니다. 조금 더 건강한 사람들이 상처받은 이에게 찾아가야 합니다.

퇴계 이황의 사상은 서로 이해하고 존중하는 사회를 만드는 데 필요한 길잡이가 됩니다. 가장 필요한 것은 서로를 비난하기보다는 이해하고 돕는 마음입니다. 그렇게 함으로써 우리는 건강한 공동체를 만들 수 있습니다.

퇴계 이황

퇴계 이황으로 본
ISFP의 천부적 재능

슈퍼파워 Fi(내향적 감정)로서 퇴계 이황은 자신의 내적 가치를 깊이 고찰하고 이를 바탕으로 행동했습니다. 그는 도덕과 정의를 중시하며 타인을 이해하고 배려했습니다. 퇴계 이황은 한 제자에게 "측은지심은 생명의 길입니다"라며 생명 사랑을 강조했습니다. 이는 Fi(내향적 감정)와 깊은 관련이 있습니다. 이들은 자기 감정상태를 잘 이해하고, 타인에 공감하며 그에 따라 행동합니다. ISFP는 타인의 요구와 가치관을 정확히 파악하고 신속하게 지원합니다. 행동을 통해 다른 사람에게 긍정적인 영향을 주며, 결정을 내릴 때는 자신의 감정적 가치를 기준으로 삼습니다. 이들은 말보다 행동으로 따뜻함을 전합니다.

서포터 능력 Se(외향적 감각)는 주변 세계와 사람들의 즉각적인 요구에 비중을 두며, 융통성과 적응력이 뛰어나고 동정심이 풍부합니다. 실질적인 대가를 얻기보다는 상대를 이해하고 기쁘게 하려고 합니다. Se(외향적 감각)로서 퇴계 이황은 주변 상황에 민감하게 반응하고 타인의 필요를 돕는 능력이 있었습니다. 이 특성은 그가 공동체에 헌신하는 계기가 되었습니다.

퇴계 이황은 따뜻하고 온정적인 마음, 현실과 자연을 존중하는 태도, 타인을 돕고자 하는 열망을 지닌 ISFP의 전형을 보여 줍니다. 그는 내적 가치를 실천하며, 자신과 타인의 삶을 존중하는 리더십을 발휘하고, 사려 깊은 조화자로서의 역할을 다했습니다.

사춘기 아이 N(직관)은 퇴계 이황이 자신의 감정과 가치에 기반하여 미래를 바라보는 시각을 제공합니다. 그는 현재를 넘어 더 나은 사회를 만들기 위해 필요한 지혜를 모색했습니다. 그의 사상은 ISFP가 가진 창의적이고 직관적인 사고방식을 반영하며, 후세에 큰 영향을 미쳤습니다.

비뚤어진 악동 Te(외향적 사고)가 개발되면, ISFP는 자기 감정과 가치에 충실하면서도 사회적 책임을 고려해 이성적으로 판단합니다. 편견 없는 논리를 사용하며 상황을 객관적으로 바라보고, 빠르고 합리적인 결정을 내립니다. 결단력과 추진력이 강화되어 큰일도 주저 없이 실행하며, 갈등이나 부정적 감정을 겪을 때 감정 소모가 줄어듭니다. 타인의 감정에 지나치게 예민하지 않고, 균형 잡힌 태도로 건강한 소통을 주도합니다. 자신에게는 엄격하더라도 타인에게는 한결 유연하고 긍정적인 피드백을 건넬 수 있습니다.

반면, 비뚤어진 악동 Te(외향적 사고)가 개발되지 않으면, 퇴계 이황의 유형은 사회적 책임을 회피하거나 소홀히 하기 쉽습니다. 이성적인 판단에 어려움을 겪고, 객관적인 논리보다는 감정에 치우친 해석에 머뭅니다. 결단력과 추진력이 부족해 중요한 순간에 결정을 내리지 못하고 주저합니다. 갈등이나 부정적인 감정을 견디기 힘들어하며, 작은 일에도 감정이 상합니다. 타인에 대한 비판은 지나치게 조심스럽고, 자신에게는 과하게 엄격한 경향을 보입니다.

퇴계 이황

16

INFP

소크라테스

(기원전 470(?)~기원전 399)

문제는 있으나
답이 없는 시대

슈퍼파워 Fi, 서포터 능력 Ne,
사춘기 아이 S, 비뚤어진 악동 Te

"성찰 없는 삶은 살만한 가치가 없다.
참된 지혜는 자기 무지를 아는 데서 시작된다."

ISTJ 임마누엘 칸트	ISFJ 율곡 이이	INFJ 마르틴 부버	INTJ 마키아벨리
책임감과 도덕으로 사회를 이끄는 사람	겸손한 마음으로 사람을 보살피는 사람	'무리'를 '우리'로 변화시키는 사람	비전과 신념으로 산도 옮길 수 있는 사람
ISTP 프랜시스 베이컨	ISFP 퇴계 이황	INFP 소크라테스	INTP 한나 아렌트
현실을 직시하고 문제를 꿰뚫는 사람	따뜻한 마음으로 누군가의 부족함을 채우는 사람	가치를 위해 산다는 것, 그 불꽃 같은 삶을 사는 사람	조용히 앉아 가장 큰 질문을 던지는 사람
ESTP 장 자크 루소	ESFP 공자	ENFP 도산 안창호	ENTP 마르틴 하이데거
어려움 속에서도 사람을 행동하게 만드는 사람	공동묘지에서도 휘파람을 불 수 있는 사람	불같은 열정으로 마음을 움직이는 사람	틀을 깨고 새로운 가능성을 여는 사람
ESTJ 아리스토텔레스	ESFJ 다산 정약용	ENFJ 플라톤	ENTJ 관자
행복을 위한 변화를 이끄는 사람	사람 사이, 따뜻한 다리를 놓는 사람	성장의 잠재력을 끌어내는 사람	'리더의 리더'로서 진성 리더십을 발휘하는 사람

소크라테스, 그는 누구인가

기원전 470년경~기원전 399년

석공인 아버지와 산파인 어머니 사이에 태어났다.

펠로폰네소스 전쟁 중 포티다이아 전투에 3년간 참전했다.

아테네에서는 귀족들에 의해 민주주의가 전복되고, 잔혹한 숙청과 정변이 이어졌다.

민주주의자들이 아테네의 권력을 재장악했다.

당시 20세였던 플라톤을 만났다.

청년들을 타락시키고 신을 부정했다는 죄목으로 고발당해 사형을 당했다.

— 소크라테스의 삶과 메시지, 요약하다

21세기에 사는 우리는 인스타와 유튜브에 매일 두어 시간을 아낌없이 소비한다. 어느 연예인이 무슨 가방을 들었다는 등 사소하기 그지없는 정보와 광고, 재미난 동영상에 마음을 온통 빼앗긴다. 그런데 정작 인생을 좌우할 만한 질문을 붙들고 해답을 얻을 때까지 씨름하는 사람은 거의 없다.

"나는 어떻게 살아야 하는가?"

"어떤 삶이 탁월한 삶인가?"

"무엇이 진짜 앎이고 진정한 지혜인가?"

소크라테스

이 질문에 답할 수 있는 한 인물이 있다. 바로 고대 아테네의 철학자, 소크라테스다.

기원전 499년부터 449년까지 이어진 페르시아 전쟁, 그리고 기원전 431년부터 404년까지 벌어진 펠로폰네소스 전쟁은 고대 그리스를 극심한 혼란에 빠뜨렸다. 그 한가운데서 아테네의 황금기와 격변기를 통과하며 서양 문명의 흐름을 바꾼 인물이 등장했다. 소크라테스였다. 그는 인간과 사회에 대한 근원적인 질문을 던졌다.

"인간은 어떻게 덕을 배우고, 올바른 삶을 살아갈까?"
"우리는 무엇을 앎이라 부를 수 있을까?"

소크라테스는 그냥 말 잘하는 사람이 아니다. 그는 '지혜로운 사람', 곧 진정한 지성인을 추구했다. 그는 "성찰하지 않는 삶은 살 가치가 없다"고 역설하며, 탁월함(아레테)의 본질을 되물었다. 아레테는 외적 성공뿐 아니라 내면의 진정성과 도덕적 품위에서 비롯된다고 보았다. 또한, 그는 '다이몬(daimon)'이라 불리는 양심의 목소리에 귀를 기울였다. 이 소리는 불의로부터 그를 막아섰고 옳지 않은 말과 행동 앞에서 신중하게 만들었다. 소크라테스는 다른 이를 성급하게 판단하지 말고 그를 거울 삼아 자신을 성찰하라고 가르쳤다.

소크라테스에게 덕이란 외적 기준이 아닌 내면의 감각과 신념에서 우러나오는 것이다. 그것은 자기실현과 진정성, 그리고 더 큰 선(善)을 향한 실천으로 나타났다.
소크라테스는 우리가 '앎'이라고 부르는 것에 대한 성찰을 촉구했다. 앎이란 정보를 축적하는 게 아니라 자신과 타인을 이해하는 과정임을 강조했다.

오늘날의 대한민국, 이른바 '헬조선'이라 불리는 이 시대는 소크라테스가 살았던 그리스와 닮았다. 정치적 혼란, 사회적 분열, 경제적 양극화의 연이은 파고에 시달려 사람들은 냉소와 체념에 빠지기 쉽다. 그러나 소크라테스라면 이렇게 외쳤을 것이다.

"헬그리스가 없듯, 헬조선 또한 거짓이다."

중요한 것은 시대의 위기 자체가 아니라 어떤 태도로 살아가느냐이다. 소크라테스는 말한다.

"진정한 지성인이란 인간이 지닌 선한 본성을 자각하도록 돕는 사람이다. 그리고 인간에 대한 존경과 두려움을 간직하고, 올바른 역사의 방향을 분별하는 사람이다."

그는 계속해서 우리에게 묻는다.

"당신은 어떤 탁월함을 추구하며 사는가?"
"당신은 진정으로 성찰하는가?"
"당신은 당신의 다이몬인 양심의 소리에 귀 기울이는가?"

철학은 먼 곳에 있지 않다. 삶의 한가운데, 우리의 선택과 태도 속에 존재한다.

소크라테스의 철학을 MBTI에 적용하면 그는 INFP 유형에 속할 가능성이 크다. INFP는 깊은 내면의 신념과 도덕적 일관성, 그리고 이상에 대한 헌신을 특징으로 한다. 이들은 겉으로는 조용해도 내면에는 탄탄한 가치체계가 있으며, 진정성 있는 영향력을 발휘하려 한다. 소크라테스도 떠들썩한 인물은 아니지만, 내면의 신념을 바탕으로 세상을 향해 질문을 던졌다.

그의 삶 전체가 철학의 실천이자 인간에 대한 깊은 신뢰와 존경의 표현이다. INFP 유형의 핵심인 '진정성 있는 이상 추구'와 '내면의 소리(다이몬)에 귀 기울이는 삶'이 소크라테스에게서 고스란히 드러난다.

"당신은 진정한 지혜를 추구하는가, 아니면 성공과 재력을 좇느라 길을 잃었는가?"

소크라테스라면 이렇게 묻고 싶었을 것이다.

가치를 위해 산다는 것,
그 불꽃 같은 삶을 사는 사람

  필자와 10년 넘게 친밀한 관계를 유지하는 존경스러운 부부가 있습니다. 현재 전주예수병원 외과의이신 허승곤 교수님과 부인 권영주 사모님입니다. 허 교수님은 연세대학교 세브란스 신촌병원 신경외과에서 근무하다 은퇴하셨습니다. 은퇴 후 그는 본래 꿈꾸던 일을 하려고 사모님과 탄자니아로 가서 몇 년간 봉사하셨습니다. 탄자니아에 외과 수술을 할 의료인이 부족하고, 제대로 된 병원도 없었기 때문입니다.

  허 교수님 부부는 세브란스 병원에 재직하던 시절에도 휴가를 내어 아프리카 빈민들을 돌보는 일을 꾸준히 이어오셨습니다. 사모님은 늘 시장에서 산 싸구려 백팩을 메고 점심 값을 아껴 아프리카의 소외된 이들을 도왔습니다. 허 교수님의 차량은 낡은 스포티지이고, 두 분이 가끔 교수들의 가족모임에 참석하려 해도 입고 갈 옷이 마땅치 않아 고민하곤 하셨습니다. 지금도 사비를 털어 탄자니아의 의료인력을 양성하는 일에 이바지하고 계십니다.

  이런 분들이야말로 대한민국의 진정한 희망입니다. 생각해 보면, 나라의 주인은 정치인이 아닙니다. 자기 자리에서 묵묵히 살아가는 국민 한 사람 한 사람이 이 나라의 주인입니다. 대한민국은 헬조선이 아닙니다. 허 교수님 부부 같은 어른들이 계신 한, 우리는 여전히 소망을 품을 수 있습니다.

  우리는 '헬그리스'라고 해도 좋을 시절에 태어난 초라하고 볼품없는 소크라테스가 조국 아테네와 세계를 변화시킨 여정을 따라가 보겠습니다.

소크라테스

소크라테스(Σωκράτης, Socrates, 기원전 470~기원전 399)는 약 2,500
년 전 그리스 아테네에 살았던 철학자입니다. 그는 세계 4대 성인 중 한 명이
며 인류 최초로 '지혜'에 대해 이야기했습니다. 소크라테스의 출생과 성장 과
정, 청년기의 삶을 보면 부모의 성격과 교육 방식이 얼마나 중요한지 알 수 있
습니다.

그는 석공인 아버지와 산파 어머니 사이에 태어났습니다. 당시 그리스는 연
이은 전쟁에 휘말렸습니다. 그리스 연합군과 페르시아 전쟁(기원전 492년~기
원전 448년)과 펠로폰네소스 전쟁(기원전 441년~기원전 404년)이 벌어졌습
니다.

정치인들은 기나긴 전쟁과 힘든 노역에 시달리는 시민들에 무관심했습니다.
힘 있는 자는 횡포를 저지르고, 정의와 공평은 말뿐이었습니다. 그리스는 금수
저와 흙수저가 명확히 나뉘어 젊은이에게 내일을 약속할 수 없는 혼돈의 땅이
었습니다. 어쩌면 오늘날의 대한민국보다 더한 불의와 불합리가 지배했을지도
모릅니다.

아테네의 안쪽과 바깥쪽은 12미터 높이의 성벽으로 나뉘어 가진 자와 못 가
진 자를 갈라놓았습니다. 소크라테스는 빈곤층이 사는 남동쪽 변두리인 알로
페케에서 태어나 도공들이 사는 동네에서 자랐다고 전해집니다. 아테네의 유
명한 희극 작가 아리스토파네스(Αριστοφάνης, 기원전 446~기원전 385)의
희극 『기사들』(기원전 424년)은 소크라테스가 살던 지역을 이렇게 묘사합니다.

"에리다노스 강에서 소시지 상인이 개와 당나귀 고기를 다져 만든 소시지를
팔고, 술을 마시며, 성매매 여성들과 욕설을 주고받고, 목욕탕에서 쓴 물로 목
을 축인다."

이곳은 아테네 목욕탕에서 흘러나온 물을 식수로 사용했고, 기원전 12세기
부터는 묘지로 사용되었습니다. 이런 환경에서 소크라테스는 마흔 살까지 살

았던 걸로 추정됩니다.

소크라테스에 얽힌 흥미로운 이야기가 있습니다. 그는 젊은 시절, 그리스의 비극 작가 소포클레스(Sophocles, 기원전 496년~기원전 406년)의 연극 '오이디푸스왕(Oedipus Rex)'과 '안티고네(Antigone)'를 보았습니다. 이 작품들은 NF(직관 감정)인 그의 인생에 남다른 의미와 가치를 심어 주었습니다. 특히 연극 '안티고네'는 동정과 연민, 친구와 적을 구분하지 않는 인간애를 그렸습니다. 이 작품은 소크라테스에게 잊지 못할 감동을 주었습니다.

INFP들은 사람 중심의 가치를 중요하게 여깁니다. 보편적인 선을 지향하고 조화를 중시합니다. INFP가 지니는 이상에 대한 굳은 믿음은 환경의 제약을 초월하여 용기 있게 살아갈 힘이 됩니다. 세계를 품은 Ne(외향적 직관)의 이상과 가치는 소크라테스가 버거운 상황에서도 계속 전진하도록 도왔습니다. Fi(내향적 감정)인 그는 연민과 동정에 특별한 가치를 부여합니다. 연민은 다른 사람의 아픔을 이해하고, 동정은 그 아픔에 공감하는 것입니다.

소크라테스는 평생 다이몬의 목소리에 귀를 기울였습니다. 다이몬은 양심, 즉 마음이 들려주는 올바른 소리입니다. 다이몬은 부당한 상황에서 자신을 지키며 INFP가 중시하는 양심에 따라 행동하도록 이끕니다.

소크라테스는 "부당한 세상을 바꾸려면 자기 성찰이 필요하다"고 했습니다. 그의 말은 상당히 추상적으로 들립니다. "눈에 안 보이는 내면을 돌본다고 세상이 바뀔까?"라는 의문을 품을 수도 있습니다. 그러나 배신과 음모가 만연하고, 존경할 만한 어른이 드물며, 힘없는 이들이 고통받는 시대일수록 소크라테스의 말은 더 깊은 울림을 줍니다.

소크라테스는 석공인 아버지가 쓸모없어 보이는 돌을 깎아 멋진 작품을 만드는 모습을 보고, 산파인 어머니를 통해 생명이 태어나는 과정을 알게 되었을 것입니다. 소크라테스의 대화법은 자신의 생각을 살피고 진리를 스스로 찾도록 돕습니다. 그의 어머니가 새 생명의 탄생을 돕듯, 소크라테스도 사람들이 내면을 돌아보고 진리에 이르도록 안내하는 역할을 했습니다. 그래서 후대인 들은 소크라테스의 대화법을 '산파술'이라고 불렀습니다.

INFP는 16가지 성격 유형 중에 가장 이상주의적입니다. INFP 소크라테스 는 조용하지만 이상에 대해 강한 믿음을 가졌습니다. 그는 평생 눈에 보이는 게 다가 아니라고 믿고, 의미와 내적 조화를 중요하게 여겼습니다. 삶의 일관 성, 마음과 몸, 그리고 감정과 지성의 조화를 원했습니다. 소크라테스는 일생 을 바쳐 'δικαιοσυνη(dikaiosyne: 의로움)'를 연구했습니다. NF(직관 감정) 인 그는 아름다운 것과 추한 것, 선한 것과 나쁜 것에 민감했습니다.

기원전 399년, 소크라테스는 불합리한 사형선고를 받았습니다. 그는 죽음 을 피할 수도 있었습니다. 아테네에는 사형선고를 받고 실제로 죽은 사람이 없 었습니다. 간수를 매수하면 쉽게 탈출할 수 있었으니까요. 소크라테스의 친구 크리톤도 그에게 탈출을 권했습니다. 그러나 소크라테스는 그 제안을 거절하 고 사형 당했습니다.

INFP인 소크라테스는 자신의 가치관이 침해당할 때 결코 타협하지 않았습 니다. IP(내향 인식)인 그는 차라리 죽음을 택했습니다. 잘못된 법에 저항한 것 입니다. 그에게는 "왜 옳지 않은 일을 하면 안 되는가?"라는 질문 자체가 무의 미했습니다. 설명이 필요 없는 확신, 그것이 바로 그의 신념이었습니다. 그 믿 음은 단순한 이론보다 깊고 확고했습니다. 프랑스 철학자 장 자크 루소는 이런 신념을 '심정의 확실성'이라고 불렀습니다. 소크라테스는 바로 그 확신에 따라 말이 아니라 행동으로 철학을 실천했습니다.
역사에서 자주 일어나는 일이지만, 모든 신념이 사라져도 남아 있는 확신이 있습니다. 그것은 '올바르게 행동해야 한다'는 의무입니다. 소크라테스는 이 의

무를 아주 중요하게 여겼고 죽는 순간까지 의무를 다했습니다. 오늘날 그가 철학의 모범으로 여겨지는 이유도 거기 있습니다.

플라톤의 작품 『크리톤』(기원전 360년경)에서 소크라테스는 이렇게 말했습니다.

"옳지 않은 것은 나쁘고, 옳지 않은 행동은 수치스럽습니다. 그래서 우리는 옳지 않은 행동을 해서는 안 되고, 나쁜 행동을 또 다른 나쁜 행동으로 갚아서는 안 됩니다."

이처럼 NF(직관 감정)로서 소크라테스는 죽음의 순간에도 진실을 찾고자 했습니다. 그는 죽음이 두려웠지만 삶의 의미와 진실이 두려움을 이겼습니다.

소크라테스의 삶은 아테네 시민들의 마음에 진리를 향한 불을 지폈습니다. 왜 아테네 사람들은 그토록 그를 좋아했을까요? 당시 아테네는 감각적인 즐거움과 돈, 외적 아름다움과 성공이 지상 최고의 가치였습니다.

소크라테스는 그들에게 어떤 도전을 했을까요?

오늘날 우리에게 그는 무엇을 말하고 싶을까요?

소크라테스

바쁘게 살기 전에,
나를 먼저 살펴야

소크라테스는 평생 겉옷 한 벌만 입고 신발도 신지 않은 채 살았습니다. 그는 아테네의 아고라(ἀγορά, agorá) 광장에서 젊은이들과 대화하며 시간을 보냈습니다. 이곳은 민주적인 대화와 투표가 이루어지는 시민 사회의 중심지였습니다. 가족을 부양해야 하는 가장으로서 그는 무능해 보였습니다. 두 명의 아내와 자식이 있지만 직업이 없어 경제적인 책임을 다하지 못했습니다. 그래서 많은 이들은 그를 철없는 몽상가, 현실 감각이 부족한 사람으로 여겼습니다.

이런 소크라테스의 삶은 INFP의 특성과 놀랍도록 닮았습니다. INFP는 종종 자신이 왜 그런 생각을 하는지 말로 설명하기 어려워합니다. 하지만 흔들리지 않는 내면의 기준과 신념에 따라 움직입니다. 때로는 집단의 규범에서 멀어 보여도 도덕적 나침반이 되어 줍니다.

소크라테스는 인류 역사상 가장 위대한 윤리 사상가 중 한 사람입니다. IN(내향 직관)답게 그는 '앎'을 넘어서 지식이 왜 중요하고 어떻게 살아야 하는지를 사유했습니다. 또한 IF(내향 감정)처럼 조용하고 깊이 있는 사람으로, 겉으로는 무기력해 보이나 내면에 강력한 신념이 있었습니다. 그의 삶은 "조용한 물이 깊이 흐른다"는 말이 꼭 들어맞습니다.

그렇다면 소크라테스는 어떻게 윤리 기준을 새롭게 만들었을까요? 그 실마리는 고대 델포이 신전에 새겨진 유명한 경구, "γνῶθι σεαυτόν(그노티 세아우톤)", 즉 "너 자신을 알라"에 담겨 있습니다. 그는 이 문장을 삶의 원리로 삼았습니다.

당시 사람들에게 중요한 건 '앎'보다는 '잘남'이었습니다. 돈이나 권력을 가진 사람, 또는 외모나 말재주가 뛰어난 사람이 '잘난 사람'이고, 이들과의 인맥이 성공의 관건이었습니다. 하지만 소크라테스는 이 외적인 기준을 정면으로 비판했습니다. 그는 '앎'이란 '자신을 성찰하고 반성하는 능력에서 시작된다'고 말했습니다.

자기 돌봄은 반성과 성찰, 즉 '되돌아보기'에서 시작됩니다. 소크라테스는 "자기를 성찰하지 않는 삶은 가치가 없다"고 했습니다. 자신이 모른다는 사실을 인정하는 데서 참된 지혜가 출발하기 때문입니다. 이 지혜는 내면을 직시하는 과정에서 자랍니다.

이 내적 여정은 INFP의 특징에 부합합니다. 이들은 타인의 아픔을 깊이 공감하고 세상의 불의를 무심히 지나치지 않습니다. 윤리와 도덕을 통해 공동체를 돕고, 개인이 잠재력을 발견하도록 조력자의 역할을 합니다.

이런 삶의 자세는 소크라테스가 강조한 '아레테(ἀρετή, Arete)'와도 맞닿아 있습니다. '아레테'는 그리스어로 '탁월함'을 의미합니다. 아레테는 전문성에 더해 공감 능력, 도덕적 판단력, 윤리적 태도가 조화를 이루는 상태입니다. 소크라테스는 타인의 아픔을 내 것처럼 느끼는 마음과 옳은 일을 바르게 추진하는 행동으로 진정한 아레테가 완성된다고 보았습니다.

다시 말해, 많이 알고 일을 잘하는 것이 다가 아닙니다. 내가 누구인지 알고 내면의 소리에 귀 기울이는 사람, 그리고 그 앎을 바탕으로 옳게 행동하는 사람에게 아레테가 완성됩니다. 이것이 진정 '탁월한 삶'입니다.

현실이 아무리 암담하게 보여도, INFP처럼 우리 안의 윤리와 공감, 반성의 힘을 되살릴 때 우리는 희망의 불씨를 발견할 수 있습니다. 나부터 성찰하고

소크라테스

돌볼 때, 탁월한 아레테의 혁명이 시작됩니다.

소크라테스로 본
INFP의 천부적 재능

소크라테스는 슈퍼파워 Fi(내향적 감정)로서 개인의 감정과 도덕적 가치를 중요하게 생각했습니다. 그는 "너 자신을 알라"며 사람들이 자신의 신념과 감정을 돌아보도록 권면했습니다. 무엇을 믿고, 어떤 가치가 중요한지 깊이 생각하라는 의미입니다. 소크라테스는 다른 사람들의 감정을 이해하려고 노력했고, 대화를 통해 그들이 감정을 표현하게 도왔습니다. 그와의 대화는 사람들이 내면을 탐구하고 진정한 자아를 발견하는 데 도움이 되었습니다.

Fi(내향적 감정)는 연민과 동정의 가치에 특별한 비중을 둡니다. 연민은 다른 사람의 아픔을 이해하는 것이고, 동정은 그 아픔에 공감하는 것입니다. 연민과 동정은 소크라테스의 삶을 이끄는 주요 동기가 됩니다.

서포터 능력 Ne(외향적 직관)로서 소크라테스는 여러 주제를 탐구하고 새로운 아이디어를 제안하는 데 능숙했습니다. 그는 대화 중 상대의 생각을 자극해 새로운 가능성을 발견하게 했습니다. 고정관념에 얽매이지 않고 열린 마음으로 세상을 바라본 그는 사람들에게 질문을 던지고 그들이 숙고하게 함으로써 기존의 사고방식을 극복하게 했습니다. 소크라테스는 Ne(외향적 직관)의 특성을 통해 사람들이 창의적이고 비판적으로 생각하도록 도왔습니다.

INFP는 양심에 따라 행동하며 소크라테스에게는 다이몬이 그 역할을 합니

소크라테스

다. 소크라테스는 평생 다이몬의 목소리를 따랐습니다. INFP들은 행동과 결정에 영향을 주는 내적 가치를 보유하고 있습니다.

NF(직관 감정)의 사람들이 세계적인 무대에서 일한다면 원대한 가치나 이념을 옹호할 것입니다. 개인 수준에서 일한다면 자기 성장과 발전에 초점을 맞춥니다. 이들은 내면에 관심이 많고, 의미 있고 정신적인 것을 추구합니다. 사람 사이의 조화에 관심을 갖고, 타인에게서 최선을 끌어내고자 하며, 그들에게 가능성을 실현하라고 자주 격려합니다. 눈에 보이는 것만으로는 충분하지 않다며 보다 깊은 의미를 갈구합니다.

사춘기 아이 S(감각)로서 소크라테스의 철학은 실제 경험에서 나옵니다. 그는 일상적인 이야기에 의미를 부여했습니다. 주변 사람이 직접 경험한 일에 관해 말하고 이해함으로써 그에 담긴 심층적인 의미를 탐색하고, 구체적인 사례로 자신의 주장을 뒷받침했습니다.

비뚤어진 악동 Te(외향적 사고)가 개발되면, INFP는 공평성과 논리를 효과적으로 활용합니다. 사회의 규칙이나 권위에 도전할 때 논리적이고 체계적으로 주장을 펼칩니다. 당연하게 여겨지는 것에 의문을 제기하고 모든 주장에 합당한 이유를 요구합니다. 이러한 능력은 INFP가 신념을 명확히 구조화하고 행동 계획을 세워 실천하는 데 도움을 줍니다. 생각을 정리하고 체계적으로 전달하는 일에도 능숙해집니다. 현실과 이상 간의 괴리를 고려해 반성의 시간을 적절히 분배하며, 지혜롭게 행동으로 옮깁니다. 또한 타인의 요청을 거절할 용기를 갖춰 자기 가치를 지키면서도 균형 잡힌 시각을 유지합니다.

반면, 비뚤어진 악동 Te(외향적 사고)가 개발되지 않으면, 소크라테스 유형은 자신의 신념을 구조화하거나 행동 계획을 세우기 힘들어합니다. 이로 인해 그의 주장은 실천으로 이어지지 못하고 마무리가 약해집니다. 이상과 현실 간의 괴리를 고려하지 못해 비현실적일 수 있습니다. 또 행동보다 반성에 더 많은 시간을 소모하고 행동에 소극적입니다. 타인의 요청을 거부하지 못하고 모두를 만족시키려다가 자신의 신념을 희생합니다. 객관적이지 않아서 상황을 냉철하게 분석하지 못하고 주관적 판단에 매몰됩니다.

소크라테스

철학자 16인의 인생수업

우리는 '아포리아(ἀπορία, aporia)의 시대'에 살고 있습니다. 문제는 분명히 있는데 해답은 어디에도 없는 시대. 인공지능이 하루가 다르게 발전하고, 어제의 상식이 오늘의 오류가 되는 격변의 시대. 많은 이들은 불안과 무기력, 정체감의 혼란 속에 "나는 누구인가, 어떻게 살아야 하는가"라는 질문에 직면합니다.

지금으로부터 2,600여 년 전, 춘추전국 시대의 공자와 아테네의 소크라테스도 그 물음을 붙들었습니다. 국가적 전쟁과 혼란, 그리고 개인적 가난과 상실의 소용돌이 속에서 그들은 인간과 삶에 대한 질문을 포기하지 않았습니다. 공자와 소크라테스가 전한 지혜는 특정 계층의 전유물이 아닙니다. 세대와 신분, 강자와 약자, 나아가 원수와 이방인도 아우르는 깊이 있는 통찰이자 위로였습니다. 그들의 외침은 많은 이들의 삶을 바꾸었습니다.

이 책은 동서양의 대표 철학자 16인을 MBTI의 시선으로 다시 읽는 시도입니다. 철학자들이 한 말을 정리한 게 아니라 그들의 철학이 '왜 그 철학자에게서 나왔는가', 그리고 '그는 어떤 인간인가'를 탐색하는 여정입니다. MBTI는 인간의 이해를 위한 도구일 뿐, 인간을 설명하는 고착된 틀은 아닙니다. 모든 사람을 16가지 유형 안에 억지로 가두는 것은 MBTI의 본래 취지가 아닙니다.

MBTI®는 측정도구가 아니라 분류도구입니다. 선호분명도 지수(Preference

Clarity Index)는 사람이 '어떤 방향'을 선호하는지 알려 주는 지표이지, 그 선호의 강도를 나타내는 '점수(score)'가 아닙니다. S가 30이라 해서 '더 센 S'가 되는 게 아니고, S가 2라 해서 '덜한 S'가 되는 것도 아닙니다. MBTI의 방향성과 선호는 삶의 어느 시점에서든 성장하고 발달할 수 있는 유연성을 지닙니다.

MBTI는 "당신은 이 유형이니까 이런 사람입니다"라고 말하지 않습니다. 칼 융은 같은 유형도 100만 개의 얼굴을 가질 수 있다고 말했습니다.

MBTI는 "당신의 성향은 이 방향에 가까우니 여기서부터 자신을 이해해 보면 어떨까요?"라고 질문하는 철학적 도구입니다. 그러므로 나와 타인의 부정적인 면과 차이를 끄집어내기보다는 '내 선천선호경향을 파악하고 자유롭고 진실하게 살기 위한 길잡이'여야 합니다.

우리는 산업 사회를 지나고 정보 사회를 건너, 감정과 경험이 중심이 되는 '드림 소사이어티(Dream Society)'에 진입하는 중입니다. 이제는 기술의 진보만이 아니라 인간이 자신을 이해하지 못하는 진짜 위기가 인류를 위협합니다. 지식과 논리로는 더 이상 인간을 제대로 이해할 수 없기에 철학과 인간 심리에 대한 통찰이 절실해졌습니다.

철학은 그리고 MBTI는 우리가 스스로에게 던져야 할 중요한 질문을 담고 있습니다.

나는 누구인가?

나는 왜 이런 방식으로 생각하고 반응하는가?

나와 타인은 어떻게 다르며, 어떻게 조화를 이룰 수 있는가?

이 책을 통해 독자 여러분이 '철학자처럼 질문하는 법'을 배우고, 'MBTI처럼 나를 이해하는 법'을 익혀 불확실한 시대에 자신을 지키는 힘을 얻게 되길 바랍니다. 어떤 분에게는 이 책이 위로가 되기를, 어떤 분에게는 삶의 방향을 발

에필로그

289

견하는 작은 불빛이 되기를 희망합니다.

지금 우리에게 필요한 것은 '정답'이 아니라 '질문을 포기하지 않는 태도'입니다. 그 여정에 철학자들의 인생과 MBTI의 통찰이 등대가 된다면, 이 책의 목적은 충분히 이뤄진 것입니다.

참고 문헌

1. ESTP 장 자크 루소

강영계 저(2012). 루소가 들려주는 지식 이야기. 자음과모음.

김중현 저(2018). 루소가 권하는 인간다운 삶. 한길사.

김의기 저(2014). 나는 루소를 읽는다. 다른 세상.

이기범 저(2016). 루소의 에밀 읽기. 세창출판사.

이명곤 저(2019). 루소와의 1시간. 세창출판사.

이요철 황현숙 공저(2017). 철학하는 인간의 힘. 천년의 상상.

버트런드 러셀 저, 서상복 역(2015). 서양철학사. 을유문화사.

루이 알튀세르 저, 황재민 역(2020). 루소 강의. 그린비.

윌 듀런트 저, 정영목 역(2013). 철학이야기. 봄날의 책.

윌리암 보이드 저, 김안중, 박주병 공역(2013). 루소의 교육이론. 교육과학사.

장 자크 루소 저, 김대웅 역(2016). 나는 이렇게 루소가 되었다. 아름다운 날.

장 자크 루소 저, 이재형 역(2013). 사회계약론. 문예출판사.

장 자크 루소 저, 주경복 · 고봉만 역(2013). 인간 불평등 기원론. 책세상.

장 자크 루소 저, 이용철 · 문경자 역(2007) 에밀 또는 교육론 1, 2권. 한길사.

2. ESFP 공자

김영수 역해(2013). 제자백가. 동서문화사.

김정택, 심혜숙 저(2007). 16가지 성격유형의 특성. 어세스타.

박삼수 저(2013). 논어읽기. 세창미디어.

배병삼 저(2014). 논어 사람의 길을 열다. 사계절.

신영복 저(2013). 나의 동양고전 독법 강의. 돌베개.

신영복 저(2015). 담론. 돌베개.

신정근 저(2014). 논어 세상을 바꾸는 것은 사랑이다. 한길사.

신정근 저(2015). 공자의 숲, 논어의 그늘. 유교문화연구소 성균관대학교 동아시아학술원.

신창호 저(2019). 논어의 메시지. 종이와나무.

이기동 저(2013). 논어강설. 성균관대학교출판부.

이덕일 저(2012). 내 인생의 논어, 그 사람 공자. 옥당.

이요철 황현숙 공저(2017). 철학하는 인간의 힘. 천년의 상상.

이요철 저(2021). MBTI철학자. 쏭북스

이한우 저(2012). 논어를 논어로 풀다. 해냄.

이한우 저(2018). 논어를 읽으면 사람이 보인다. 해냄.

유교문화연구소 저(2013). 논어. 성균관대학교출판부.

전용주 저(2018). 공자를 찾아가는 인문학 여행. 문예출판사.

공자 저, 오세진 역(2012). 논어. 홍익출판사.

리링 저, 황종원 역(2011). 논어 세 번 찢다. 글항아리.

바오펑산 저, 이연도 역(2013). 공자전. 나무의철학.

사마천 저, 김기수 역(2003). 공자세가. 예문서원.

시라카와 시즈카 저, 장원철 외(2016). 공자전. 펄북스

셰릴 샌드버그, 애덤 그랜트 공저, 안기순 역(2017). 옵션 B. 와이즈베리.

우간린 저, 임대근 역(2014). 어떻게 원하는 삶을 살 것인가. 위즈덤하우스.

장기윤 저, 정선웅 외(2018). 공자 사상의 현대적 의미. 박이정.

존 크럼볼츠, 라이언 바비노 공저, 이현정 역(2014). 천 개의 성공을 만든 작은 행동의 힘. 프롬북스

천웨이핑 저, 신창호 역(2005). 공자평전. 미다스북스.

H.G. 크릴 저, 이성규 역(2007). 공자, 인간과 신화. 지식산업사.

3. ISTJ 임마누엘 칸트

백종현 저(2018). 인간이란 무엇인가. 아카넷.

김광문 저(2020). 촌부, 임마누엘 칸트에서 길을 찾다. 예지.

김광명 저(2012). 칸트의 『판단력비판』 읽기. 세창미디어.

서정욱 저(2012). 칸트의 『순수이성비판』 읽기. 세창미디어.

이마누엘 칸트 저, 정명오 역(2014). 순수이성비판/실천이성비판. 동서문화사.

이마누엘 칸트 저, 백종현 역(2009). 판단력비판. 아카넷.

이마누엘 칸트 저, 강영계 역(2015). 영원한 평화를 위해. 지만지.

이마누엘 칸트 저, 이충진 역(2013). 법이론. 이학사.

이마누엘 칸트 저, 백종현 역(2012). 형이상학 서설. 아카넷.

임마누엘 칸트 저, 이한구 역(2009). 칸트의 역사철학. 서광사.

버트런드 러셀 저, 서상복 역(2015). 서양철학사. 을유출판사.

윌 듀런트 저, 정영목 역(2013). 철학이야기. 봄날의 책.

톰 버틀러 보던 저, 이시은 역(2014). 짧고 깊은 철학50. 흐름출판.

F. 카울바흐 저, 백종현 역(2019). 임마누엘 칸트. 아카넷.

4. ISFJ 율곡 이이

김태완 저(2008). 율곡문답. 역사비평사.

금장태 저(2011). 율곡평전. 지식과교양.

이이 저, 김태완 역(2017). 성학집요. 청어람미디어.

이이 저, 김태완 역(2015). 율곡집. 한국고전번역원.

이이 저, 이민우 역(2003). 격몽요결. 을유문화사.

이이 저, 임동석 역(2017). 율곡선생 글모음 자경문 · 천도책. 을유문화사.

조남호 저(2013). 이황&이이 조선의 정신을 세우다. 김영사.

한영우 저(2016). 율곡평전 민음사.

한정주 저(2011). 율곡 사람의 길을 묻다. 예담.

한정주 저(2017). 율곡인문학. 다산초당.

5. ENTP 마르틴 하이데거

박승억 저(2013). 후설 & 하이데거 현상학, 철학의 위기를 돌파하라. 김영사.

박찬국 저(2015). 들길의 사상가 하이데거. 그린비.

박찬국 저(2017). 삶은 왜 짐이 되었는가. 21세기북스.

박찬국 저(2014). 하이데거 읽기. 세창미디어.

박찬국 저(2012). 현대철학의 거장들. 이학사.

서울대학교철학사상연구소 저(2013). 처음 읽은 윤리학. 동녘.

신승환 저(2014). 철학 인간을 답하다. 21세기북스.

마르틴 하이데거 저, 전양범 역(2008). 존재와 시간. 동서문화사.

마르틴 하이데거 저, 최상욱 역(1995). 세계상의 시대. 서광사.

비토리오 회슬레 저, 이신철 역(2015). 독일철학사. 독일 정신은 존재하는가. 에코리브르.

6. ENFP 도산 안창호

곽경용 박성희 공저(2017). 도산 안창호와 진정성. 학지사.

김삼웅 저(2013). 투사와 신사 안창호 평전. 현암사.

박의수 저(2010). 도산 안창호의 생애와 교육사상. 학지사.

참고 문헌

서상목 안문혜 공저(2015). 도산 안창호의 애기애타 리더십, 사랑 그리고 나눔. 북코리아.

안창호 저, 안병욱 엮음(2018). 나의 사랑하는 젊은이들에게. 지성문화사.

이광수 저(2017). 도산 안창호. 범우.

이요철 저(2021). MBTI철학자. 쏭북스.

장리욱 저(2014). 도산의 인격과 생애. 흥사단.

장석흥 저(2016). 한국 독립운동의 혁명 영수 안창호. 역사공간.

7. INTJ 마키아벨리

김경희 저(2013). 공존의 정치—마키아벨리 군주론의 새로운 이해(서강학술총서51). 서강대학교출판부.

김상근 저(2013). 마키아벨리. 21세기북스.

곽준혁 저(2014). 니콜로 마키아벨리 다시 읽기. 민음사.

곽준혁 저(2013). 지배와 비지배. 민음사.

이시형, 박상미 저(2020). 내 삶의 의미는 무엇인가. 특별한서재.

이요철 저(2021). MBTI철학자. 쏭북스

니콜로 마키아벨리 저, 김경희 역(2012). 군주론. 까치.

니콜로 마키아벨리 저, 최장집 역(2014). 니콜로 마키아벨리 군주론. 후마니타스.

니콜로 마키아벨리 저, 한국학술진흥재단 학술명저번역총서 9(2013). 로마사논고. 한길사.

버트런드 러셀 저, 서상복 역(2015). 러셀 서양철학사. 을유문화사.

필립 보빗 저, 이종인 역(2014). 군주론 이펙트. 세종서적.

8. INFJ 마르틴 부버

강선보 저(2018). 마루틴 부버 만남의 교육철학. 박영스토리.

김선욱 저(2010). 마르틴 부버가 들려주는 만남이야기. 자음과모음.

김형석 저(2017). 백년을 살아보니. 알피스테이스

박홍규 저(2012). 마르틴 부버. 홍성사.

송정림 저(2007). 명작에게 길을 묻다. 갤리온

이홍우 외 저(2000). 마음과 교과. 성경재.

윤석빈 저(2012). 입말과 글말 그리고 인간의 실존. 충북대학교출판부.

최성애 저(2015). 회복탄력성. 해냄.

마르틴 부버 저(2020). 나와 너. 김천배 역. 대한기독교서회.

마르틴 부버 저(2014). 나와 너. 표재명 역. 문예출판사.

마르틴 부버 저(2014). 교육 강연집. 지식을만드는지식.

마르틴 부버 저(2007). 인간의 문제. 길.

9. ESTJ 아리스토텔레스

이요철 황현숙 공저(2017). 철학하는 인간의 힘. 천년의 상상.

이요철 저(2021). MBTI철학자. 쏭북스.

유원기 · 이창우 공저(2016). 아리스토텔레스. 21세기북스.

조대호 저(2019). 아리스토텔레스, 에게해에서 만난 인류의 스승. 아르테.

게르하르트 킷텔, 게르하르트 프리드리히 저, 제프리 W. 브라밀리 역(2008). 신약성서 신학사전 (킷텔 단권 원어 사전). 요단출판사.

단테 알리기에리(시인) 저, 이선종 역(2018). 명화로 보는 단테의 신곡. 미래타임즈.

앙드레보나르 저, 양영란 역(2015). 그리스인 이야기 1~3권. 책과함께.

아리스토텔레스 저, 조대웅 역(2015). 니코마코스 윤리학. 돋을새김.

아리스토텔레스 저, 천병희 역(2010). 정치학. 숲.

토머스 R. 마틴 저, 이종인 역(2011). 고대 그리스의 역사. 가람기획.

10. ENTJ 관자

관자 저, 신동준 역(2015). 관자. 인간사랑.

김영수 저(2009). 난세에 답하다. 알마.

김영수 저(2017). 사마천 인간의 길을 묻다. 위즈덤 하우스.

공원국 저(2017). 춘추전국이야기. 역사의 아침.

신동준 저(2017). 관자평전. 리더북스.

신동준 저(2015). 상대가 이익을 얻게 하라 – 관자처럼. 미다스북스.

신창호 저(2017). 최고의 국가건설을 위한 현실주의 관자. 살림.

신창호 저(2009). 사람:하나를 심어 백을 얻어야. 서현사.

이성규 편역(2015). 사마천 사기. 서울대학교출판문화원.

11. ISTP 프랜시스 베이컨

박은진 저(2006). 베이컨 신기관. 철학사상 별책 제7권 제12호. 서울대학교 철학사상연구소.

버트런드 러셀 저, 서상복 역(2015). 서양철학사. 을유문화사.

윌 듀런트 저, 정영목 역(2013). 철학이야기. 봄날의 책.

참고 문헌

애덤 샌델 저, 이재석 역(2015). 편견이란 무엇인가. 와이즈베리.

프랜시스 베이컨 저, 진석용 역(2015). 신기관. 한길사.

프랜시스 베이컨 저, 이종흡 역(2013). 학문의 진보. 아카넷.

12. INTP 한나 아렌트

김선욱 저(2015). 아모르 문디에서 레스 푸블리카로. 아포리아.

김선욱 저(2018). 한나 아렌트의 생각. 한길사.

김은주 저(2017). 생각하는 여자는 괴물과 함께 잠을 잔다. 봄알람.

배철현 외 저(2016). 낮은 인문학. 21세기북스.

이진우 저(2019). 한나 아렌트 정치 강의. 휴머니스트.

고트홀트 레싱 저, 윤도중 역(2011). 현자 나탄. 지식을만드는지식.

나카마사 마사키 저, 김경원 역(2015). 왜 지금 한나 아렌트를 읽어야 하는가?. 갈라파고스.

리처드 J. 번스타인 저, 김선욱 역(2018). 우리는 왜 한나 아렌트를 읽는가. 한길사.

리처드 J. 번스타인 저, 김선욱 역(2009). 한나 아렌트와 유대인 문제. 아모르 문디.

밀턴 마이어 저, 박중서 역(2015). 그들은 자신이 자유롭다고 생각했다. 갈라파고스.

사이먼 스위프트 저, 이부순 역(2016). 스토리텔링 한나 아렌트. 앨피.

지그문트 바우만, 레오니다스 돈스키스 저, 최호영 역(2015). 도덕적 불감증. 책읽는 수요일.

지그문트 바우만 저, 정일준 역(2015). 현대성과 홀로코스트. 새물결플러스.

알로이스 프린츠 저, 김경연 역(2019). 한나 아렌트. 이화북스.

야마구치 슈 저, 김윤경 역(2019). 철학은 어떻게 삶의 무기가 되는가. 다산초당.

쥠케 나이첼 하랄트 벨처 저, 김태희 역(2016). 나치의 병사들. 민음사.

한나 아렌트 저(2005). 과거와 미래사이. 푸른숲.

한나 아렌트 저, 서유경 역(2015). 사랑 개념과 성 아우구스티누스. 텍스트.

한나 아렌트 저, 김선욱 역(2012). 예루살렘의 아이히만. 한길사.

한나 아렌트 저, 이진우 역(2012). 인간의 조건. 한길사.

한나 아렌트 저, 이진우 · 박민우 역(2010). 전체주의의 기원1, 2. 한길사.

한나 아렌트 저, 홍원표 역(2010). 어두운 시대의 사람들. 인간사랑.

한나 아렌트 저, 홍원표 역(2012). 혁명론. 한길사.

13. ESFJ 다산 정약용

김봉남 저(2017). 정약용의 목민심서 읽기. 세창미디어.

김정진 편저(2015). 사례로 읽는 목민심서 다산 정약용 리더십. 자유로.

김호 저(2013). 정약용 조선의 정의를 말하다. 책문.

미리내공방 편저(2018). 누구나 한번쯤 읽어야 할 목민심서. 정민미디어.

박석무 저(2018). 다산 평전. 민음사.

박석무 저(2006). 풀어쓰는 다산 이야기. 문학수첩.

심재우 저(2018). 백성의 무게를 견뎌라. 산처럼.

이덕일 저(2012). 정약용과 그의 형제들 1, 2. 다산초당.

임부연 저(2013). 정약용 & 최한기 실학에 길을 묻다. 김영사.

정약용 저, 민족문화추진회 역(2003). 목민심서 1, 2. 솔.

정약용 저, 다산학술문화재단 흠흠신서 연구회 역(2017). 흠흠신서(전발무사편, 조선의 법과 정의).
사암.

함규진 저(2015). 정약용 조선의 르네상스를 꿈꾸다. 한길사.

14. ENFJ 플라톤

김상근 저(2013). 천재들의 도시 피렌체. 21세기북스.

김상근 외 6명 저(2014). 인문학 최고의 공부 나는 누구인가. 21세기북스.

김상근 저(2016). 군주의 거울 키루스의 교육. 21세기북스.

김석수 외 저(2012). 왜 철학상담인가?. 학이시습.

김혜경 저(2016). 쉽게 읽고 되새기는 고전 국가. 생각정거장.

박연옥 저(2020). 영혼과 정치와 좋은 삶. 북드라망.

박홍규 저(2009). 플라톤 다시 보기. 필맥.

공병호 저(2013). 고전강독 1 소크라테스와 플라톤에게 최고의 인생을 묻다. 해냄.

공병호 저(2012). 고전강독 2 소크라테스와 플라톤에게 다시 정의를 묻다. 해냄.

신승환 저(2013). 지금, 여기의 인문학. 후마니타스

신승환 저(2014). 철학, 인간을 답하다. 21세기북스.

안광복 저(2014). 철학, 역사를 만나다. 웅진지식하우스.

안상현 저(2014). 고전공부법. 북포스.

이한규 저(2014). 단숨에 정리되는 그리스철학 이야기. 좋은 날들.

이종환 저(2019). 국가 강의. 김영사.

장영란 저(2018). 플라톤의 국가, 정의를 꿈꾸다. 사계절.

맥세계사편찬위원회 저(2014). 맥을 잡아 주는 세계사 01 그리스사. 느낌이 있는 책.

참고 문헌

디오게네스 라에르티오스 저, 전양범 역. 그리스철학자 열전. 동서문화사. 2011.

도미닉 레스본 저, 유재원 · 김운용 역. 그리스 · 로마 문명. 케이론. 2010.

R. L. 네틀쉽 저, 김안중 · 홍윤경 역(2010). 플라톤의 국가론 강의. 교육과학사.

마이클 켈로그 저, 이진경 역. 철학의 세 가지 질문. 지식의 숲. 2013.

사이먼 블랙번 저. 윤희기 역(2014). 국가론 이펙트. 세종서적.

앙드레 보나르 저, 영영란 역(2015). 그리스인 이야기. 책과 함께.

존 R. 헤일 저, 이순호 역(2011). 완전한 승리, 바다의 지배자. 다른 세상.

클라우스 헬트 저, 이강서 역(2007). 지중해 철학 기행. 효형출판.

토머스 R. 마틴 저, 이종인 역. 고대 그리스의 역사. 가람기획. 2011.

피에르 아도 저, 이세진 역(2017). 고대 철학이란 무엇인가. 열린책들.

플라톤 저, 박종현 역. 국가. 서광사. 2013.

플라톤 저. 박종현 역(2013). 법률. 서광사.

플라톤 저, 김인곤 역(2014). 고르기아스. 이제이북스.

플라톤 저, 한경자 역(2014). 라케스. 이제이북스.

플라톤 저, 강철웅 역(2014). 뤼시스. 이제이북스.

플라톤 저, 이정호 역(2011). 메네세노스. 이제이북스.

플라톤 저, 이상인 역(2014). 메논. 이제이북스.

플라톤 저, 강철웅 역(2016). 소크라테스의 변명. 이제이북스.

플라톤 저, 이창우 역(2011). 소피스트. 이제이북스.

플라톤 저, 김주일 · 정준영 역(2014). 알키비아데스1, 2. 이제이북스.

플라톤 저, 김주일 역(2011). 에우튀데모스. 이제이북스.

플라톤 저, 강성훈 역(2017). 에우튀프론. 이제이북스.

플라톤 저, 김인곤 · 이기백 역(2011). 크라튈로스. 이제이북스.

플라톤 저, 이기백 역(2014). 크리톤. 이제이북스.

플라톤 저, 이정호 역(2013). 크리티아스. 이제이북스.

플라톤 저, 정준영 역(2013). 테아이테토스. 이제이북스.

플라톤 저, 김주일 역(2012). 파이드로스. 이제이북스.

플라톤 저, 강성훈 역(2011). 프로타고라스. 이제이북스.

플라톤 저, 전헌상 역(2015). 파이돈. 이제이북스.

플라톤 저, 이기백 역(2015). 필레보스. 이제이북스.

플라톤 저, 강철웅. 김주일. 이정호 역(2010). 편지들. 이제이북스.

플라톤 저, 강철웅 역(2016). 향연. 이제이북스.

플라톤 저, 박종현 역(2013). 국가 · 정체. 서광사.

플라톤 저, 천병희 역(2014). 이온 크라틸로스. 숲.

폴 존슨 저, 이경아 역(2013). 그 사람, 소크라테스. 이론과실천.

15. ISFP 이황

김기현, 이치억 저(2015). 퇴계 사람 된 도리를 밝히는 삶을 살라. 21세기북스.

김영두 저(2004). 퇴계와 고봉, 편지를 쓰다. 소나무.

이명수 저(2013). 퇴계가 들려주는 경이야기. 자음과모음.

이황 저(2008). 자성록. 언행록. 성학십도. 동서문화사.

이황 저(2011). 퇴계 이황 아들에게 편지를 쓰다. 연암서가.

이승환 저(2102). 횡설과수설. 휴머니스트.

유정동 저(2014). 퇴계의 삶과 성리학. 성균관대학교출판부.

조남호 저(2013). 이황&이이 조선의 정신을 세우다. 김영사.

16. INFP 소크라테스

서정남 저(2018). 영화로 읽는 인문학. 계명대학교출판부.

양승태 저(2013). 소크라테스의 앎과 잘남. 이화여자대학교출판문화원.

이요철 황현숙 공저(2017). 철학하는 인간의 힘. 천년의 상상.

이요철 저(2021). MBTI철학자. 쏭북스.

베터니휴즈, 강경이 역(2014). 아테네의 변명. 옥당.

루이 앙드레 도리옹 저, 김유석 역(2009). 소크라테스. 이학사.

앙드레보나르 저, 양영란 역(2015). 그리스인 이야기 1~3권. 책과함께.

코라 메이슨 저, 최명관 역(2010). 소크라테스. 창.

클라우스 헬트 저, 이강서 역(2007). 지중해 철학기행 모든 길은 플라톤으로 통한다. 효형출판.

탈레스 외 저, 김인곤 외 공역(2013). 소크라테스 이전 철학자들의 단편 선집.

토머스 R. 마틴 저, 이종인 역(2011). 고대 그리스의 역사. 가람기획.

플라톤 저, 강철웅 역(2016). 소크라테스의 변명. 이제이북스.

플라톤 저, 박종현 역(2013). 국가 · 정체. 서광사.

플라톤 저, 이기백 역(2014). 크리톤. 이제이북스.

참고 문헌

〈MBTI 분야〉

김정택. 심혜숙 공저(2015). 16가지 성격유형의 특성. 어세스타.

김창윤 저(2020). 성격과 삶. 북캠퍼스.

이부영 저(2012). 노자와 융. 한길사.

이부영 저(2021). 분석심리학. 일조각.

이부영 저(2014). 분석심리학 이야기. 집문당.

이부영 저(2001). 아니마 아니무스. 한길사.

이부영 저(2002). 자기와 자기실현. 한길사.

Alice M. Fairhurst, Lisa L. Fairhurst 저, 심혜숙 역(2009). 효과적 교수 효과적 학습. 어세스타.

David Keirsey 저, 김정택,심혜숙,임승환 역(2009). 나의 모습 나의 얼굴. 어세스타.

Eleanor S. Corlett & Nancy B. Millner 저, ㈜한국MBTI연구소 역(2017). 성격유형과 중년기 심리. 어세스타.

Gordon Lawrence 저, 이정희 외 역(2009). 성격유형과 학습스타일. 어세스타.

Isabel Briggs Myers 외 저, 김정택, 심혜숙 역(2013) MBTI® Form M 매뉴얼. 어세스타.

Isabel Briggs Myers · Peter B.Myers 저, 김정택, 심혜숙 역(2015). 서로 다른 천부적 재능들. 어세스타.

Katharine D. Myers, Linda K. Kirby 저, 김정택, 김명준 역(2009). 심리유형의 역동과 발달. 어세스타.

Marlowe Embree. 〈Type Reporter〉(제 79호). 어세스타 자료실.

Marie–Louise Von Franz & James Hillman 저, 한국MBTI연구소 역(2014년). 융의심리유형론 열등기능과 감정기능. 어세스타.

Naomi L. Quenk 저 : 한국 MBTI연구소 역(2009). 성격유형과 열등기능. 어세스타.

Sondra VanSant 저, 한국 MBTI연구소 역(2009). MBTI®와 갈등관리. 어세스타.

S.Hirsh & J.kummerow 저, 심혜숙 역(2009). 성격유형과 삶의 양식. 어세스타.

존 A. 샌포드 저, 노혜숙 역(2015). 우울한 남자의 아니마, 화내는 여자의 아니무스. 아니마

제임스 홀리스 저, 김현철 역(2019). 남자로 산다는 것. 더 퀘스트.

칼 G. 융 저, 정명진 역(2014). 칼 융의 심리유형. 부글북스.

테오프라스토스 저, 김재홍 역(2019). 성격의 유형들. 쌤앤파커스

MBTI전문자격교육 교재. 일반강사과정. 한국MBTI연구소.

MBTI전문자격교육 교재. 중급과정. 한국MBTI연구소.

MBTI전문자격교육 교재. 일반강사과정. 한국MBTI연구소.

MBTI전문자격교육 교재. MBTI와 Jung의 분석심리학. MBTI 적용프로그램A. 한국MBTI연구소.

MBTI전문자격교육 교재. 성격유형과 스트레스. MBTI 적용프로그램E. 한국MBTI연구소.

MBTI전문자격교육 교재. 성격유형과 진로. MBTI 적용프로그램H. 한국MBTI연구소.

MBTI전문자격교육 교재. 유형역동과 자기개발. MBTI 적용프로그램K. 한국MBTI연구소.

MBTI전문자격교육 교재. MBTI와 리더십. MBTI 적용프로그램H. 어세스타.

참고 문헌